BECK'SCHE TEXTAUSGABEN

MoPeG
Gesetz zur Modernisierung des Personengesellschaftsrechts
(Personengesellschaftsrechtsmodernisierungsgesetz)

MoPeG

Gesetz zur Modernisierung des
Personengesellschaftsrechts
(Personengesellschaftsrechtsmodernisierungsgesetz)

TEXTAUSGABE

mit Synopsen zum BGB nF/aF und HGB nF/aF

herausgegeben von

Dr. Carsten Schäfer

Professor an der Universität Mannheim

2022

C.H.BECK

www.beck.de

ISBN 978 3 406 78114 8

Wilhelmstraße 9, 80801 München
Druck und Bindung: Druckerei C.H. Beck Nördlingen
(Adresse wie Verlag)

Satz, Umschlaggestaltung: Druckerei C. H. Beck Nördlingen
(Adresse wie Verlag)

CO_2 neutral
chbeck.de/nachhaltig

Gedruckt auf säurefreiem, alterungsbeständigem Papier
(hergestellt aus chlorfrei gebleichtem Zellstoff)

Inhaltsverzeichnis

Vorbemerkung 1

A. Synopse BGB Stand 1.11.2021/BGB ab 1.1.2024 3

B. Synopse HGB Stand 1.11.2021/HGB ab 1.1.2024 37

C. Synopse BGB ab 1.1.2024/BGB Stand 1.11.2021 87

D. Synopse HGB ab 1.1.2024/HGB Stand 1.11.2021 123

Vorbemerkung

Das Gesetz zur Modernisierung des Personengesellschaftsrechts (Personengesellschaftsrechtsmodernisierungsgesetz – MoPeG) vom 10.8.2021 (BGBl. 2021 I 3436) reformiert das Recht der Personengesellschaften umfassend. Die Änderungen treten **am 1. Januar 2024** in Kraft.

Die beiden Synopsen unter A. und B. stellen in der linken Spalte das derzeit geltende Recht (Verkündungsstand **1. November 2021**) den Änderungen durch das MoPeG in der rechten Spalte gegenüber. Die beiden Synopsen unter C. und D. stellen – umgekehrt – in der linken Spalte die Änderungen durch das MoPeG dar, während das derzeit geltende Recht in der rechten Spalte erscheint. Die Darstellung beschränkt sich auf die Änderungen im BGB und HGB.

Änderungen im Wortlaut der neuen Normen gegenüber den Vorgängernormen sind durch **Fettdruck** hervorgehoben. Beide Spalten geben die Vorschriften nach der jeweiligen Reihenfolge der Paragraphenzählung wieder. Hinweise in der jeweils gegenüberliegenden Spalte verdeutlichen in *Kursivdruck,* wo sich die jeweilige Vorschrift im künftig geltenden Recht wiederfindet bzw. (aus der Perspektive des neuen Rechts) welches die Vorgängervorschrift war, sofern vorhanden.

Dem wird jeweils eine (notwendig verkürzte) Einschätzung hinzugefügt, ob eine Vorschrift unverändert (das heißt auch im Wortlaut übernommen), inhaltlich unverändert oder inhaltlich verändert übernommen wurde. Sofern keine Vorgängerregelung vorhanden ist, wird unterschieden zwischen „ungeregelt“ (aber praeter legem anerkannt) und „neu“ (mit Änderung der Rechtslage). Sofern eine Vorschrift ersatzlos entfallen ist, wird dies durch „gestrichen“ gekennzeichnet. In Einzelfällen mag man über die Einordnung streiten, der Verf. hält eine zusammenfassende Kategorisierung zum besseren Verständnis des neuen Rechts jedoch für sinnvoll.

A. Synopse BGB Stand 1.11.2021/BGB ab 1.1.2024

BGB Stand 1.11.2021:	*BGB ab 1.1.2024:*
§ 54 Nicht rechtsfähige Vereine [1] Auf Vereine, die nicht rechtsfähig sind, finden die Vorschriften über die Gesellschaft Anwendung. [2] Aus einem Rechtsgeschäft, das im Namen eines solchen Vereins einem Dritten gegenüber vorgenommen wird, haftet der Handelnde persönlich; handeln mehrere, so haften sie als Gesamtschuldner.	**§ 54 Vereine ohne Rechtspersönlichkeit** **(1) [1] Für Vereine, deren Zweck nicht auf einen wirtschaftlichen Geschäftsbetrieb gerichtet ist und die nicht durch Eintragung in das Vereinsregister Rechtspersönlichkeit erlangt haben, sind die Vorschriften der §§ 24 bis 53 entsprechend anzuwenden. [2] Für Vereine, deren Zweck auf einen wirtschaftlichen Geschäftsbetrieb gerichtet ist und die nicht durch staatliche Verleihung Rechtspersönlichkeit erlangt haben, sind die Vorschriften über die Gesellschaft entsprechend anzuwenden.** **(2) Aus einem Rechtsgeschäft, das im Namen** *eines Vereins ohne Rechtspersönlichkeit* **einem Dritten gegenüber vorgenommen wird, haftet der Handelnde persönlich; handeln mehrere, haften sie als Gesamtschuldner.**
	Untertitel 1. **Allgemeine Bestimmungen**
§ 705 Inhalt des Gesellschaftsvertrags Durch den Gesellschaftsvertrag verpflichten sich die Gesellschafter gegenseitig, die Erreichung eines gemeinsamen Zweckes in der durch den Vertrag bestimmten Weise zu fördern, insbesondere die vereinbarten Beiträge zu leisten.	**§ 705 Rechtsnatur der Gesellschaft** **(1) Die Gesellschaft wird durch den Abschluss des Gesellschaftsvertrags errichtet, in dem sich die Gesellschafter verpflichten, die Erreichung eines gemeinsamen Zwecks in der durch den Vertrag bestimmten Weise zu fördern.** **(2) Die Gesellschaft kann entweder selbst Rechte erwerben und Verbindlichkeiten eingehen, wenn sie nach dem gemeinsamen Willen der Gesellschafter am Rechtsverkehr teilnehmen soll (rechtsfähige Gesellschaft), oder sie kann den Gesellschaftern zur Ausgestaltung ihres Rechtsverhältnisses untereinander dienen (nicht rechtsfähige Gesellschaft).** **(3) Ist der Gegenstand der Gesellschaft der Betrieb eines Unternehmens unter gemeinschaftlichem Namen, so wird vermutet, dass die Gesellschaft nach dem gemeinsamen Willen der Gesellschafter am Rechtsverkehr teilnimmt.**

BGB Stand 1.11.2021:	*BGB ab 1.1.2024:*
§ 706 Beiträge der Gesellschafter (1) Die Gesellschafter haben in Ermangelung einer anderen Vereinbarung gleiche Beiträge zu leisten. (2) [1] Sind vertretbare oder verbrauchbare Sachen beizutragen, so ist im Zweifel anzunehmen, dass sie gemeinschaftliches Eigentum der Gesellschafter werden sollen. [2] Das Gleiche gilt von nicht vertretbaren und nicht verbrauchbaren Sachen, wenn sie nach einer Schätzung beizutragen sind, die nicht bloß für die Gewinnverteilung bestimmt ist. (3) Der Beitrag eines Gesellschafters kann auch in der Leistung von Diensten bestehen.	*(jetzt § 709 BGB nF; inhaltlich verändert)*
	Untertitel 2. Rechtsfähige Gesellschaft **Kapitel 1. Sitz; Registrierung**
(bislang ungeregelt; S. 2 neu)	**§ 706 Sitz der Gesellschaft** **[1] Sitz der Gesellschaft ist der Ort, an dem deren Geschäfte tatsächlich geführt werden (Verwaltungssitz). [2] Ist die Gesellschaft im Gesellschaftsregister eingetragen und haben die Gesellschafter einen Ort im Inland als Sitz vereinbart (Vertragssitz), so ist abweichend von Satz 1 dieser Ort Sitz der Gesellschaft.**
§ 707 Erhöhung des vereinbarten Beitrags Zur Erhöhung des vereinbarten Beitrags oder zur Ergänzung der durch Verlust verminderten Einlage ist ein Gesellschafter nicht verpflichtet.	*(jetzt § 710 BGB nF; inhaltlich unverändert)*
(Gesellschaftsregister neu)	**§ 707 Anmeldung zum Gesellschaftsregister** **(1) Die Gesellschafter können die Gesellschaft bei dem Gericht, in dessen Bezirk sie ihren Sitz hat, zur Eintragung in das Gesellschaftsregister anmelden.** **(2) Die Anmeldung muss enthalten:** **1. folgende Angaben zur Gesellschaft:** **a) den Namen,** **b) den Sitz und** **c) die Anschrift, in einem Mitgliedstaat der Europäischen Union;** **2. folgende Angaben zu jedem Gesellschafter:**

BGB Stand 1.11.2021:	*BGB ab 1.1.2024:*
	a) wenn der Gesellschafter eine natürliche Person ist: dessen Namen, Vornamen, Geburtsdatum und Wohnort; **b) wenn der Gesellschafter eine juristische Person oder rechtsfähige Personengesellschaft ist: deren Firma oder Namen, Rechtsform, Sitz und, soweit gesetzlich vorgesehen, zuständiges Register und Registernummer;** **3. die Angabe der Vertretungsbefugnis der Gesellschafter;** **4. die Versicherung, dass die Gesellschaft nicht bereits im Handels- oder im Partnerschaftsregister eingetragen ist.** **(3) [1]Wird der Name der im Gesellschaftsregister eingetragenen Gesellschaft geändert, der Sitz an einen anderen Ort verlegt oder die Anschrift geändert oder ändert sich die Vertretungsbefugnis eines Gesellschafters, ist dies zur Eintragung in das Gesellschaftsregister anzumelden. [2]Ist die Gesellschaft im Gesellschaftsregister eingetragen, so sind auch das Ausscheiden eines Gesellschafters und der Eintritt eines neuen Gesellschafters zur Eintragung in das Gesellschaftsregister anzumelden.** **(4) [1]Anmeldungen sind vorbehaltlich der Sätze 2 und 3 von sämtlichen Gesellschaftern zu bewirken. [2]Scheidet ein Gesellschafter durch Tod aus, kann die Anmeldung ohne Mitwirkung der Erben erfolgen, sofern einer solchen Mitwirkung besondere Hindernisse entgegenstehen. [3]Ändert sich nur die Anschrift der Gesellschaft, ist die Anmeldung von der Gesellschaft zu bewirken.**
(Gesellschaftsregister neu)	**§ 707a Inhalt und Wirkungen der Eintragung im Gesellschaftsregister** **(1) [1]Die Eintragung im Gesellschaftsregister hat die in § 707 Absatz 2 Nummer 1 bis 3 genannten Angaben zu enthalten. [2]Eine Gesellschaft soll als Gesellschafter nur eingetragen werden, wenn sie im Gesellschaftsregister eingetragen ist.** **(2) [1]Mit der Eintragung ist die Gesellschaft verpflichtet, als Namenszusatz die Bezeichnungen „eingetragene Gesellschaft bürgerlichen Rechts“ oder**

BGB Stand 1.11.2021:	*BGB ab 1.1.2024:*
	„eGbR" zu führen. [2] Wenn in einer eingetragenen Gesellschaft keine natürliche Person als Gesellschafter haftet, muss der Name eine Bezeichnung enthalten, welche die Haftungsbeschränkung kennzeichnet.
	(3) [1] Die Eintragung bewirkt, dass § 15 des Handelsgesetzbuchs mit der Maßgabe entsprechend anzuwenden ist, dass das Fehlen der Kaufmannseigenschaft nicht an der Publizität des Gesellschaftsregisters teilnimmt. [2] Die Eintragung lässt die Pflicht, die Gesellschaft zur Eintragung in das Handelsregister anzumelden (§ 106 Absatz 1 des Handelsgesetzbuchs), unberührt.
	(4) Nach Eintragung der Gesellschaft findet die Löschung der Gesellschaft nur nach den allgemeinen Vorschriften statt.
(Gesellschaftsregister neu)	**§ 707b Entsprechend anwendbare Vorschriften des Handelsgesetzbuchs**
	Folgende Vorschriften des Handelsgesetzbuchs sind auf eingetragene Gesellschaften entsprechend anzuwenden:
	1. auf die Auswahl und den Schutz des Namens der Gesellschaft: die §§ 18, 21 bis 24, 30 und 37,
	2. auf die registerrechtliche Behandlung der Gesellschaft und die Führung des Gesellschaftsregisters: die §§ 8, 8a Absatz 1, § 9 Absatz 1 Satz 1 und Absatz 3 bis 6, die §§ 10 bis 12, 13h, 14, 16 und 32 und
	3. auf die registerrechtliche Behandlung der Zweigniederlassung einer Gesellschaft: die §§ 13 und 13d mit der Maßgabe, dass eine Verpflichtung zur Anmeldung der Zweigniederlassung nicht besteht.
(Gesellschaftsregister neu)	**§ 707c Statuswechsel**
	(1) Die Anmeldung zur Eintragung einer bereits in einem Register eingetragenen Gesellschaft unter einer anderen Rechtsform einer rechtsfähigen Personengesellschaft in ein anderes Register (Statuswechsel) kann nur bei dem Gericht erfolgen, das das Register führt, in dem die Gesellschaft eingetragen ist.
	(2) [1] Wird ein Statuswechsel angemeldet, trägt das Gericht die Rechtsform

BGB Stand 1.11.2021:	*BGB ab 1.1.2024:*
	ein, in der die Gesellschaft in dem anderen Register fortgesetzt wird (Statuswechselvermerk). [2] Diese Eintragung ist mit dem Vermerk zu versehen, dass die Eintragung erst mit der Eintragung der Gesellschaft in dem anderen Register wirksam wird, sofern die Eintragungen in den beteiligten Registern nicht am selben Tag erfolgen. [3] Sodann gibt das Gericht das Verfahren von Amts wegen an das für die Führung des anderen Registers zuständige Gericht ab. [4] Nach Vollzug des Statuswechsels trägt das Gericht den Tag ein, an dem die Gesellschaft in dem anderen Register eingetragen worden ist. [5] Ist die Eintragung der Gesellschaft in dem anderen Register rechtskräftig abgelehnt worden oder wird die Anmeldung zurückgenommen, wird der Statuswechselvermerk von Amts wegen gelöscht.
	(3) [1] Das Gericht soll eine Gesellschaft, die bereits im Handels- oder im Partnerschaftsregister eingetragen ist, in das Gesellschaftsregister nur eintragen, wenn **1. der Statuswechsel zu dem anderen Register angemeldet wurde,** **2. der Statuswechselvermerk in das andere Register eingetragen wurde und** **3. das für die Führung des anderen Registers zuständige Gericht das Verfahren an das für die Führung des Gesellschaftsregisters zuständige Gericht abgegeben hat.** **[2] § 707 Absatz 2 bleibt unberührt.**
	(4) [1] Die Eintragung der Gesellschaft hat die Angabe des für die Führung des Handels- oder des Partnerschaftsregisters zuständigen Gerichts, die Firma oder den Namen und die Registernummer, unter der die Gesellschaft bislang eingetragen ist, zu enthalten. [2] Das Gericht teilt dem Gericht, das das Verfahren abgegeben hat, von Amts wegen den Tag der Eintragung der Gesellschaft in das Gesellschaftsregister und die neue Registernummer mit. [3] Die Ablehnung der Eintragung teilt das Gericht ebenfalls von Amts wegen dem Gericht, das das Verfahren abgegeben hat, mit, sobald die Entscheidung rechtskräftig geworden ist.
	(5) [1] Wird ein Gesellschafter Kommanditist, ist für die Begrenzung seiner Haf-

BGB Stand 1.11.2021:	BGB ab 1.1.2024:
	tung für die zum Zeitpunkt seiner Eintragung im Handelsregister begründeten Verbindlichkeiten § 728b entsprechend anzuwenden. [2]Dies gilt auch, wenn er in der Gesellschaft oder einem ihr als Gesellschafter angehörenden Unternehmen geschäftsführend tätig wird. [3]Seine Haftung als Kommanditist bleibt unberührt.
(Gesellschaftsregister neu)	**§ 707d** Verordnungsermächtigung (1) [1]Die Landesregierungen werden ermächtigt, durch Rechtsverordnung nähere Bestimmungen über die elektronische Führung des Gesellschaftsregisters, die elektronische Anmeldung, die elektronische Einreichung von Dokumenten sowie deren Aufbewahrung zu treffen, soweit nicht durch das Bundesministerium der Justiz und für Verbraucherschutz nach § 387 Absatz 2 des Gesetzes über das Verfahren in Familiensachen und in den Angelegenheiten der freiwilligen Gerichtsbarkeit entsprechende Vorschriften erlassen werden. [2]Dabei können sie auch Einzelheiten der Datenübermittlung regeln sowie die Form zu übermittelnder elektronischer Dokumente festlegen, um die Eignung für die Bearbeitung durch das Gericht sicherzustellen. [3]Die Landesregierungen können die Ermächtigung durch Rechtsverordnung auf die Landesjustizverwaltungen übertragen. (2) [1]Die Landesjustizverwaltungen bestimmen das elektronische Informations- und Kommunikationssystem, über das die Daten aus den Gesellschaftsregistern abrufbar sind, und sind für die Abwicklung des elektronischen Abrufverfahrens zuständig. [2]Die Landesregierung kann die Zuständigkeit durch Rechtsverordnung abweichend regeln; sie kann diese Ermächtigung durch Rechtsverordnung auf die Landesjustizverwaltung übertragen. [3]Die Länder können ein länderübergreifendes, zentrales elektronisches Informations- und Kommunikationssystem bestimmen. [4]Sie können auch eine Übertragung der Abwicklungsaufgaben auf die zuständige Stelle eines anderen Landes sowie mit dem Betreiber des Unternehmensregisters eine Übertragung der Abwicklungsaufgaben auf das Unternehmensregister vereinbaren.

BGB Stand 1.11.2021:	*BGB ab 1.1.2024:*
	Kapitel 2. Rechtsverhältnis der Gesellschafter untereinander und der Gesellschafter zur Gesellschaft
§ 708 Haftung der Gesellschafter Ein Gesellschafter hat bei der Erfüllung der ihm obliegenden Verpflichtungen nur für diejenige Sorgfalt einzustehen, welche er in eigenen Angelegenheiten anzuwenden pflegt.	*(gestrichen)*
(bislang ungeregelt, aber keine wesentlichen inhaltlichen Änderungen)	**§ 708 Gestaltungsfreiheit** **Von den Vorschriften dieses Kapitels kann durch den Gesellschaftsvertrag abgewichen werden, soweit im Gesetz nichts anderes bestimmt ist.**
§ 709 Gemeinschaftliche Geschäftsführung (1) Die Führung der Geschäfte der Gesellschaft steht den Gesellschaftern gemeinschaftlich zu; für jedes Geschäft ist die Zustimmung aller Gesellschafter erforderlich. (2) Hat nach dem Gesellschaftsvertrag die Mehrheit der Stimmen zu entscheiden, so ist die Mehrheit im Zweifel nach der Zahl der Gesellschafter zu berechnen.	*(jetzt § 715 I und III BGB nF; inhaltlich verändert)*
(bislang § 706 BGB [Abs. 1 und 2] und § 722 BGB [Abs. 3]; inhaltlich verändert)	**§ 709 Beiträge; Stimmkraft; Anteil an Gewinn und Verlust** **(1) Der Beitrag eines Gesellschafters kann in jeder Förderung des gemeinsamen Zwecks, auch in der Leistung von Diensten, bestehen.** **(2) Im Zweifel sind die Gesellschafter zu gleichen Beiträgen verpflichtet.** **(3) [1] Die Stimmkraft und der Anteil an Gewinn und Verlust richten sich vorrangig nach den vereinbarten Beteiligungsverhältnissen. [2] Sind keine Beteiligungsverhältnisse vereinbart worden, richten sie sich nach dem Verhältnis der vereinbarten Werte der Beiträge. [3] Sind auch Werte der Beiträge nicht vereinbart worden, hat jeder Gesellschafter ohne Rücksicht auf den Wert seines Beitrags die gleiche Stimmkraft und einen gleichen Anteil am Gewinn und Verlust.**
§ 710 Übertragung der Geschäftsführung [1] Ist in dem Gesellschaftsvertrag die Führung der Geschäfte einem Gesellschafter oder meh-	*(gestrichen, weil überflüssig; Selbstorganschaft ergibt sich aus § 715 I BGB nF)*

BGB Stand 1.11.2021:	***BGB ab 1.1.2024:***
reren Gesellschaftern übertragen, so sind die übrigen Gesellschafter von der Geschäftsführung ausgeschlossen. [2]Ist die Geschäftsführung mehreren Gesellschaftern übertragen, so findet die Vorschrift des § 709 entsprechende Anwendung.	
(bislang § 707 BGB; inhaltlich unverändert)	**§ 710 Mehrbelastungsverbot** **[1]Zur Erhöhung seines Beitrags kann ein Gesellschafter nicht ohne seine Zustimmung verpflichtet werden. [2]Die §§ 728a und 737 bleiben unberührt.**
§ 711 Widerspruchsrecht [1]Steht nach dem Gesellschaftsvertrag die Führung der Geschäfte allen oder mehreren Gesellschaftern in der Art zu, dass jeder allein zu handeln berechtigt ist, so kann jeder der Vornahme eines Geschäfts durch den anderen widersprechen. [2]Im Falle des Widerspruchs muss das Geschäft unterbleiben.	*(jetzt § 715 IV BGB nF; unverändert)*
(bislang ungeregelt, aber keine inhaltlichen Änderungen)	**§ 711 Übertragung und Übergang von Gesellschaftsanteilen** **(1) [1]Die Übertragung eines Gesellschaftsanteils bedarf der Zustimmung der anderen Gesellschafter. [2]Die Gesellschaft kann eigene Anteile nicht erwerben.** **(2) [1]Ist im Gesellschaftsvertrag vereinbart, dass im Fall des Todes eines Gesellschafters die Gesellschaft mit seinem Erben fortgesetzt werden soll, geht der Anteil auf den Erben über. [2]Sind mehrere Erben vorhanden, fällt der Gesellschaftsanteil kraft Gesetzes jedem Erben entsprechend der Erbquote zu. [3]Die Vorschriften über die Erbengemeinschaft finden insoweit keine Anwendung.**
(bislang § 717 BGB; inhaltlich unverändert)	**§ 711a Eingeschränkte Übertragbarkeit von Gesellschafterrechten** **[1]Die Rechte der Gesellschafter aus dem Gesellschaftsverhältnis sind nicht übertragbar. [2]Hiervon ausgenommen sind Ansprüche, die einem Gesellschafter aus seiner Geschäftsbesorgung für die Gesellschaft zustehen, soweit deren Befriedigung außerhalb der Liquidation verlangt werden kann, sowie Ansprüche eines Gesellschafters auf einen Gewinnanteil oder auf dasjenige, was ihm im Fall der Liquidation zukommt.**

BGB Stand 1.11.2021:	*BGB ab 1.1.2024:*
§ 712 Entziehung und Kündigung der Geschäftsführung (1) Die einem Gesellschafter durch den Gesellschaftsvertrag übertragene Befugnis zur Geschäftsführung kann ihm durch einstimmigen Beschluss oder, falls nach dem Gesellschaftsvertrag die Mehrheit der Stimmen entscheidet, durch Mehrheitsbeschluss der übrigen Gesellschafter entzogen werden, wenn ein wichtiger Grund vorliegt; ein solcher Grund ist insbesondere grobe Pflichtverletzung oder Unfähigkeit zur ordnungsmäßigen Geschäftsführung. (2) Der Gesellschafter kann auch seinerseits die Geschäftsführung kündigen, wenn ein wichtiger Grund vorliegt; die für den Auftrag geltende Vorschrift des § 671 Abs. 2, 3 findet entsprechende Anwendung.	*(jetzt § 715 V und VI BGB nF; inhaltlich verändert)*
(bislang § 738 I 1 BGB [Abs. 1] bzw. ohne explizite Regelung [Abs. 2]; An- und Abwachsung jetzt anteilsbezogen formuliert)	**§ 712 Ausscheiden eines Gesellschafters; Eintritt eines neuen Gesellschafters** **(1) Scheidet ein Gesellschafter aus der Gesellschaft aus, so wächst sein Anteil an der Gesellschaft den übrigen Gesellschaftern im Zweifel im Verhältnis ihrer Anteile zu.** **(2) Tritt ein neuer Gesellschafter in die Gesellschaft ein, so mindern sich die Anteile der anderen Gesellschafter an der Gesellschaft im Zweifel im Umfang des dem neuen Gesellschafter zuwachsenden Anteils und in dem Verhältnis ihrer bisherigen Anteile.**
(bislang ungeregelt, aber ohne wesentliche inhaltliche Änderung; Universalsukzession aber jetzt allgemein unabhängig von Übernahmeerklärung des letzten Gesellschafters oÄ)	**§ 712a Ausscheiden des vorletzten Gesellschafters** **(1) [1]Verbleibt nur noch ein Gesellschafter, so erlischt die Gesellschaft ohne Liquidation. [2]Das Gesellschaftsvermögen geht zum Zeitpunkt des Ausscheidens des vorletzten Gesellschafters im Wege der Gesamtrechtsnachfolge auf den verbleibenden Gesellschafter über.** **(2) In Bezug auf die Rechte und Pflichten des vorletzten Gesellschafters sind anlässlich seines Ausscheidens die §§ 728 bis 728b entsprechend anzuwenden.**
§ 713 Rechte und Pflichten der geschäftsführenden Gesellschafter Die Rechte und Verpflichtungen der geschäftsführenden Gesellschafter bestimmen	*(jetzt § 717 BGB nF; inhaltlich verändert)*

BGB Stand 1.11.2021:	*BGB ab 1.1.2024:*
sich nach den für den Auftrag geltenden Vorschriften der §§ 664 bis 670, soweit sich nicht aus dem Gesellschaftsverhältnis ein anderes ergibt.	
(bislang § 718 BGB; inhaltlich wesentlich verändert)	**§ 713 Gesellschaftsvermögen** **Die Beiträge der Gesellschafter sowie die für oder durch die Gesellschaft erworbenen Rechte und die gegen sie begründeten Verbindlichkeiten sind Vermögen der Gesellschaft.**
§ 714 Vertretungsmacht Soweit einem Gesellschafter nach dem Gesellschaftsvertrag die Befugnis zur Geschäftsführung zusteht, ist er im Zweifel auch ermächtigt, die anderen Gesellschafter Dritten gegenüber zu vertreten.	*(jetzt § 720 BGB nF; inhaltlich verändert)*
(bislang § 709 I BGB und dort in Verbindung mit der Geschäftsführung; inhaltlich unverändert)	**§ 714 Beschlussfassung** **Gesellschafterbeschlüsse bedürfen der Zustimmung aller stimmberechtigten Gesellschafter.**
§ 715 Entziehung der Vertretungsmacht Ist im Gesellschaftsvertrag ein Gesellschafter ermächtigt, die anderen Gesellschafter Dritten gegenüber zu vertreten, so kann die Vertretungsmacht nur nach Maßgabe des § 712 Abs. 1 und, wenn sie in Verbindung mit der Befugnis zur Geschäftsführung erteilt worden ist, nur mit dieser entzogen werden.	*(jetzt § 720 IV BGB nF; inhaltlich verändert)*
(bislang § 709 I BGB [Abs. 1 und teilweise Abs. 3; inhaltlich unverändert] bzw. § 711 BGB [Abs. 4; unverändert] bzw. § 712 BGB [Abs. 5; verändert] bzw. ungeregelt [Abs. 2, teilweise Abs. 3, Abs. 6])	**§ 715 Geschäftsführungsbefugnis** **(1) Zur Führung der Geschäfte der Gesellschaft sind alle Gesellschafter berechtigt und verpflichtet.** **(2) [1]Die Befugnis zur Geschäftsführung erstreckt sich auf alle Geschäfte, die die Teilnahme der Gesellschaft am Rechtsverkehr gewöhnlich mit sich bringt. [2]Zur Vornahme von Geschäften, die darüber hinausgehen, ist ein Beschluss aller Gesellschafter erforderlich.** **(3) [1]Die Geschäftsführung steht allen Gesellschaftern in der Art zu, dass sie nur gemeinsam zu handeln berechtigt sind, es sei denn, dass mit dem Aufschub eines Geschäfts Gefahr für die Gesellschaft oder das Gesellschaftsvermögen verbunden ist. [2]Dies gilt im Zweifel entsprechend, wenn nach dem Gesell-**

BGB Stand 1.11.2021:	*BGB ab 1.1.2024:*
	schaftsvertrag die Geschäftsführung mehreren Gesellschaftern zusteht. **(4) [1]Steht nach dem Gesellschaftsvertrag die Geschäftsführung allen oder mehreren Gesellschaftern in der Art zu, dass jeder allein zu handeln berechtigt ist, kann jeder andere geschäftsführungsbefugte Gesellschafter der Vornahme des Geschäfts widersprechen. [2]Im Fall des Widerspruchs muss das Geschäft unterbleiben.** **(5) [1]Die Befugnis zur Geschäftsführung kann einem Gesellschafter durch Beschluss der anderen Gesellschafter ganz oder teilweise entzogen werden, wenn ein wichtiger Grund vorliegt. [2]Ein wichtiger Grund ist insbesondere eine grobe Pflichtverletzung des Gesellschafters oder die Unfähigkeit des Gesellschafters zur ordnungsgemäßen Geschäftsführung.** **(6) [1]Der Gesellschafter kann seinerseits die Geschäftsführung ganz oder teilweise kündigen, wenn ein wichtiger Grund vorliegt. [2]§ 671 Absatz 2 und 3 ist entsprechend anzuwenden.**
(bislang ungeregelt; ersetzt Analogie zu § 744 BGB)	**§ 715a** Notgeschäftsführungsbefugnis **[1]Sind alle geschäftsführungsbefugten Gesellschafter verhindert, nach Maßgabe von § 715 Absatz 3 Satz 3 bei einem Geschäft mitzuwirken, kann jeder Gesellschafter das Geschäft vornehmen, wenn mit dem Aufschub Gefahr für die Gesellschaft oder das Gesellschaftsvermögen verbunden ist. [2]Eine Vereinbarung im Gesellschaftsvertrag, welche dieses Recht ausschließt, ist unwirksam.**
(bislang ungeregelt, aber ohne wesentliche inhaltliche Änderungen)	**§ 715b** Gesellschafterklage **(1) [1]Jeder Gesellschafter ist befugt, einen auf dem Gesellschaftsverhältnis beruhenden Anspruch der Gesellschaft gegen einen anderen Gesellschafter im eigenen Namen gerichtlich geltend zu machen, wenn der dazu berufene geschäftsführungsbefugte Gesellschafter dies pflichtwidrig unterlässt. [2]Die Befugnis nach Satz 1 erstreckt sich auch auf einen Anspruch der Gesellschaft gegen einen Dritten, wenn dieser an dem pflichtwidrigen Unterlassen mitwirkte oder es kannte.**

BGB Stand 1.11.2021:	*BGB ab 1.1.2024:*
	(2) Eine Vereinbarung im Gesellschaftsvertrag, welche das Klagerecht ausschließt oder dieser Vorschrift zuwider beschränkt, ist unwirksam. **(3) [1]Der klagende Gesellschafter hat die Gesellschaft unverzüglich über die Erhebung der Klage und die Lage des Rechtsstreits zu unterrichten. [2]Ferner hat er das Gericht über die erfolgte Unterrichtung in Kenntnis zu setzen. [3]Das Gericht hat auf eine unverzügliche Unterrichtung der Gesellschaft hinzuwirken.** **(4) Soweit über den Anspruch durch rechtskräftiges Urteil entschieden worden ist, wirkt die Entscheidung für und gegen die Gesellschaft.**
§ 716 Kontrollrecht der Gesellschafter (1) Ein Gesellschafter kann, auch wenn er von der Geschäftsführung ausgeschlossen ist, sich von den Angelegenheiten der Gesellschaft persönlich unterrichten, die Geschäftsbücher und die Papiere der Gesellschaft einsehen und sich aus ihnen eine Übersicht über den Stand des Gesellschaftsvermögens anfertigen. (2) Eine dieses Recht ausschließende oder beschränkende Vereinbarung steht der Geltendmachung des Rechts nicht entgegen, wenn Grund zu der Annahme unredlicher Geschäftsführung besteht.	*(jetzt § 717 I BGB nF; inhaltlich teilweise [S. 2] verändert)*
(bislang ungeregelt [Abs. 1], nach dem Vorbild des § 110 HGB bzw. § 713 BGB iVm § 669 BGB [Abs. 2] bzw. § 713 BGB iVm § 667 BGB [Abs. 3] bzw. § 713 BGB iVm § 668 BGB und § 110 II HGB [Abs. 4]; jeweils inhaltlich im Wesentlichen unverändert)	**§ 716 Ersatz von Aufwendungen und Verlusten; Vorschusspflicht; Herausgabepflicht; Verzinsungspflicht** **(1) Macht ein Gesellschafter zum Zwecke der Geschäftsbesorgung für die Gesellschaft Aufwendungen, die er den Umständen nach für erforderlich halten darf, oder erleidet er unmittelbar infolge der Geschäftsbesorgung Verluste, ist ihm die Gesellschaft zum Ersatz verpflichtet.** **(2) Für die erforderlichen Aufwendungen hat die Gesellschaft dem Gesellschafter auf dessen Verlangen Vorschuss zu leisten.** **(3) Der Gesellschafter ist verpflichtet, der Gesellschaft dasjenige, was er selbst aus der Geschäftsbesorgung erlangt, herauszugeben.** **(4) [1]Verwendet der Gesellschafter Geld für sich, das er der Gesellschaft nach Ab-**

BGB Stand 1.11.2021:	*BGB ab 1.1.2024:*
	satz 3 herauszugeben hat, ist er verpflichtet, es von der Zeit der Verwendung an zu verzinsen. [2]Satz 1 gilt entsprechend für die Verzinsung des Anspruchs des Gesellschafters auf ersatzfähige Aufwendungen oder Verluste.
§ 717 Nichtübertragbarkeit der Gesellschafterrechte [1]Die Ansprüche, die den Gesellschaftern aus dem Gesellschaftsverhältnis gegeneinander zustehen, sind nicht übertragbar. [2]Ausgenommen sind die einem Gesellschafter aus seiner Geschäftsführung zustehenden Ansprüche, soweit deren Befriedigung vor der Auseinandersetzung verlangt werden kann, sowie die Ansprüche auf einen Gewinnanteil oder auf dasjenige, was dem Gesellschafter bei der Auseinandersetzung zukommt.	*(jetzt § 711a BGB nF; inhaltlich unverändert)*
(bislang § 716 BGB [Abs. 1 S. 2; inhaltlich verändert] bzw. ungeregelt [Abs. 2])	**§ 717 Informationsrechte und -pflichten** **(1) [1]Jeder Gesellschafter hat gegenüber der Gesellschaft das Recht, die Unterlagen der Gesellschaft einzusehen und sich aus ihnen Auszüge anzufertigen. [2]Ergänzend kann er von der Gesellschaft Auskunft über die Gesellschaftsangelegenheiten verlangen. [3]Eine Vereinbarung im Gesellschaftsvertrag, welche diese Rechte ausschließt oder dieser Vorschrift zuwider beschränkt, steht ihrer Geltendmachung nicht entgegen, soweit dies zur Wahrnehmung eigener Mitgliedschaftsrechte erforderlich ist, insbesondere, wenn Grund zur Annahme unredlicher Geschäftsführung besteht.** **(2) [1]Die geschäftsführungsbefugten Gesellschafter haben der Gesellschaft von sich aus die erforderlichen Nachrichten zu geben, auf Verlangen über die Gesellschaftsangelegenheiten Auskunft zu erteilen und nach Beendigung der Geschäftsführertätigkeit Rechenschaft abzulegen. [2]Eine Vereinbarung im Gesellschaftsvertrag, welche diese Verpflichtungen ausschließt, ist unwirksam.**
§ 718 Gesellschaftsvermögen (1) Die Beiträge der Gesellschafter und die durch die Geschäftsführung für die Gesellschaft erworbenen Gegenstände werden gemeinschaftliches Vermögen der Gesellschafter (Gesellschaftsvermögen).	*(jetzt § 713 BGB nF; inhaltlich verändert)*

BGB Stand 1.11.2021:	*BGB ab 1.1.2024:*
(2) Zu dem Gesellschaftsvermögen gehört auch, was auf Grund eines zu dem Gesellschaftsvermögen gehörenden Rechts oder als Ersatz für die Zerstörung, Beschädigung oder Entziehung eines zu dem Gesellschaftsvermögen gehörenden Gegenstands erworben wird.	
(bislang § 721 BGB; inhaltlich verändert)	**§ 718 Rechnungsabschluss und Gewinnverteilung** **Der Rechnungsabschluss und die Gewinnverteilung haben im Zweifel zum Schluss jedes Kalenderjahrs zu erfolgen.**
	Kapitel 3. Rechtsverhältnis der Gesellschaft zu Dritten
§ 719 Gesamthänderische Bindung (1) Ein Gesellschafter kann nicht über seinen Anteil an dem Gesellschaftsvermögen und an den einzelnen dazu gehörenden Gegenständen verfügen; er ist nicht berechtigt, Teilung zu verlangen. (2) Gegen eine Forderung, die zum Gesellschaftsvermögen gehört, kann der Schuldner nicht eine ihm gegen einen einzelnen Gesellschafter zustehende Forderung aufrechnen.	*(gestrichen; vgl. auch § 711 BGB nF)*
(bislang ungeregelt; nach dem Vorbild des § 123 HGB)	**§ 719 Entstehung der Gesellschaft im Verhältnis zu Dritten** **(1) Im Verhältnis zu Dritten entsteht die Gesellschaft, sobald sie mit Zustimmung sämtlicher Gesellschafter am Rechtsverkehr teilnimmt, spätestens aber mit ihrer Eintragung im Gesellschaftsregister.** **(2) Eine Vereinbarung, dass die Gesellschaft erst zu einem späteren Zeitpunkt entstehen soll, ist Dritten gegenüber unwirksam.**
§ 720 Schutz des gutgläubigen Schuldners Die Zugehörigkeit einer nach § 718 Abs. 1 erworbenen Forderung zum Gesellschaftsvermögen hat der Schuldner erst dann gegen sich gelten zu lassen, wenn er von der Zugehörigkeit Kenntnis erlangt; die Vorschriften der §§ 406 bis 408 finden entsprechende Anwendung.	*(gestrichen)*
(bislang § 714 BGB; inhaltlich verändert)	**§ 720 Vertretung der Gesellschaft** **(1) Zur Vertretung der Gesellschaft sind alle Gesellschafter gemeinsam be-**

BGB Stand 1.11.2021:	*BGB ab 1.1.2024:*
	fugt, es sei denn, der Gesellschaftsvertrag bestimmt etwas anderes.
	(2) Die zur Gesamtvertretung nach Absatz 1 befugten Gesellschafter können einzelne von ihnen zur Vornahme bestimmter Geschäfte oder bestimmter Arten von Geschäften ermächtigen.
	(3) [1]Die Vertretungsbefugnis der Gesellschafter erstreckt sich auf alle Geschäfte der Gesellschaft. [2]Eine Beschränkung des Umfangs der Vertretungsbefugnis ist Dritten gegenüber unwirksam. [3]Dies gilt insbesondere für die Beschränkung, dass sich die Vertretung nur auf bestimmte Geschäfte oder Arten von Geschäften erstreckt oder dass sie nur unter gewissen Umständen oder für eine gewisse Zeit oder an einzelnen Orten stattfinden soll.
	(4) Die Vertretungsbefugnis kann einem Gesellschafter in entsprechender Anwendung von § 715 Absatz 5 ganz oder teilweise entzogen werden.
	(5) Ist der Gesellschaft gegenüber eine Willenserklärung abzugeben, genügt die Abgabe gegenüber einem vertretungsbefugten Gesellschafter.
§ 721 Gewinn- und Verlustverteilung	
(1) Ein Gesellschafter kann den Rechnungsabschluss und die Verteilung des Gewinns und Verlustes erst nach der Auflösung der Gesellschaft verlangen.	*(Abs. 1 gestrichen)*
(2) Ist die Gesellschaft von längerer Dauer, so hat der Rechnungsabschluss und die Gewinnverteilung im Zweifel am Schluss jedes Geschäftsjahrs zu erfolgen.	*(Abs. 2 jetzt § 718 BGB nF)*
(bislang ungeregelt; inhaltlich aber unverändert; nach dem Vorbild des § 128 HGB)	**§ 721 Persönliche Haftung der Gesellschafter**
	[1]Die Gesellschafter haften für die Verbindlichkeiten der Gesellschaft den Gläubigern als Gesamtschuldner persönlich. [2]Eine entgegenstehende Vereinbarung ist Dritten gegenüber unwirksam.
(bislang ungeregelt; inhaltlich aber unverändert; nach dem Vorbild des § 130 HGB)	**§ 721a Haftung des eintretenden Gesellschafters**
	[1]Wer in eine bestehende Gesellschaft eintritt, haftet gleich den anderen Gesellschaftern nach Maßgabe der §§ 721 und 721b für die vor seinem Eintritt begründeten Verbindlichkeiten der Gesellschaft.

BGB Stand 1.11.2021:	*BGB ab 1.1.2024:*
	[2]Eine entgegenstehende Vereinbarung ist Dritten gegenüber unwirksam.
(bislang ungeregelt; inhaltlich aber unverändert; nach dem Vorbild des § 129 HGB)	**§ 721b Einwendungen und Einreden des Gesellschafters** **(1) Wird ein Gesellschafter wegen einer Verbindlichkeit der Gesellschaft in Anspruch genommen, kann er Einwendungen und Einreden, die nicht in seiner Person begründet sind, insoweit geltend machen, als sie von der Gesellschaft erhoben werden können.** **(2) Der Gesellschafter kann die Befriedigung des Gläubigers verweigern, solange der Gesellschaft in Ansehung der Verbindlichkeit das Recht zur Anfechtung oder Aufrechnung oder ein anderes Gestaltungsrecht, dessen Ausübung die Gesellschaft ihrerseits zur Leistungsverweigerung berechtigen würde, zusteht.**
§ 722 Anteile am Gewinn und Verlust (1) Sind die Anteile der Gesellschafter am Gewinn und Verlust nicht bestimmt, so hat jeder Gesellschafter ohne Rücksicht auf die Art und die Größe seines Beitrags einen gleichen Anteil am Gewinn und Verlust. (2) Ist nur der Anteil am Gewinn oder am Verlust bestimmt, so gilt die Bestimmung im Zweifel für Gewinn und Verlust.	*(jetzt § 709 III BGB nF; inhaltlich verändert)*
(bislang ungeregelt bzw. § 736 ZPO; Abs. 1 nach dem Vorbild des § 124 II HGB)	**§ 722 Zwangsvollstreckung gegen die Gesellschaft oder gegen ihre Gesellschafter** **(1) Zur Zwangsvollstreckung in das Vermögen der Gesellschaft ist ein gegen die Gesellschaft gerichteter Vollstreckungstitel erforderlich.** **(2) Aus einem gegen die Gesellschaft gerichteten Vollstreckungstitel findet die Zwangsvollstreckung gegen die Gesellschafter nicht statt.**
	Kapitel 4. Ausscheiden eines Gesellschafters
§ 723 Kündigung durch Gesellschafter (1) [1]Ist die Gesellschaft nicht für eine bestimmte Zeit eingegangen, so kann jeder Gesellschafter sie jederzeit kündigen. [2]Ist eine Zeitdauer bestimmt, so ist die Kündigung vor dem Ablauf der Zeit zulässig, wenn ein wichtiger Grund vorliegt. [3]Ein wichtiger Grund liegt insbesondere vor,	*(jetzt § 725 BGB nF; inhaltlich verändert; s. dort)*

BGB Stand 1.11.2021:	BGB ab 1.1.2024:
1. wenn ein anderer Gesellschafter eine ihm nach dem Gesellschaftsvertrag obliegende wesentliche Verpflichtung vorsätzlich oder aus grober Fahrlässigkeit verletzt hat oder wenn die Erfüllung einer solchen Verpflichtung unmöglich wird, 2. wenn der Gesellschafter das 18. Lebensjahr vollendet hat. [4] Der volljährig Gewordene kann die Kündigung nach Nummer 2 nur binnen drei Monaten von dem Zeitpunkt an erklären, in welchem er von seiner Gesellschafterstellung Kenntnis hatte oder haben musste. [5] Das Kündigungsrecht besteht nicht, wenn der Gesellschafter bezüglich des Gegenstands der Gesellschaft zum selbständigen Betrieb eines Erwerbsgeschäfts gemäß § 112 ermächtigt war oder der Zweck der Gesellschaft allein der Befriedigung seiner persönlichen Bedürfnisse diente. [6] Unter den gleichen Voraussetzungen ist, wenn eine Kündigungsfrist bestimmt ist, die Kündigung ohne Einhaltung der Frist zulässig. (2) [1] Die Kündigung darf nicht zur Unzeit geschehen, es sei denn, dass ein wichtiger Grund für die unzeitige Kündigung vorliegt. [2] Kündigt ein Gesellschafter ohne solchen Grund zur Unzeit, so hat er den übrigen Gesellschaftern den daraus entstehenden Schaden zu ersetzen. (3) Eine Vereinbarung, durch welche das Kündigungsrecht ausgeschlossen oder diesen Vorschriften zuwider beschränkt wird, ist nichtig.	
(bislang in dieser Form ungeregelt; Umwandlung der §§ 723, 725, 727, 728 BGB in Ausscheidensgründe unter Ersetzung des § 736 I BGB)	**§ 723 Gründe für das Ausscheiden; Zeitpunkt des Ausscheidens** **(1) Folgende Gründe führen zum Ausscheiden eines Gesellschafters aus der Gesellschaft, sofern der Gesellschaftsvertrag für diese Fälle nicht die Auflösung der Gesellschaft vorsieht:** **1. Tod des Gesellschafters;** **2. Kündigung der Mitgliedschaft durch den Gesellschafter;** **3. Eröffnung des Insolvenzverfahrens über das Vermögen des Gesellschafters;** **4. Kündigung der Mitgliedschaft durch einen Privatgläubiger des Gesellschafters;** **5. Ausschließung des Gesellschafters aus wichtigem Grund.**

BGB Stand 1.11.2021:	BGB ab 1.1.2024:
	(2) Im Gesellschaftsvertrag können weitere Gründe für das Ausscheiden eines Gesellschafters vereinbart werden. **(3) Der Gesellschafter scheidet mit Eintritt des ihn betreffenden Ausscheidensgrundes aus, im Fall der Kündigung der Mitgliedschaft aber nicht vor Ablauf der Kündigungsfrist und im Fall der Ausschließung aus wichtigem Grund nicht vor Mitteilung des betreffenden Beschlusses an den auszuschließenden Gesellschafter.**
§ 724 Kündigung bei Gesellschaft auf Lebenszeit oder fortgesetzter Gesellschaft [1] Ist eine Gesellschaft für die Lebenszeit eines Gesellschafters eingegangen, so kann sie in gleicher Weise gekündigt werden wie eine für unbestimmte Zeit eingegangene Gesellschaft. [2] Dasselbe gilt, wenn eine Gesellschaft nach dem Ablauf der bestimmten Zeit stillschweigend fortgesetzt wird.	*(gestrichen; zur Kündigung allgemein s. § 725 BGB nF)*
(bislang ungeregelt; nach dem Vorbild des § 139 HGB)	**§ 724 Fortsetzung mit dem Erben; Ausscheiden des Erben** **(1) Geht der Anteil eines verstorbenen Gesellschafters auf seine Erben über und erfüllt die Gesellschaft die Voraussetzungen nach § 107 Absatz 1 des Handelsgesetzbuchs, um in das Handelsregister eingetragen zu werden, so kann jeder Erbe gegenüber den anderen Gesellschaftern antragen, dass ihm die Stellung eines Kommanditisten eingeräumt und der auf ihn entfallende Anteil des Erblassers als seine Kommanditeinlage anerkannt wird.** **(2) Nehmen die anderen Gesellschafter einen Antrag nach Absatz 1 nicht an oder ist eine Fortführung der Gesellschaft als Kommanditgesellschaft nicht möglich, ist der Erbe befugt, seine Mitgliedschaft in der Gesellschaft ohne Einhaltung einer Kündigungsfrist zu kündigen.** **(3) [1] Die Rechte nach den Absätzen 1 bis 2 können von dem Erben nur innerhalb von drei Monaten nach dem Zeitpunkt, zu dem er von dem Anfall der Erbschaft Kenntnis erlangt hat, geltend gemacht werden. [2] Auf den Lauf der Frist ist § 210 entsprechend anzuwenden. [3] Ist**

BGB Stand 1.11.2021:	*BGB ab 1.1.2024:*
	bei Ablauf der drei Monate das Recht zur Ausschlagung der Erbschaft noch nicht verloren, endet die Frist nicht vor dem Ablauf der Ausschlagungsfrist. **(4) Scheidet innerhalb der Frist des Absatzes 3 der Erbe aus der Gesellschaft aus oder wird innerhalb der Frist die Gesellschaft aufgelöst oder dem Erben die Stellung eines Kommanditisten eingeräumt, so haftet er für die bis dahin entstandenen Gesellschaftsverbindlichkeiten nur nach Maßgabe der Vorschriften, welche die Haftung des Erben für die Nachlassverbindlichkeiten betreffen.**
§ 725 Kündigung durch Pfändungspfandgläubiger (1) Hat ein Gläubiger eines Gesellschafters die Pfändung des Anteils des Gesellschafters an dem Gesellschaftsvermögen erwirkt, so kann er die Gesellschaft ohne Einhaltung einer Kündigungsfrist kündigen, sofern der Schuldtitel nicht bloß vorläufig vollstreckbar ist. (2) Solange die Gesellschaft besteht, kann der Gläubiger die sich aus dem Gesellschaftsverhältnis ergebenden Rechte des Gesellschafters, mit Ausnahme des Anspruchs auf einen Gewinnanteil, nicht geltend machen.	*(jetzt 726 BGB nF; inhaltlich verändert)*
(bislang § 723 I 1 BGB [Abs. 1; inhaltlich verändert] bzw. § 723 I 2, 3 Nr. 1 BGB [Abs. 2; inhaltlich unverändert] bzw. § 723 I 6 BGB und teilweise ungeregelt [Abs. 3, aber ohne inhaltliche Änderung] bzw. § 723 I 3 Nr. 2, S. 4–5 BGB [Abs. 4; inhaltlich unverändert] bzw. § 723 II BGB [Abs. 5; inhaltlich unverändert] bzw. § 723 III BGB [Abs. 6; inhaltlich verändert])	**§ 725 Kündigung der Mitgliedschaft durch den Gesellschafter** **(1) Ist das Gesellschaftsverhältnis auf unbestimmte Zeit eingegangen, kann ein Gesellschafter seine Mitgliedschaft unter Einhaltung einer Frist von drei Monaten zum Ablauf des Kalenderjahres gegenüber der Gesellschaft kündigen, es sei denn, aus dem Gesellschaftsvertrag oder aus dem Zweck der Gesellschaft ergibt sich etwas anderes.** **(2) [1]Ist für das Gesellschaftsverhältnis eine Zeitdauer vereinbart, ist die Kündigung der Mitgliedschaft durch einen Gesellschafter vor dem Ablauf dieser Zeit zulässig, wenn ein wichtiger Grund vorliegt. [2]Ein wichtiger Grund liegt insbesondere vor, wenn ein anderer Gesellschafter eine ihm nach dem Gesellschaftsvertrag obliegende wesentliche Verpflichtung vorsätzlich oder grob fahrlässig verletzt hat oder wenn die Erfüllung einer solchen Verpflichtung unmöglich wird.**

BGB Stand 1.11.2021:	*BGB ab 1.1.2024:*
	(3) Liegt ein wichtiger Grund im Sinne von Absatz 2 Satz 2 vor, so ist eine Kündigung der Mitgliedschaft durch einen Gesellschafter stets ohne Einhaltung einer Kündigungsfrist zulässig.
	(4) [1] Ein Gesellschafter kann seine Mitgliedschaft auch kündigen, wenn er volljährig geworden ist. [2] Das Kündigungsrecht besteht nicht, wenn der Gesellschafter bezüglich des Gegenstands der Gesellschaft zum selbständigen Betrieb eines Erwerbsgeschäfts gemäß § 112 ermächtigt war oder der Zweck der Gesellschaft allein der Befriedigung seiner persönlichen Bedürfnisse diente. [3] Der volljährig Gewordene kann die Kündigung nur binnen drei Monaten von dem Zeitpunkt an erklären, in welchem er von seiner Gesellschafterstellung Kenntnis hatte oder haben musste.
	(5) [1] Die Kündigung darf nicht zur Unzeit geschehen, es sei denn, dass ein wichtiger Grund für die unzeitige Kündigung vorliegt. [2] Kündigt ein Gesellschafter seine Mitgliedschaft ohne solchen Grund zur Unzeit, hat er der Gesellschaft den daraus entstehenden Schaden zu ersetzen.
	(6) Eine Vereinbarung im Gesellschaftsvertrag, welche das Kündigungsrecht nach den Absätzen 2 und 4 ausschließt oder diesen Vorschriften zuwider beschränkt, ist unwirksam.
§ 726 Auflösung wegen Erreichens oder Unmöglichwerdens des Zweckes Die Gesellschaft endigt, wenn der vereinbarte Zweck erreicht oder dessen Erreichung unmöglich geworden ist.	*(jetzt § 729 II BGB nF; ohne inhaltliche Änderung)*
(bislang § 725 BGB; inhaltlich verändert; nach dem Vorbild des § 135 HGB)	**§ 726 Kündigung der Mitgliedschaft durch einen Privatgläubiger des Gesellschafters** **Hat ein Privatgläubiger eines Gesellschafters, nachdem innerhalb der letzten sechs Monate eine Zwangsvollstreckung in das bewegliche Vermögen des Gesellschafters ohne Erfolg versucht wurde, aufgrund eines nicht bloß vorläufig vollstreckbaren Schuldtitels die Pfändung des Anteils des Gesellschafters an der Gesellschaft erwirkt, kann er dessen Mitgliedschaft gegenüber der Gesellschaft**

BGB Stand 1.11.2021:	BGB ab 1.1.2024:
	unter Einhaltung einer Frist von drei Monaten zum Ablauf des Kalenderjahrs kündigen.
§ 727 Auflösung durch Tod eines Gesellschafters (1) Die Gesellschaft wird durch den Tod eines der Gesellschafter aufgelöst, sofern nicht aus dem Gesellschaftsvertrag sich ein anderes ergibt. (2) [1] Im Falle der Auflösung hat der Erbe des verstorbenen Gesellschafters den übrigen Gesellschaftern den Tod unverzüglich anzuzeigen und, wenn mit dem Aufschub Gefahr verbunden ist, die seinem Erblasser durch den Gesellschaftsvertrag übertragenen Geschäfte fortzuführen, bis die übrigen Gesellschafter in Gemeinschaft mit ihm anderweit Fürsorge treffen können. [2] Die übrigen Gesellschafter sind in gleicher Weise zur einstweiligen Fortführung der ihnen übertragenen Geschäfte verpflichtet. [3] Die Gesellschaft gilt insoweit als fortbestehend.	*(jetzt § 730 I BGB nF; inhaltlich verändert; s. dort)*
(bislang § 737 BGB [S. 1, 2; inhaltlich im Wesentlichen unverändert] bzw. ungeregelt [S. 3; nach dem Vorbild des § 140 I 2 HGB])	**§ 727 Ausschließung aus wichtigem Grund** **[1] Tritt in der Person eines Gesellschafters ein wichtiger Grund ein, kann er durch Beschluss der anderen Gesellschafter aus der Gesellschaft ausgeschlossen werden. [2] Ein wichtiger Grund liegt insbesondere vor, wenn der Gesellschafter eine ihm nach dem Gesellschaftsvertrag obliegende wesentliche Verpflichtung vorsätzlich oder grob fahrlässig verletzt hat oder wenn ihm die Erfüllung einer solchen Verpflichtung unmöglich wird. [3] Dem Beschluss steht nicht entgegen, dass nach der Ausschließung nur ein Gesellschafter verbleibt.**
§ 728 Auflösung durch Insolvenz der Gesellschaft oder eines Gesellschafters (1) [1] Die Gesellschaft wird durch die Eröffnung des Insolvenzverfahrens über das Vermögen der Gesellschaft aufgelöst. [2] Wird das Verfahren auf Antrag des Schuldners eingestellt oder nach der Bestätigung eines Insolvenzplans, der den Fortbestand der Gesellschaft vorsieht, aufgehoben, so können die Gesellschafter die Fortsetzung der Gesellschaft beschließen.	*(jetzt § 729 I Nr. 2 und III BGB nF zur Insolvenz der Gesellschaft; § 730 II BGB nF zur Insolvenz eines Gesellschafters; jeweils inhaltlich verändert)*

BGB Stand 1.11.2021:	*BGB ab 1.1.2024:*
(2) [1]Die Gesellschaft wird durch die Eröffnung des Insolvenzverfahrens über das Vermögen eines Gesellschafters aufgelöst. [2]Die Vorschrift des § 727 Abs. 2 Satz 2, 3 findet Anwendung.	
(bislang § 738 I 2, 3 BGB [Abs. 1; inhaltlich im Wesentlichen unverändert] bzw. § 738 II BGB [Abs. 2; unverändert])	**§ 728 Ansprüche des ausgeschiedenen Gesellschafters** **(1) [1]Sofern im Gesellschaftsvertrag nichts anderes vereinbart ist, ist die Gesellschaft verpflichtet, den ausgeschiedenen Gesellschafter von der Haftung für die Verbindlichkeiten der Gesellschaft zu befreien und ihm eine dem Wert seines Anteils angemessene Abfindung zu zahlen. [2]Sind Verbindlichkeiten der Gesellschaft noch nicht fällig, kann die Gesellschaft dem Ausgeschiedenen Sicherheit leisten, statt ihn von der Haftung nach § 721 zu befreien.** **(2) Der Wert des Gesellschaftsanteils ist, soweit erforderlich, im Wege der Schätzung zu ermitteln.**
(bislang § 739 BGB; unverändert)	**§ 728a Haftung des ausgeschiedenen Gesellschafters für Fehlbetrag** **Reicht der Wert des Gesellschaftsvermögens zur Deckung der Verbindlichkeiten der Gesellschaft nicht aus, hat der ausgeschiedene Gesellschafter der Gesellschaft für den Fehlbetrag nach dem Verhältnis seines Anteils am Gewinn und Verlust aufzukommen.**
(bislang § 736 II BGB iVm § 160 HGB; Abs. 1 S. 2 neu; im Übrigen inhaltlich im Wesentlichen unverändert; Abs. 1 S. 3 auf die eingetragene Gesellschaft erweitert)	**§ 728b Nachhaftung des ausgeschiedenen Gesellschafters** **(1) [1]Scheidet ein Gesellschafter aus der Gesellschaft aus, so haftet er für deren bis dahin begründete Verbindlichkeiten, wenn sie vor Ablauf von fünf Jahren nach seinem Ausscheiden fällig sind und** **1. daraus Ansprüche gegen ihn in einer in § 197 Absatz 1 Nummer 3 bis 5 bezeichneten Art festgestellt sind oder** **2. eine gerichtliche oder behördliche Vollstreckungshandlung vorgenommen oder beantragt wird; bei öffentlich-rechtlichen Verbindlichkeiten genügt der Erlass eines Verwaltungsakts.** **[2]Ist die Verbindlichkeit auf Schadensersatz gerichtet, haftet der ausgeschiedene Gesellschafter nach Satz 1 nur, wenn auch die zum Schadensersatz führende**

BGB Stand 1.11.2021:	***BGB ab 1.1.2024:***

Verletzung vertraglicher oder gesetzlicher Pflichten vor dem Ausscheiden des Gesellschafters eingetreten ist. [3]Die Frist beginnt, sobald der Gläubiger von dem Ausscheiden des Gesellschafters Kenntnis erlangt hat oder das Ausscheiden des Gesellschafters im Gesellschaftsregister eingetragen worden ist. [4]Die §§ 204, 206, 210, 211 und 212 Absatz 2 und 3 sind entsprechend anzuwenden.

(2) Einer Feststellung in einer in § 197 Absatz 1 Nummer 3 bis 5 bezeichneten Art bedarf es nicht, soweit der Gesellschafter den Anspruch schriftlich anerkannt hat.

Kapitel 5. Auflösung der Gesellschaft

§ 729 Fortdauer der Geschäftsführungsbefugnis

[1]Wird die Gesellschaft aufgelöst, so gilt die Befugnis eines Gesellschafters zur Geschäftsführung zu seinen Gunsten gleichwohl als fortbestehend, bis er von der Auflösung Kenntnis erlangt oder die Auflösung kennen muss. [2]Das Gleiche gilt bei Fortbestand der Gesellschaft für die Befugnis zur Geschäftsführung eines aus der Gesellschaft ausscheidenden Gesellschafters oder für ihren Verlust in sonstiger Weise.

(S. 1 jetzt § 736b II BGB nF; inhaltlich teilweise verändert; S. 2 gestrichen)

(bislang ungeregelt [Abs. 1 Nr. 1, nach Vorbild des § 131 I Nr. 1 HGB aF] bzw. § 728 I BGB [Abs. 1 Nr. 2] bzw. § 723 BGB [Abs. 1 Nr. 3 – unter dem Vorbehalt einer Auflösungsklausel] bzw. ungeregelt [Abs. 1 Nr. 4, nach dem Vorbild des § 131 I Nr. 2 HGB aF] bzw. § 726 BGB [Abs. 2; inhaltich unverändert], bzw. ungeregelt [Abs. 3; nach dem Vorbild des § 131 II HGB aF] bzw. ungeregelt [Abs. 4; inhaltlich aber unverändert])

§ 729 Auflösungsgründe

(1) Die Gesellschaft wird aufgelöst durch:

1. Ablauf der Zeit, für welche sie eingegangen wurde;

2. Eröffnung des Insolvenzverfahrens über das Vermögen der Gesellschaft;

3. Kündigung der Gesellschaft;

4. Auflösungsbeschluss.

(2) Die Gesellschaft wird ferner aufgelöst, wenn der Zweck, zu dem sie errichtet wurde, erreicht oder seine Erreichung unmöglich geworden ist.

(3) [1]Eine Gesellschaft, bei der kein persönlich haftender Gesellschafter eine natürliche Person ist, wird ferner aufgelöst:

1. mit der Rechtskraft des Beschlusses, durch den die Eröffnung des Insolvenzverfahrens mangels Masse abgelehnt worden ist;

BGB Stand 1.11.2021:	BGB ab 1.1.2024:
	2. durch die Löschung wegen Vermögenslosigkeit nach § 394 des Gesetzes über das Verfahren in Familiensachen und in den Angelegenheiten der freiwilligen Gerichtsbarkeit. **[2] Dies gilt nicht, wenn zu den persönlich haftenden Gesellschaftern eine andere rechtsfähige Personengesellschaft gehört, bei der mindestens ein persönlich haftender Gesellschafter eine natürliche Person ist.** **(4) Im Gesellschaftsvertrag können weitere Auflösungsgründe vereinbart werden.**
§ 730 Auseinandersetzung; Geschäftsführung (1) Nach der Auflösung der Gesellschaft findet in Ansehung des Gesellschaftsvermögens die Auseinandersetzung unter den Gesellschaftern statt, sofern nicht über das Vermögen der Gesellschaft das Insolvenzverfahren eröffnet ist. (2) [1] Für die Beendigung der schwebenden Geschäfte, für die dazu erforderliche Eingehung neuer Geschäfte sowie für die Erhaltung und Verwaltung des Gesellschaftsvermögens gilt die Gesellschaft als fortbestehend, soweit der Zweck der Auseinandersetzung es erfordert. [2] Die einem Gesellschafter nach dem Gesellschaftsvertrag zustehende Befugnis zur Geschäftsführung erlischt jedoch, wenn nicht aus dem Vertrag sich ein anderes ergibt, mit der Auflösung der Gesellschaft; die Geschäftsführung steht von der Auflösung an allen Gesellschaftern gemeinschaftlich zu.	*(jetzt § 735 I 1 BGB nF [Abs. 1; inhaltlich unverändert] bzw. gestrichen [Abs. 2 S. 1] bzw. § 736b I BGB nF [Abs. 2 S. 2; inhaltlich unverändert])*
(bislang § 727 II BGB [Abs. 1] bzw. § 728 II 2 BGB [Abs. 2]; jeweils inhaltlich unverändert)	**§ 730 Auflösung bei Tod oder Insolvenz eines Gesellschafters** **(1) [1] Ist im Gesellschaftsvertrag vereinbart, dass die Gesellschaft durch den Tod eines Gesellschafters aufgelöst wird, hat der Erbe des verstorbenen Gesellschafters den anderen Gesellschaftern dessen Tod unverzüglich anzuzeigen. [2] Wenn mit dem Aufschub Gefahr für die Gesellschaft oder das Gesellschaftsvermögen verbunden ist, hat der Erbe außerdem die laufenden Geschäfte fortzuführen, bis die anderen Gesellschafter in Gemeinschaft mit ihm anderweitig Fürsorge treffen können. [3] Abweichend von § 736b Absatz 1 gilt für die einstweilige Fort-**

BGB Stand 1.11.2021:	*BGB ab 1.1.2024:*
	führung der laufenden Geschäfte die dem Erblasser durch den Gesellschaftsvertrag übertragene Geschäftsführungs- und Vertretungsbefugnis als fortbestehend. [4]Die anderen Gesellschafter sind in gleicher Weise zur einstweiligen Fortführung der laufenden Geschäfte berechtigt und verpflichtet. **(2) Absatz 1 Satz 4 gilt entsprechend, wenn im Gesellschaftsvertrag vereinbart ist, dass die Gesellschaft durch die Eröffnung des Insolvenzverfahrens über das Vermögen eines Gesellschafters aufgelöst wird.**
§ 731 Verfahren bei Auseinandersetzung [1]Die Auseinandersetzung erfolgt in Ermangelung einer anderen Vereinbarung in Gemäßheit der §§ 732 bis 735. [2]Im Übrigen gelten für die Teilung die Vorschriften über die Gemeinschaft.	*(jetzt § 735 III BGB nF [S. 1] bzw. gestrichen [S. 2])*
(bislang § 723 I 2, 3 Nr. 1, III BGB; inhaltlich verändert)	**§ 731 Kündigung der Gesellschaft** **(1) [1]Ein Gesellschafter kann die Gesellschaft jederzeit aus wichtigem Grund ohne Einhaltung einer Kündigungsfrist kündigen, wenn ihm die Fortsetzung der Gesellschaft nicht zuzumuten ist. [2]Ein wichtiger Grund liegt insbesondere vor, wenn ein anderer Gesellschafter eine ihm nach dem Gesellschaftsvertrag obliegende wesentliche Verpflichtung vorsätzlich oder grob fahrlässig verletzt hat oder wenn die Erfüllung einer solchen Verpflichtung unmöglich wird.** **(2) Eine Vereinbarung im Gesellschaftsvertrag, welche das Kündigungsrecht ausschließt oder dieser Vorschrift zuwider beschränkt, ist unwirksam.**
§ 732 Rückgabe von Gegenständen [1]Gegenstände, die ein Gesellschafter der Gesellschaft zur Benutzung überlassen hat, sind ihm zurückzugeben. [2]Für einen durch Zufall in Abgang gekommenen oder verschlechterten Gegenstand kann er nicht Ersatz verlangen.	*(jetzt § 736d V BGB nF; inhaltlich verändert)*
(bislang ungeregelt)	**§ 732 Auflösungsbeschluss** **Hat nach dem Gesellschaftsvertrag die Mehrheit der Stimmen zu entscheiden, muss ein Beschluss, der die Auflösung der Gesellschaft zum Gegenstand hat, mit einer Mehrheit von mindestens drei**

BGB Stand 1.11.2021:	BGB ab 1.1.2024:
	Viertel der abgegebenen Stimmen gefasst werden.
§ 733 Berichtigung der Gesellschaftsschulden; Erstattung der Einlagen (1) [1]Aus dem Gesellschaftsvermögen sind zunächst die gemeinschaftlichen Schulden mit Einschluss derjenigen zu berichtigen, welche den Gläubigern gegenüber unter den Gesellschaftern geteilt sind oder für welche einem Gesellschafter die übrigen Gesellschafter als Schuldner haften. [2]Ist eine Schuld noch nicht fällig oder ist sie streitig, so ist das zur Berichtigung Erforderliche zurückzubehalten. (2) [1]Aus dem nach der Berichtigung der Schulden übrig bleibenden Gesellschaftsvermögen sind die Einlagen zurückzuerstatten. [2]Für Einlagen, die nicht in Geld bestanden haben, ist der Wert zu ersetzen, den sie zur Zeit der Einbringung gehabt haben. [3]Für Einlagen, die in der Leistung von Diensten oder in der Überlassung der Benutzung eines Gegenstands bestanden haben, kann nicht Ersatz verlangt werden. (3) Zur Berichtigung der Schulden und zur Rückerstattung der Einlagen ist das Gesellschaftsvermögen, soweit erforderlich, in Geld umzusetzen.	*(jetzt § 736d IV und V BGB nF; inhaltlich verändert)*
(neu; betr. registrierte Gesellschaft)	**§ 733 Anmeldung der Auflösung** **(1) [1]Ist die Gesellschaft im Gesellschaftsregister eingetragen, ist ihre Auflösung von sämtlichen Gesellschaftern zur Eintragung in das Gesellschaftsregister anzumelden. [2]Dies gilt nicht in den Fällen der Eröffnung oder der Ablehnung der Eröffnung des Insolvenzverfahrens über das Vermögen der Gesellschaft (§ 729 Absatz 1 Nummer 2 und Absatz 3 Satz 1 Nummer 1); dann hat das Gericht die Auflösung und ihren Grund von Amts wegen einzutragen. [3]Im Fall der Löschung der Gesellschaft (§ 729 Absatz 3 Satz 1 Nummer 2) entfällt die Eintragung der Auflösung.** **(2) Ist aufgrund einer Vereinbarung im Gesellschaftsvertrag die Gesellschaft durch den Tod eines Gesellschafters aufgelöst, kann die Anmeldung der Auflösung der Gesellschaft ohne Mitwirkung der Erben erfolgen, sofern einer solchen Mitwirkung besondere Hindernisse entgegenstehen.**

BGB Stand 1.11.2021:	*BGB ab 1.1.2024:*
§ 734 Verteilung des Überschusses Verbleibt nach der Berichtigung der gemeinschaftlichen Schulden und der Rückerstattung der Einlagen ein Überschuss, so gebührt er den Gesellschaftern nach dem Verhältnis ihrer Anteile am Gewinn.	*(vgl. § 736d VI BGB nF; inhaltlich unverändert)*
(bislang ungeregelt)	**§ 734 Fortsetzung der Gesellschaft** **(1) Die Gesellschafter können nach Auflösung der Gesellschaft deren Fortsetzung beschließen, sobald der Auflösungsgrund beseitigt ist.** **(2) Hat nach dem Gesellschaftsvertrag die Mehrheit der Stimmen zu entscheiden, muss der Beschluss über die Fortsetzung der Gesellschaft mit einer Mehrheit von mindestens drei Viertel der abgegebenen Stimmen gefasst werden.** **(3) War die Gesellschaft vor ihrer Auflösung im Gesellschaftsregister eingetragen, ist die Fortsetzung von sämtlichen Gesellschaftern zur Eintragung in das Gesellschaftsregister anzumelden.**
	Kapitel 6. Liquidation der Gesellschaft
§ 735 Nachschusspflicht bei Verlust [1] Reicht das Gesellschaftsvermögen zur Berichtigung der gemeinschaftlichen Schulden und zur Rückerstattung der Einlagen nicht aus, so haben die Gesellschafter für den Fehlbetrag nach dem Verhältnis aufzukommen, nach welchem sie den Verlust zu tragen haben. [2] Kann von einem Gesellschafter der auf ihn entfallende Beitrag nicht erlangt werden, so haben die übrigen Gesellschafter den Ausfall nach dem gleichen Verhältnis zu tragen.	*(jetzt § 737 BGB nF; inhaltlich unverändert)*
(bislang § 730 I BGB [Abs. 1 S. 1] bzw. ungeregelt, nach dem Vorbild des § 145 III HGB [Abs. 1 S. 2] bzw. § 145 Abs. 1, 2 HGB [Abs. 2] bzw. bislang § 731 S. 1 BGB [Abs. 3]; jeweils ohne wesentliche inhaltliche Änderungen)	**§ 735 Notwendigkeit der Liquidation; anwendbare Vorschriften** **(1) [1] Nach Auflösung der Gesellschaft findet die Liquidation statt, sofern nicht über das Vermögen der Gesellschaft das Insolvenzverfahren eröffnet ist. [2] Ist die Gesellschaft durch Löschung wegen Vermögenslosigkeit aufgelöst, findet eine Liquidation nur statt, wenn sich nach der Löschung herausstellt, dass noch Vermögen vorhanden ist, das der Verteilung unterliegt.** **(2) [1] Die Gesellschafter können anstelle der Liquidation eine andere Art der Ab-**

BGB Stand 1.11.2021:	*BGB ab 1.1.2024:*
	wicklung vereinbaren. [2]Ist aufgrund einer Vereinbarung im Gesellschaftsvertrag die Gesellschaft durch die Kündigung eines Privatgläubigers eines Gesellschafters oder durch die Eröffnung des Insolvenzverfahrens über das Vermögen eines Gesellschafters aufgelöst, bedarf eine Vereinbarung über eine andere Art der Abwicklung der Zustimmung des Privatgläubigers oder des Insolvenzverwalters. [3]Ist im Insolvenzverfahren Eigenverwaltung angeordnet, tritt an die Stelle der Zustimmung des Insolvenzverwalters die Zustimmung des Schuldners. **(3) Die Liquidation erfolgt nach den folgenden Vorschriften dieses Kapitels, sofern sich nicht aus dem Gesellschaftsvertrag etwas anderes ergibt.**
§ 736 Ausscheiden eines Gesellschafters, Nachhaftung (1) Ist im Gesellschaftsvertrag bestimmt, dass, wenn ein Gesellschafter kündigt oder stirbt oder wenn das Insolvenzverfahren über sein Vermögen eröffnet wird, die Gesellschaft unter den übrigen Gesellschaftern fortbestehen soll, so scheidet bei dem Eintritt eines solchen Ereignisses der Gesellschafter, in dessen Person es eintritt, aus der Gesellschaft aus. (2) Die für Personenhandelsgesellschaften geltenden Regelungen über die Begrenzung der Nachhaftung gelten sinngemäß.	*(jetzt § 723 I BGB nF [Abs. 1] bzw. § 728b BGB nF [Abs. 2]; inhaltlich verändert)*
(bislang § 730 II 2 BGB [Abs. 1; inhaltlich verändert] bzw. nach dem Vorbild des § 146 III HGB [Abs. 2] bzw. § 146 I 2 HGB [Abs. 3] bzw. § 146 I 1 HGB [Abs. 4] bzw. § 147 HGB [Abs. 5]; inhaltlich teilweise verändert)	**§ 736 Liquidatoren** **(1) Zur Liquidation sind alle Gesellschafter berufen.** **(2) Ist über das Vermögen eines Gesellschafters das Insolvenzverfahren eröffnet und ein Insolvenzverwalter bestellt worden, tritt dieser an die Stelle des Gesellschafters.** **(3) Mehrere Erben eines Gesellschafters haben einen gemeinsamen Vertreter zu bestellen.** **(4) [1]Durch Vereinbarung im Gesellschaftsvertrag oder durch Beschluss der Gesellschafter können auch einzelne Gesellschafter oder andere Personen zu Liquidatoren berufen werden. [2]Das Recht, einen solchen Liquidator nach § 736a Absatz 1 Satz 1 zu berufen, bleibt unberührt.**

BGB Stand 1.11.2021:	*BGB ab 1.1.2024:*
	(5) Hat nach dem Gesellschaftsvertrag die Mehrheit der Stimmen zu entscheiden, gilt dies im Zweifel nicht für die Berufung und Abberufung eines Liquidators.
(bislang ungeregelt; Abs. 1, nach dem Vorbild der § 146 II 1 HGB, § 147 Hs. 2 HGB [betr. registrierte Gesellschaft]; Abs. 2, nach dem Vorbild des § 146 II 2, III HGB)	**§ 736a Gerichtliche Berufung und Abberufung von Liquidatoren** **(1) [1]Ist die Gesellschaft im Gesellschaftsregister eingetragen, kann auf Antrag eines Beteiligten ein Liquidator aus wichtigem Grund durch das Gericht, in dessen Bezirk die Gesellschaft ihren Sitz hat, berufen und abberufen werden. [2]Eine Vereinbarung im Gesellschaftsvertrag, welche dieses Recht ausschließt, ist unwirksam.** **(2) Beteiligte sind:** **1. jeder Gesellschafter (§ 736 Absatz 1),** **2. der Insolvenzverwalter über das Vermögen des Gesellschafters (§ 736 Absatz 2),** **3. der gemeinsame Vertreter (§ 736 Absatz 3) und** **4. der Privatgläubiger des Gesellschafters, durch den die zur Auflösung der Gesellschaft führende Kündigung erfolgt ist (§ 735 Absatz 2 Satz 2).** **(3) [1]Gehört der Liquidator nicht zu den Gesellschaftern, hat er Anspruch auf Ersatz der erforderlichen Aufwendungen und auf Vergütung für seine Tätigkeit. [2]Einigen sich der Liquidator und die Gesellschaft hierüber nicht, setzt das Gericht die Aufwendungen und die Vergütung fest. [3]Gegen die Entscheidung ist die Beschwerde zulässig; die Rechtsbeschwerde ist ausgeschlossen. [4]Aus der rechtskräftigen Entscheidung findet die Zwangsvollstreckung nach der Zivilprozessordnung statt.**
(bislang § 730 II 2 BGB [Abs. 1] bzw. § 729 S. 1 BGB [Abs. 2]; inhaltlich teilweise verändert)	**§ 736b Geschäftsführungs- und Vertretungsbefugnis der Liquidatoren** **(1) [1]Mit der Auflösung der Gesellschaft erlischt die einem Gesellschafter im Gesellschaftsvertrag übertragene Befugnis zur Geschäftsführung und Vertretung. [2]Diese Befugnis steht von der Auflösung an allen Liquidatoren gemeinsam zu.** **(2) Die bisherige Befugnis eines Gesellschafters zur Geschäftsführung und, sofern die Gesellschaft nicht im Gesell-**

BGB Stand 1.11.2021:	*BGB ab 1.1.2024:*
	schaftsregister eingetragen ist, zur Vertretung gilt gleichwohl zu seinen Gunsten als fortbestehend, bis er von der Auflösung der Gesellschaft Kenntnis erlangt hat oder die Auflösung kennen muss.
(neu; betr. registrierte Gesellschaft, nach dem Vorbild des § 148 HGB)	**§ 736c Anmeldung der Liquidatoren**
	(1) [1]Ist die Gesellschaft im Gesellschaftsregister eingetragen, sind die Liquidatoren und ihre Vertretungsbefugnis von sämtlichen Gesellschaftern zur Eintragung in das Gesellschaftsregister anzumelden. [2]Das Gleiche gilt für jede Änderung in der Person des Liquidators oder seiner Vertretungsbefugnis. [3]Wenn im Fall des Todes eines Gesellschafters anzunehmen ist, dass die Anmeldung den Tatsachen entspricht, kann die Eintragung erfolgen, auch ohne dass die Erben bei der Anmeldung mitwirken, sofern einer solchen Mitwirkung besondere Hindernisse entgegenstehen.
	(2) Die Eintragung gerichtlich berufener Liquidatoren sowie die Eintragung der gerichtlichen Abberufung von Liquidatoren geschieht von Amts wegen.
(bislang ungeregelt, nach dem Vorbild des § 152 HGB [Abs. 1] bzw. § 733 BGB [Abs. 2, 4, 5] bzw. neu, nach dem Vorbild des § 153 HGB [Abs. 3 betr. registrierte Gesellschaft] bzw. § 734 BGB [Abs. 6]; inhaltlich teilweise verändert)	**§ 736d Rechtstellung der Liquidatoren**
	(1) [1]Die Liquidatoren haben, auch wenn sie vom Gericht berufen sind, den Weisungen Folge zu leisten, welche die Beteiligten in Bezug auf die Geschäftsführung beschließen. [2]Hat nach dem Gesellschaftsvertrag die Mehrheit der Stimmen zu entscheiden, bedarf der Beschluss der Zustimmung der Beteiligten nach § 736a Absatz 2 Nummer 2 und 4.
	(2) [1]Die Liquidatoren haben die laufenden Geschäfte zu beendigen, die Forderungen der Gesellschaft einzuziehen und das übrige Vermögen in Geld umzusetzen. [2]Zur Beendigung der laufenden Geschäfte können die Liquidatoren auch neue Geschäfte eingehen.
	(3) Ist die Gesellschaft im Gesellschaftsregister eingetragen, haben die Liquidatoren bei Abgabe ihrer Unterschrift dem Namen der Gesellschaft einen Liquidationszusatz beizufügen.
	(4) [1]Aus dem Vermögen der Gesellschaft sind zunächst die Gläubiger der

BGB Stand 1.11.2021:	BGB ab 1.1.2024:
	Gesellschaft zu befriedigen. [2]Ist eine Verbindlichkeit noch nicht fällig oder ist sie streitig, ist das zur Berichtigung der Verbindlichkeit Erforderliche zurückzubehalten.
	(5) [1]Aus dem nach der Berichtigung der Verbindlichkeiten verbleibenden Gesellschaftsvermögen sind die geleisteten Beiträge zurückzuerstatten. [2]Für Beiträge, die nicht in Geld bestanden haben, ist der Wert zu ersetzen, den sie zur Zeit der Einbringung gehabt haben. [3]Für Beiträge, die in der Leistung von Diensten oder in der Überlassung der Benutzung eines Gegenstands bestanden haben, kann im Zweifel kein Ersatz verlangt werden.
	(6) Das nach Berichtigung der Verbindlichkeiten und Rückerstattung der Beiträge verbleibende Vermögen der Gesellschaft ist unter den Gesellschaftern nach dem Verhältnis ihrer Anteile am Gewinn und Verlust zu verteilen.
§ 737 **Ausschluss eines Gesellschafters**	*(jetzt § 727 BGB nF; inhaltlich verändert)*
[1]Ist im Gesellschaftsvertrag bestimmt, dass, wenn ein Gesellschafter kündigt, die Gesellschaft unter den übrigen Gesellschaftern fortbestehen soll, so kann ein Gesellschafter, in dessen Person ein die übrigen Gesellschafter nach § 723 Abs. 1 Satz 2 zur Kündigung berechtigender Umstand eintritt, aus der Gesellschaft ausgeschlossen werden. [2]Das Ausschließungsrecht steht den übrigen Gesellschaftern gemeinschaftlich zu. [3]Die Ausschließung erfolgt durch Erklärung gegenüber dem auszuschließenden Gesellschafter.	
(bislang § 735 BGB; inhaltlich unverändert)	**§ 737** **Haftung der Gesellschafter für Fehlbetrag**
	[1]Reicht das Gesellschaftsvermögen zur Berichtigung der Verbindlichkeiten und zur Rückerstattung der Beiträge nicht aus, haben die Gesellschafter der Gesellschaft für den Fehlbetrag nach dem Verhältnis ihrer Anteile am Gewinn und Verlust aufzukommen. [2]Kann von einem Gesellschafter der auf ihn entfallende Betrag nicht erlangt werden, haben die anderen Gesellschafter den Ausfall nach dem gleichen Verhältnis zu tragen.

BGB Stand 1.11.2021:	*BGB ab 1.1.2024:*
§ 738 Auseinandersetzung beim Ausscheiden (1) [1] Scheidet ein Gesellschafter aus der Gesellschaft aus, so wächst sein Anteil am Gesellschaftsvermögen den übrigen Gesellschaftern zu. [2] Diese sind verpflichtet, dem Ausscheidenden die Gegenstände, die er der Gesellschaft zur Benutzung überlassen hat, nach Maßgabe des § 732 zurückzugeben, ihn von den gemeinschaftlichen Schulden zu befreien und ihm dasjenige zu zahlen, was er bei der Auseinandersetzung erhalten würde, wenn die Gesellschaft zur Zeit seines Ausscheidens aufgelöst worden wäre. [4] Sind gemeinschaftliche Schulden noch nicht fällig, so können die übrigen Gesellschafter dem Ausscheidenden, statt ihn zu befreien, Sicherheit leisten. (2) Der Wert des Gesellschaftsvermögens ist, soweit erforderlich, im Wege der Schätzung zu ermitteln.	*(jetzt § 712 BGB nF [Abs. 1 S. 1]; bzw. § 728 BGB nF [Abs. 1 S. 2, 3; Abs. 2]; inhaltlich teilweise verändert)*
(neu; betr. registrierte Gesellschaft, nach dem Vorbild des § 157 I HGB)	**§ 738 Anmeldung des Erlöschens** **Ist die Gesellschaft im Gesellschaftsregister eingetragen, ist das Erlöschen der Gesellschaft von sämtlichen Liquidatoren zur Eintragung in das Gesellschaftsregister anzumelden, sobald die Liquidation beendigt ist.**
§ 739 Haftung für Fehlbetrag Reicht der Wert des Gesellschaftsvermögens zur Deckung der gemeinschaftlichen Schulden und der Einlagen nicht aus, so hat der Ausscheidende den übrigen Gesellschaftern für den Fehlbetrag nach dem Verhältnis seines Anteils am Verlust aufzukommen.	*(jetzt § 728a BGB nF; inhaltlich unverändert)*
(bislang ungeregelt; nach dem Vorbild des § 159 HGB)	**§ 739 Verjährung von Ansprüchen aus der Gesellschafterhaftung** **(1) Ist die Gesellschaft durch Liquidation oder auf andere Weise erloschen, verjähren Ansprüche gegen einen Gesellschafter aus Verbindlichkeiten der Gesellschaft in fünf Jahren, sofern nicht der Anspruch gegen die Gesellschaft einer kürzeren Verjährung unterliegt.** **(2) Die Verjährung beginnt abweichend von § 199 Absatz 1, sobald der Gläubiger von dem Erlöschen der Gesellschaft Kenntnis erlangt hat oder das Erlöschen der Gesellschaft im Gesellschaftsregister eingetragen worden ist.**

BGB Stand 1.11.2021:	***BGB ab 1.1.2024:***
	(3) Beginnt die Verjährung des Anspruchs gegen die Gesellschaft neu oder wird die Verjährung des Anspruchs gegenüber der Gesellschaft nach den §§ 203, 204, 205 oder 206 gehemmt, wirkt dies auch gegenüber den Gesellschaftern, die der Gesellschaft zur Zeit des Erlöschens angehört haben.
	Untertitel 3. Nicht rechtsfähige Gesellschaft
§ 740 Beteiligung am Ergebnis schwebender Geschäfte (1) [1]Der Ausgeschiedene nimmt an dem Gewinn und dem Verlust teil, welcher sich aus den zur Zeit seines Ausscheidens schwebenden Geschäften ergibt. [2]Die übrigen Gesellschafter sind berechtigt, diese Geschäfte so zu beendigen, wie es ihnen am vorteilhaftesten erscheint. (2) Der Ausgeschiedene kann am Schluss jedes Geschäftsjahrs Rechenschaft über die inzwischen beendigten Geschäfte, Auszahlung des ihm gebührenden Betrags und Auskunft über den Stand der noch schwebenden Geschäfte verlangen.	*(gestrichen)*
(Recht der Innengesellschaft insgesamt neu)	**§ 740 Fehlende Vermögensfähigkeit; anwendbare Vorschriften** **(1) Eine nicht rechtsfähige Gesellschaft hat kein Vermögen.** **(2) Auf das Rechtsverhältnis der Gesellschafter untereinander sind die §§ 708, 709, 710, 711, 711a, 712, die §§ 714, 715, 715a, 716, 717 Absatz 1 sowie § 718 entsprechend anzuwenden.**
(neu)	**§ 740a Beendigung der Gesellschaft** **(1) Die nicht rechtsfähige Gesellschaft endet durch:** **1. Ablauf der Zeit, für welche sie eingegangen wurde;** **2. Auflösungsbeschluss;** **3. Tod eines Gesellschafters;** **4. Kündigung der Gesellschaft durch einen Gesellschafter;** **5. Eröffnung des Insolvenzverfahrens über das Vermögen eines Gesellschafters;**

BGB Stand 1.11.2021:	*BGB ab 1.1.2024:*
	6. Kündigung der Gesellschaft durch einen Privatgläubiger eines Gesellschafters. **(2) Die Gesellschaft endet ferner, wenn der vereinbarte Zweck erreicht oder seine Erreichung unmöglich geworden ist.** **(3) Auf die Beendigung der Gesellschaft sind die §§ 725, 726, 730, 732 und 734 Absatz 1 und 2 entsprechend anzuwenden.**
(neu)	**§ 740b** Auseinandersetzung **(1) Nach der Beendigung der nicht rechtsfähigen Gesellschaft findet die Auseinandersetzung unter den Gesellschaftern statt.** **(2) Auf die Auseinandersetzung sind § 736d Absatz 2, 4, 5 und 6 und § 737 entsprechend anzuwenden.**
(neu)	**§ 740c** Ausscheiden eines Gesellschafters **(1) Ist im Gesellschaftsvertrag vereinbart, dass abweichend von den in § 740a Absatz 1 Nummer 3 bis 6 genannten Beendigungsgründen die Gesellschaft fortbestehen soll, so tritt mangels abweichender Vereinbarung an die Stelle der Beendigung der Gesellschaft das Ausscheiden des Gesellschafters, in dessen Person der Ausscheidensgrund eintritt.** **(2) Auf das Ausscheiden eines Gesellschafters sind die §§ 727, 728 und 728a entsprechend anzuwenden.**
§ 899a Maßgaben für die Gesellschaft bürgerlichen Rechts [1] Ist eine Gesellschaft bürgerlichen Rechts im Grundbuch eingetragen, so wird in Ansehung des eingetragenen Rechts auch vermutet, dass diejenigen Personen Gesellschafter sind, die nach § 47 Absatz 2 Satz 1 der Grundbuchordnung im Grundbuch eingetragen sind, und dass darüber hinaus keine weiteren Gesellschafter vorhanden sind. [2] Die §§ 892 bis 899 gelten bezüglich der Eintragung der Gesellschafter entsprechend.	**§ 899a** [aufgehoben]

B. Synopse HGB Stand 1.11.2021/HGB ab 1.1.2024

HGB Stand 1.11.2021:	*HGB ab 1.1.2024:*
§ 8b Unternehmensregister	**§ 8b Unternehmensregister**
(1) Das Unternehmensregister wird vorbehaltlich einer Regelung nach § 9a Abs. 1 vom Bundesministerium der Justiz und für Verbraucherschutz elektronisch geführt.	(1) Das Unternehmensregister wird vorbehaltlich einer Regelung nach § 9a Abs. 1 vom Bundesministerium der Justiz und für Verbraucherschutz elektronisch geführt.
(2) Über die Internetseite des Unternehmensregisters sind zugänglich:	(2) Über die Internetseite des Unternehmensregisters sind zugänglich:
1. Eintragungen im Handelsregister und deren Bekanntmachung und zum Handelsregister eingereichte Dokumente;	1. Eintragungen im Handelsregister und zum Handelsregister eingereichte Dokumente;
2. Eintragungen im Genossenschaftsregister und deren Bekanntmachung und zum Genossenschaftsregister eingereichte Dokumente;	2. Eintragungen im Genossenschaftsregister und zum Genossenschaftsregister eingereichte Dokumente;
	2a. Eintragungen im Gesellschaftsregister und zum Gesellschaftsregister eingereichte Dokumente;
3. Eintragungen im Partnerschaftsregister und deren Bekanntmachung und zum Partnerschaftsregister eingereichte Dokumente;	3. Eintragungen im Partnerschaftsregister und zum Partnerschaftsregister eingereichte Dokumente;
4. Unterlagen der Rechnungslegung nach den §§ 325 und 339 sowie Unterlagen nach § 341w, soweit sie bekannt gemacht wurden;	4. Unterlagen der Rechnungslegung und Unternehmensberichte, die nach diesem Gesetz, dem Publizitätsgesetz, dem Eisenbahnregulierungsgesetz, dem Energiewirtschaftsgesetz, dem Entgelttransparenzgesetz, dem Kapitalanlagegesetzbuch, dem Telekommunikationsgesetz, dem Vermögensanlagengesetz oder dem Wertpapierhandelsgesetz offengelegt wurden, mit Ausnahme der zur dauerhaften Hinterlegung eingestellten Unterlagen;
5. gesellschaftsrechtliche Bekanntmachungen im Bundesanzeiger;	5. gesellschaftsrechtliche Bekanntmachungen im Bundesanzeiger;
6. im Aktionärsforum veröffentlichte Eintragungen nach § 127a des Aktiengesetzes;	6. im Aktionärsforum veröffentlichte Eintragungen nach § 127a des Aktiengesetzes;
7. Veröffentlichungen von Unternehmen nach dem Wertpapierhandelsgesetz oder dem Vermögensanlagengesetz im Bundesanzeiger, von Bietern, Gesellschaften, Vorständen und Aufsichtsräten nach dem Wertpapiererwerbs- und Übernahmegesetz im Bundesanzeiger sowie Veröffentlichungen nach der Börsenzulassungs-Verordnung im Bundesanzeiger;	7. Veröffentlichungen von Unternehmen nach dem Wertpapierhandelsgesetz oder dem Vermögensanlagengesetz im Bundesanzeiger, von Bietern, Gesellschaften, Vorständen und Aufsichtsräten nach dem Wertpapiererwerbs- und Übernahmegesetz im Bundesanzeiger sowie Veröffentlichungen nach der Börsenzulassungs-Verordnung im Bundesanzeiger;
8. Bekanntmachungen und Veröffentlichungen von Kapitalverwaltungsgesellschaften und extern verwalteten Investmentgesellschaften nach dem Kapitalanlagegesetz-	8. Bekanntmachungen und Veröffentlichungen von Kapitalverwaltungsgesellschaften und extern verwalteten Investmentgesellschaften nach dem Kapitalanlagegesetz-

HGB Stand 1.11.2021:	*HGB ab 1.1.2024:*
buch, dem Investmentgesetz und dem Investmentsteuergesetz im Bundesanzeiger;	buch, dem Investmentgesetz und dem Investmentsteuergesetz im Bundesanzeiger;
9. Veröffentlichungen und sonstige der Öffentlichkeit zur Verfügung gestellte Informationen nach den §§ 5, 26 Absatz 1 und 2, § 40 Absatz 1, den §§ 41, 46 Absatz 2, den §§ 50, 51 Absatz 2, § 114 Absatz 1 bis § 116 Absatz 2, den §§ 117, 118 Absatz 4 und § 127 des Wertpapierhandelsgesetzes, sofern die Veröffentlichung nicht bereits über Nummer 4 oder Nummer 7 in das Unternehmensregister eingestellt wird;	9. Veröffentlichungen und sonstige der Öffentlichkeit zur Verfügung gestellte Informationen nach den §§ 5, 26 Absatz 1 und 2, § 40 Absatz 1, den §§ 41, 46 Absatz 2, den §§ 50, 51 Absatz 2 und § 127 des Wertpapierhandelsgesetzes, sofern die Veröffentlichung nicht bereits über Nummer 7 in das Unternehmensregister eingestellt wird,
10. Mitteilungen über kapitalmarktrechtliche Veröffentlichungen an die Bundesanstalt für Finanzdienstleistungsaufsicht, sofern die Veröffentlichung selbst nicht bereits über Nummer 7 oder Nummer 9 in das Unternehmensregister eingestellt wird;	10. Mitteilungen über kapitalmarktrechtliche Veröffentlichungen an die Bundesanstalt für Finanzdienstleistungsaufsicht, sofern die Veröffentlichung selbst nicht bereits über Nummer 7 oder Nummer 9 in das Unternehmensregister eingestellt wird;
11. Bekanntmachungen der Insolvenzgerichte nach § 9 der Insolvenzordnung, ausgenommen Verfahren nach dem Zehnten Teil der Insolvenzordnung.	11. Bekanntmachungen der Insolvenzgerichte nach § 9 der Insolvenzordnung, ausgenommen Verfahren nach dem Zehnten Teil der Insolvenzordnung;
	12. Registerbekanntmachungen aus dem Handels-, Genossenschafts- und Partnerschaftsregister;
	13. Bekanntmachungen der Bundesanstalt für Finanzdienstleistungsaufsicht nach § 107 Absatz 1 Satz 6, § 109 Absatz 2 Satz 1 und 5, Absatz 3 Satz 2 des Wertpapierhandelsgesetzes und nach § 31 Absatz 4 des Vermögensanlagengesetzes.
(3) [1] Zur Einstellung in das Unternehmensregister sind dem Unternehmensregister zu übermitteln:	(3) [1] Zur Einstellung in das Unternehmensregister sind dem Unternehmensregister zu übermitteln:
1. die Daten nach Absatz 2 Nr. 4 bis 8 und die nach § 326 Absatz 2 von einer Kleinstkapitalgesellschaft hinterlegten Bilanzen durch den Betreiber des Bundesanzeigers;	1. die Daten nach Absatz 2 Nummer 5 bis 8 durch den Betreiber des Bundesanzeigers,
2. die Daten nach Absatz 2 Nr. 9 und 10 durch den jeweils Veröffentlichungspflichtigen oder den von ihm mit der Veranlassung der Veröffentlichung beauftragten Dritten.	2. die Daten nach Absatz 2 Nummer 4, 9 und 10 sowie diejenigen Unterlagen, die dauerhaft hinterlegt werden sollen, durch den jeweils Offenlegungs- oder Veröffentlichungspflichtigen oder den von ihm mit der Veranlassung der Offenlegung oder Veröffentlichung beauftragten Dritten,
	3. die Daten nach Absatz 2 Nummer 13 durch die Bundesanstalt für Finanzdienstleistungsaufsicht.
[2] Die Landesjustizverwaltungen übermitteln die Daten nach Absatz 2 Nr. 1 bis 3 und 11 zum Unternehmensregister, soweit die Übermittlung für die Eröffnung eines Zugangs zu	[2] Die Landesjustizverwaltungen übermitteln die Daten nach Absatz 2 Nummer 1 bis 3, 11 und 12 zum Unternehmensregister, soweit die Übermittlung für die Eröffnung eines Zugangs

HGB Stand 1.11.2021:	***HGB ab 1.1.2024:***
den Originaldaten über die Internetseite des Unternehmensregisters erforderlich ist. [3]Die Bundesanstalt für Finanzdienstleistungsaufsicht überwacht die Übermittlung der Veröffentlichungen und der sonstigen der Öffentlichkeit zur Verfügung gestellten Informationen nach den §§ 5, 26 Absatz 1 und 2, § 40 Absatz 1, den §§ 41, 46 Absatz 2, den §§ 50, 51 Absatz 2, § 114 Absatz 1 bis § 116 Absatz 2, den §§ 117, 118 Absatz 4 und § 127 des Wertpapierhandelsgesetzes an das Unternehmensregister zur Speicherung und kann Anordnungen treffen, die zu ihrer Durchsetzung geeignet und erforderlich sind. [4]Die Bundesanstalt kann die gebotene Übermittlung der in Satz 3 genannten Veröffentlichungen, der Öffentlichkeit zur Verfügung gestellten Informationen und Mitteilung auf Kosten des Pflichtigen vornehmen, wenn die Übermittlungspflicht nicht, nicht richtig, nicht vollständig oder nicht in der vorgeschriebenen Weise erfüllt wird. [5]Für die Überwachungstätigkeit der Bundesanstalt gelten § 6 Absatz 3 Satz 1 und 3, Absatz 15 und 16, die §§ 13, 18 und 21 des Wertpapierhandelsgesetzes entsprechend.	zu den Originaldaten über die Internetseite des Unternehmensregisters erforderlich ist. [3]Die das Unternehmensregister führende Stelle stellt dem Betreiber des Bundesanzeigers die nach Satz 2 von den Landesjustizverwaltungen übermittelten Daten zur Verfügung, soweit dies für die Erfüllung der Aufgabe der Zuordnung von Einreichungen beim Betreiber des Bundesanzeigers nach Absatz 2 Nummer 5 bis 8 erforderlich ist. [4]Die Daten dürfen vom Betreiber des Bundesanzeigers nur für diese Zwecke verwendet werden. [5]Die Bundesanstalt für Finanzdienstleistungsaufsicht überwacht die Übermittlung der Veröffentlichungen und der sonstigen der Öffentlichkeit zur Verfügung gestellten Informationen nach den §§ 5, 26 Absatz 1 und 2, § 40 Absatz 1, den §§ 41, 46 Absatz 2, den §§ 50, 51 Absatz 2, § 114 Absatz 1 bis § 116 Absatz 2, den §§ 117, 118 Absatz 4 und § 127 des Wertpapierhandelsgesetzes an das Unternehmensregister zur Einstellung und kann Anordnungen treffen, die zu ihrer Durchsetzung geeignet und erforderlich sind. [6]Die Bundesanstalt kann die gebotene Übermittlung der in Satz 5 genannten Veröffentlichungen, der Öffentlichkeit zur Verfügung gestellten Informationen und Mitteilung auf Kosten des Pflichtigen vornehmen, wenn die Übermittlungspflicht nicht, nicht richtig, nicht vollständig oder nicht in der vorgeschriebenen Weise erfüllt wird. [7]Für die Überwachungstätigkeit der Bundesanstalt gelten § 6 Absatz 3 Satz 1 und 3, Absatz 15 und 16, die §§ 13, 18 und 21 des Wertpapierhandelsgesetzes entsprechend.
(4) [1]Die Führung des Unternehmensregisters schließt die Erteilung von Ausdrucken sowie die Beglaubigung entsprechend § 9 Abs. 3 und 4 hinsichtlich der im Unternehmensregister gespeicherten Unterlagen der Rechnungslegung im Sinn des Absatzes 2 Nr. 4 ein. [2]Gleiches gilt für die elektronische Übermittlung von zum Handelsregister eingereichten Schriftstücken nach § 9 Abs. 2, soweit sich der Antrag auf Unterlagen der Rechnungslegung im Sinn des Absatzes 2 Nr. 4 bezieht; § 9 Abs. 3 gilt entsprechend.	(4) Die Führung des Unternehmensregisters schließt die Erteilung von Ausdrucken sowie die Beglaubigung entsprechend § 9 Abs. 3 und 4 hinsichtlich der im Unternehmensregister eingestellten Unterlagen der Rechnungslegung und Unternehmensberichte im Sinn des Absatzes 2 Nr. 4 ein.
	(5) Die Führung des Unternehmensregisters schließt auch den Informationsaustausch nach § 9c ein.
§ 30 [Unterscheidbarkeit]	**§ 30 [Unterscheidbarkeit]**
(1) Jede neue Firma muß sich von allen an demselben Ort oder in derselben Gemeinde	(1) Jede neue Firma muß sich von allen an demselben Ort oder in derselben Gemeinde

HGB Stand 1.11.2021:	*HGB ab 1.1.2024:*
bereits bestehenden und in das Handelsregister oder in das Genossenschaftsregister eingetragenen Firmen deutlich unterscheiden.	bereits bestehenden und in das **Handels-, Genossenschafts-, Gesellschafts-, Partnerschafts- oder Vereinsregister** eingetragenen Firmen deutlich unterscheiden.
(2) Hat ein Kaufmann mit einem bereits eingetragenen Kaufmanne die gleichen Vornamen und den gleichen Familiennamen und will auch er sich dieser Namen als seiner Firma bedienen, so muß er der Firma einen Zusatz beifügen, durch den sie sich von der bereits eingetragenen Firma deutlich unterscheidet.	(2) Hat ein Kaufmann mit einem bereits eingetragenen Kaufmanne die gleichen Vornamen und den gleichen Familiennamen und will auch er sich dieser Namen als seiner Firma bedienen, so muß er der Firma einen Zusatz beifügen, durch den sie sich von der bereits eingetragenen Firma deutlich unterscheidet.
(3) Besteht an dem Orte oder in der Gemeinde, wo eine Zweigniederlassung errichtet wird, bereits eine gleiche eingetragene Firma, so muß der Firma für die Zweigniederlassung ein der Vorschrift des Absatzes 2 entsprechender Zusatz beigefügt werden.	(3) Besteht an dem Orte oder in der Gemeinde, wo eine Zweigniederlassung errichtet wird, bereits eine gleiche eingetragene Firma, so muß der Firma für die Zweigniederlassung ein der Vorschrift des Absatzes 2 entsprechender Zusatz beigefügt werden.
(4) Durch die Landesregierungen kann bestimmt werden, daß benachbarte Orte oder Gemeinden als ein Ort oder als eine Gemeinde im Sinne dieser Vorschriften anzusehen sind.	(4) Durch die Landesregierungen kann bestimmt werden, daß benachbarte Orte oder Gemeinden als ein Ort oder als eine Gemeinde im Sinne dieser Vorschriften anzusehen sind.
Zweites Buch. Handelsgesellschaften und stille Gesellschaften	**Zweites Buch. Handelsgesellschaften und stille Gesellschaften**
Erster Abschnitt. Offene Handelsgesellschaft	**Erster Abschnitt. Offene Handelsgesellschaft**
Erster Titel. Errichtung der Gesellschaft	**Erster Titel. Errichtung der Gesellschaft**
§ 105 [Begriff der OHG; Anwendbarkeit des BGB]	**§ 105 Begriff der offenen Handelsgesellschaft; Anwendbarkeit des Bürgerlichen Gesetzbuchs**
(1) Eine Gesellschaft, deren Zweck auf den Betrieb eines Handelsgewerbes unter gemeinschaftlicher Firma gerichtet ist, ist eine offene Handelsgesellschaft, wenn bei keinem der Gesellschafter die Haftung gegenüber den Gesellschaftsgläubigern beschränkt ist. *(bislang § 124 I HGB; inhaltlich unverändert)*	(1) Eine Gesellschaft, deren Zweck auf den Betrieb eines Handelsgewerbes unter gemeinschaftlicher Firma gerichtet ist, ist eine offene Handelsgesellschaft, wenn bei keinem der Gesellschafter die Haftung gegenüber den Gesellschaftsgläubigern beschränkt ist.
	(2) Die offene Handelsgesellschaft kann Rechte erwerben und Verbindlichkeiten eingehen. *(jetzt § 107 I HGB nF; inhaltlich verändert)*
(2) [1]Eine Gesellschaft, deren Gewerbebetrieb nicht schon nach § 1 Abs. 2 Handelsgewerbe ist oder die nur eigenes Vermögen verwaltet, ist offene Handelsgesellschaft, wenn die Firma des Unternehmens in das Handelsregis-	

<table>
<tr><th>HGB Stand 1.11.2021:</th><th>HGB ab 1.1.2024:</th></tr>
<tr><td>ter eingetragen ist. [2] § 2 Satz 2 und 3 gilt entsprechend.</td><td></td></tr>
<tr><td>(3) Auf die offene Handelsgesellschaft finden, soweit nicht in diesem Abschnitt ein anderes vorgeschrieben ist, die Vorschriften des Bürgerlichen Gesetzbuchs über die Gesellschaft Anwendung.</td><td>(3) Auf die offene Handelsgesellschaft finden, soweit in diesem Abschnitt nichts anderes vorgeschrieben ist, die Vorschriften des Bürgerlichen Gesetzbuchs über die Gesellschaft entsprechende Anwendung.</td></tr>
<tr><td>§ 106 [Anmeldung zum Handelsregister]</td><td>§ 106 Anmeldung zum Handelsregister; Statuswechsel</td></tr>
<tr><td>(1) Die Gesellschaft ist bei dem Gericht, in dessen Bezirke sie ihren Sitz hat, zur Eintragung in das Handelsregister anzumelden.</td><td>(1) Die Gesellschaft ist bei dem Gericht, in dessen Bezirk sie ihren Sitz hat, zur Eintragung in das Handelsregister anzumelden.</td></tr>
<tr><td>(2) Die Anmeldung hat zu enthalten:
1. den Namen, Vornamen, Geburtsdatum und Wohnort jedes Gesellschafters;
2. die Firma der Gesellschaft, den Ort, an dem sie ihren Sitz hat, und die inländische Geschäftsanschrift;
3. [aufgehoben]
4. die Vertretungsmacht der Gesellschafter.</td><td>(2) Die Anmeldung muss enthalten:
1. folgende Angaben zur Gesellschaft:
a) die Firma,
b) den Sitz und
c) die Geschäftsanschrift in einem Mitgliedstaat der Europäischen Union;
2. folgende Angaben zu jedem Gesellschafter:
a) wenn der Gesellschafter eine natürliche Person ist: dessen Namen, Vornamen, Geburtsdatum und Wohnort;
b) wenn der Gesellschafter eine juristische Person oder rechtsfähige Personengesellschaft ist: deren Firma oder Namen, Rechtsform, Sitz und, soweit gesetzlich vorgesehen, zuständiges Register und Registernummer;
3. die Angabe der Vertretungsbefugnis der Gesellschafter;
4. die Versicherung, dass die Gesellschaft nicht bereits im Gesellschafts- oder im Partnerschaftsregister eingetragen ist.</td></tr>
<tr><td>(neu)</td><td>(3) Ist die Gesellschaft bereits im Gesellschafts- oder im Partnerschaftsregister eingetragen, hat die Anmeldung im Wege eines Statuswechsels dort zu erfolgen.</td></tr>
<tr><td>(neu)</td><td>(4) [1] Das Gericht soll eine Gesellschaft, die bereits im Gesellschafts- oder im Partnerschaftsregister eingetragen ist, in das Handelsregister nur eintragen, wenn
1. der Statuswechsel zu dem anderen Register nach Absatz 3 angemeldet wurde,
2. der Statuswechselvermerk in das andere Register eingetragen wurde und</td></tr>
</table>

HGB Stand 1.11.2021:	*HGB ab 1.1.2024:*
	3. das für die Führung des anderen Registers zuständige Gericht das Verfahren an das für die Führung des Handelsregisters zuständige Gericht abgegeben hat. **[2] § 707c Absatz 2 des Bürgerlichen Gesetzbuchs ist entsprechend anzuwenden. [3] Absatz 2 bleibt im Übrigen unberührt.**
(neu)	**(5) [1] Die Eintragung der Gesellschaft hat im Fall des Absatzes 4 die Angabe des für die Führung des Gesellschafts- oder des Partnerschaftsregisters zuständigen Gerichts, den Namen und die Registernummer, unter der die Gesellschaft bislang eingetragen ist, zu enthalten. [2] Das Gericht teilt dem Gericht, das das Verfahren abgegeben hat, von Amts wegen den Tag der Eintragung der Gesellschaft in das Handelsregister und die neue Registernummer mit. [3] Die Ablehnung der Eintragung teilt das Gericht von Amts wegen dem Gericht, das das Verfahren abgegeben hat, mit, sobald die Entscheidung rechtskräftig geworden ist.**
(bislang § 107 HGB; inhaltlich leicht verändert)	**(6) Wird die Firma der Gesellschaft geändert, der Sitz der Gesellschaft an einen anderen Ort verlegt, die Geschäftsanschrift geändert, scheidet ein Gesellschafter aus oder tritt ein neuer Gesellschafter ein oder ändert sich die Vertretungsbefugnis eines Gesellschafters, ist dies ebenfalls zur Eintragung in das Handelsregister anzumelden.**
(bislang § 108 HGB; inhaltlich verändert)	**(7) [1] Anmeldungen sind vorbehaltlich der Sätze 2 und 3 von sämtlichen Gesellschaftern zu bewirken. [2] Scheidet ein Gesellschafter durch Tod aus, kann die Anmeldung ohne Mitwirkung der Erben erfolgen, sofern einer solchen Mitwirkung besondere Hindernisse entgegenstehen. [3] Ändert sich nur die Geschäftsanschrift der Gesellschaft, ist die Anmeldung von der Gesellschaft zu bewirken.**
§ 107 [Anzumeldende Änderungen] Wird die Firma einer Gesellschaft geändert, der Sitz der Gesellschaft an einen anderen Ort verlegt, die inländische Geschäftsanschrift geändert, tritt ein neuer Gesellschafter in die Gesellschaft ein oder ändert sich die Vertretungsmacht eines Gesellschafters, so ist dies ebenfalls	*(jetzt § 106 VI HGB nF; inhaltlich ohne wesentliche Änderung)*

HGB Stand 1.11.2021:	***HGB ab 1.1.2024:***
zur Eintragung in das Handelsregister anzumelden.	
(bislang § 105 II 1 HGB [Abs. 1 S. 1] bzw. § 105 II 2 HGB [Abs. 2 S. 1] bzw. neu [Abs. 1 S. 2; Abs. 2 S. 2; Abs. 3])	**§ 107 Kleingewerbliche, vermögensverwaltende oder freiberufliche Gesellschaft; Statuswechsel** **(1) [1]Eine Gesellschaft, deren Gewerbebetrieb nicht schon nach § 1 Absatz 2 Handelsgewerbe ist oder die nur eigenes Vermögen verwaltet, ist offene Handelsgesellschaft, wenn die Firma des Unternehmens in das Handelsregister eingetragen ist. [2]Dies gilt auch für eine Gesellschaft, deren Zweck die gemeinsame Ausübung Freier Berufe durch ihre Gesellschafter ist, soweit das anwendbare Berufsrecht die Eintragung zulässt.** **(2) [1]Die Gesellschaft ist berechtigt, aber nicht verpflichtet, die Eintragung nach den für die Eintragung einer offenen Handelsgesellschaft geltenden Vorschriften herbeizuführen. [2]Ist die Eintragung erfolgt, ist eine Fortsetzung als Gesellschaft bürgerlichen Rechts nur im Wege eines Statuswechsels zulässig.** **(3) [1]Wird eine offene Handelsgesellschaft zur Eintragung in das Gesellschaftsregister angemeldet, trägt das Gericht ihre Fortsetzung als Gesellschaft bürgerlichen Rechts ein, sofern nicht die Voraussetzung des § 1 Absatz 2 eingetreten ist. [2]Im Übrigen findet § 707c Absatz 2 Satz 2 bis 5 des Bürgerlichen Gesetzbuchs entsprechende Anwendung.**
	Zweiter Titel. Rechtsverhältnis der Gesellschafter untereinander und der Gesellschafter zur Gesellschaft
§ 108 [Anmeldung durch alle Gesellschafter] [1]Die Anmeldungen sind von sämtlichen Gesellschaftern zu bewirken. [2]Das gilt nicht, wenn sich nur die inländische Geschäftsanschrift ändert.	*(jetzt § 106 VII HGB nF; inhaltlich verändert)*
(bislang § 109 HGB; inhaltlich unverändert)	**§ 108 Gestaltungsfreiheit** **Von den Vorschriften dieses Titels kann durch den Gesellschaftsvertrag abgewichen werden, soweit im Gesetz nichts anderes bestimmt ist.**

HGB Stand 1.11.2021:	*HGB ab 1.1.2024:*
Zweiter Titel. Rechtsverhältnisse der Gesellschafter untereinander	
§ 109 [Gesellschaftsvertrag] Das Rechtsverhältnis der Gesellschafter untereinander richtet sich zunächst nach dem Gesellschaftsvertrage; die Vorschriften der §§ 110 bis 122 finden nur insoweit Anwendung, als nicht durch den Gesellschaftsvertrag ein anderes bestimmt ist.	*(jetzt § 108 HGB nF; inhaltlich unverändert)*
(bislang § 119 I HGB [Abs. 3; inhaltlich unverändert] bzw. neu [Abs. 1, 2, 4])	**§ 109 Beschlussfassung** **(1) Die Beschlüsse der Gesellschafter werden in Versammlungen gefasst.** **(2) [1] Die Versammlung kann durch jeden Gesellschafter einberufen werden, der die Befugnis zur Geschäftsführung hat. [2] Die Einberufung erfolgt durch formlose Einladung der anderen Gesellschafter unter Ankündigung des Zwecks der Versammlung in angemessener Frist.** **(3) Gesellschafterbeschlüsse bedürfen der Zustimmung aller stimmberechtigten Gesellschafter.** **(4) Hat nach dem Gesellschaftsvertrag die Mehrheit der Stimmen zu entscheiden, ist die Gesellschafterversammlung beschlussfähig, wenn die anwesenden Gesellschafter oder ihre Vertreter ohne Rücksicht auf ihre Stimmberechtigung die für die Beschlussfassung erforderlichen Stimmen haben.**
§ 110 [Ersatz für Aufwendungen und Verluste] (1) Macht der Gesellschafter in den Gesellschaftsangelegenheiten Aufwendungen, die er den Umständen nach für erforderlich halten darf, oder erleidet er unmittelbar durch seine Geschäftsführung oder aus Gefahren, die mit ihr untrennbar verbunden sind, Verluste, so ist ihm die Gesellschaft zum Ersatze verpflichtet. (2) Aufgewendetes Geld hat die Gesellschaft von der Zeit der Aufwendung an zu verzinsen.	*(jetzt § 105 III HGB nF iVm § 716 I BGB nF [Abs. 1] bzw. § 119 I HGB nF [Abs. 2]; inhaltlich jeweils unverändert)*
(neu)	**§ 110 Anfechtbarkeit und Nichtigkeit von Gesellschafterbeschlüssen** **(1) Ein Beschluss der Gesellschafter kann wegen Verletzung von Rechtsvorschriften durch Klage auf Nichtigerklärung angefochten werden (Anfechtungsklage).**

HGB Stand 1.11.2021:	*HGB ab 1.1.2024:*
	(2) [1]Ein Gesellschafterbeschluss ist von Anfang an nichtig, wenn er **1. durch seinen Inhalt Rechtsvorschriften verletzt, auf deren Einhaltung die Gesellschafter nicht verzichten können, oder** **2. nach einer Anfechtungsklage durch Urteil rechtskräftig für nichtig erklärt worden ist.** **[2]Die Nichtigkeit eines Beschlusses der Gesellschafter kann auch auf andere Weise als durch Klage auf Feststellung der Nichtigkeit (Nichtigkeitsklage) geltend gemacht werden.**
§ 111 [Verzinsungspflicht] (1) Ein Gesellschafter, der seine Geldeinlage nicht zur rechten Zeit einzahlt oder eingenommenes Gesellschaftsgeld nicht zur rechten Zeit an die Gesellschaftskasse abliefert oder unbefugt Geld aus der Gesellschaftskasse für sich entnimmt, hat Zinsen von dem Tage an zu entrichten, an welchem die Zahlung oder die Ablieferung hätte geschehen sollen oder die Herausnahme des Geldes erfolgt ist. (2) Die Geltendmachung eines weiteren Schadens ist nicht ausgeschlossen.	*(jetzt § 119 II HGB nF; inhaltlich unverändert)*
(neu)	**§ 111 Anfechtungsbefugnis; Rechtsschutzbedürfnis** **(1) Anfechtungsbefugt ist jeder Gesellschafter, der oder dessen Rechtsvorgänger im Zeitpunkt der Beschlussfassung der Gesellschaft angehört hat.** **(2) Ein Verlust der Mitgliedschaft nach dem Zeitpunkt der Beschlussfassung lässt das Rechtsschutzbedürfnis des Rechtsvorgängers unberührt, wenn er ein berechtigtes Interesse an der Führung des Rechtsstreits hat.**
§ 112 [Wettbewerbsverbot] (1) Ein Gesellschafter darf ohne Einwilligung der anderen Gesellschafter weder in dem Handelszweig der Gesellschaft Geschäfte machen noch an einer anderen gleichartigen Handelsgesellschaft als persönlich haftender Gesellschafter teilnehmen. (2) Die Einwilligung zur Teilnahme an einer anderen Gesellschaft gilt als erteilt, wenn den übrigen Gesellschaftern bei Eingehung der Gesellschaft bekannt ist, daß der Gesellschafter	*(jetzt § 117 HGB nF; unverändert)*

HGB Stand 1.11.2021:	*HGB ab 1.1.2024:*
an einer anderen Gesellschaft als persönlich haftender Gesellschafter teilnimmt, und gleichwohl die Aufgabe dieser Beteiligung nicht ausdrücklich bedungen wird.	
(neu)	**§ 112 Klagefrist** **(1) [1]Die Anfechtungsklage ist innerhalb von drei Monaten zu erheben. [2]Eine Vereinbarung im Gesellschaftsvertrag, welche eine kürzere Frist als einen Monat vorsieht, ist unwirksam.** **(2) Die Frist beginnt mit dem Tag, an dem der Beschluss dem anfechtungsbefugten Gesellschafter bekanntgegeben worden ist.** **(3) [1]Für die Dauer von Vergleichsverhandlungen über den Gegenstand des Beschlusses oder die ihm zugrundeliegenden Umstände zwischen dem anfechtungsbefugten Gesellschafter und der Gesellschaft wird die Klagefrist gehemmt. [2]Die für die Verjährung geltenden §§ 203 und 209 des Bürgerlichen Gesetzbuchs sind mit der Maßgabe entsprechend anzuwenden, dass die Klagefrist frühestens einen Monat nach dem Scheitern der Vergleichsverhandlungen endet.**
§ 113 [Verletzung des Wettbewerbsverbots] (1) Verletzt ein Gesellschafter die ihm nach § 112 obliegende Verpflichtung, so kann die Gesellschaft Schadensersatz fordern; sie kann statt dessen von dem Gesellschafter verlangen, daß er die für eigene Rechnung gemachten Geschäfte als für Rechnung der Gesellschaft eingegangen gelten lasse und die aus Geschäften für fremde Rechnung bezogene Vergütung herausgebe oder seinen Anspruch auf die Vergütung abtrete. (2) Über die Geltendmachung dieser Ansprüche beschließen die übrigen Gesellschafter. (3) Die Ansprüche verjähren in drei Monaten von dem Zeitpunkt an, in welchem die übrigen Gesellschafter von dem Abschluss des Geschäfts oder von der Teilnahme des Gesellschafters an der anderen Gesellschaft Kenntnis erlangen oder ohne grobe Fahrlässigkeit erlangen müssten; sie verjähren ohne Rücksicht auf diese Kenntnis oder grob fahrlässige Unkenntnis in fünf Jahren von ihrer Entstehung an.	*(jetzt § 118 HGB nF; inhaltlich unverändert)*

HGB Stand 1.11.2021:	*HGB ab 1.1.2024:*
(4) Das Recht der Gesellschafter, die Auflösung der Gesellschaft zu verlangen, wird durch diese Vorschriften nicht berührt.	
(neu)	**§ 113** Anfechtungsklage **(1) Zuständig für die Anfechtungsklage ist ausschließlich das Landgericht, in dessen Bezirk die Gesellschaft ihren Sitz hat.** **(2) [1] Die Klage ist gegen die Gesellschaft zu richten. [2] Ist außer dem Kläger kein Gesellschafter zur Vertretung der Gesellschaft befugt, wird die Gesellschaft von den anderen Gesellschaftern gemeinsam vertreten.** **(3) [1] Die Gesellschaft hat die Gesellschafter unverzüglich über die Erhebung der Klage und die Lage des Rechtsstreits zu unterrichten. [2] Ferner hat sie das Gericht über die erfolgte Unterrichtung in Kenntnis zu setzen. [3] Das Gericht hat auf eine unverzügliche Unterrichtung der Gesellschafter hinzuwirken.** **(4) [1] Die mündliche Verhandlung soll nicht vor Ablauf der Klagefrist stattfinden. [2] Mehrere Anfechtungsprozesse sind zur gleichzeitigen Verhandlung und Entscheidung zu verbinden.** **(5) Den Streitwert bestimmt das Gericht unter Berücksichtigung aller Umstände des Einzelfalls, insbesondere der Bedeutung der Sache für die Parteien, nach billigem Ermessen.** **(6) Soweit der Gesellschafterbeschluss durch rechtskräftiges Urteil für nichtig erklärt worden ist, wirkt das Urteil für und gegen alle Gesellschafter, auch wenn sie nicht Partei sind.**
§ 114 [Geschäftsführung] (1) Zur Führung der Geschäfte der Gesellschaft sind alle Gesellschafter berechtigt und verpflichtet. (2) Ist im Gesellschaftsvertrage die Geschäftsführung einem Gesellschafter oder mehreren Gesellschaftern übertragen, so sind die übrigen Gesellschafter von der Geschäftsführung ausgeschlossen.	*(jetzt § 116 I HGB nF [Abs. 1]; unverändert bzw. als überflüssig gestrichen [Abs. 2])*
(neu)	**§ 114** Nichtigkeitsklage **[1] Erhebt ein Gesellschafter Nichtigkeitsklage gegen die Gesellschaft, sind die**

HGB Stand 1.11.2021:	*HGB ab 1.1.2024:*
	§§ 111 und 113 entsprechend anzuwenden. [2]Mehrere Nichtigkeits- und Anfechtungsprozesse sind zur gemeinsamen Verhandlung und Entscheidung zu verbinden.
§ 115 [Geschäftsführung durch mehrere Gesellschafter]	*(jetzt § 116 III HGB nF; inhaltlich unverändert [Abs. 1] bzw. § 116 IV HGB nF; inhaltlich unverändert [Abs. 2])*
(1) Steht die Geschäftsführung allen oder mehreren Gesellschaftern zu, so ist jeder von ihnen allein zu handeln berechtigt; widerspricht jedoch ein anderer geschäftsführender Gesellschafter der Vornahme einer Handlung, so muß diese unterbleiben.	
(2) Ist im Gesellschaftsvertrage bestimmt, daß die Gesellschafter, denen die Geschäftsführung zusteht, nur zusammen handeln können, so bedarf es für jedes Geschäft der Zustimmung aller geschäftsführenden Gesellschafter, es sei denn, daß Gefahr im Verzug ist.	
(neu)	**§ 115 Verbindung von Anfechtungs- und Feststellungsklage**
	[1]Wendet sich ein Gesellschafter gegen einen Beschluss, mit dem ein Beschlussvorschlag abgelehnt wurde, kann er seinen Antrag auf Nichtigerklärung des ablehnenden Beschlusses mit dem Antrag verbinden, dass ein Beschluss festgestellt wird, der bei Annahme des Beschlussvorschlags rechtmäßig gefasst worden wäre. [2]Auf die Feststellungsklage finden die für die Anfechtungsklage geltenden Vorschriften entsprechende Anwendung.
§ 116 [Umfang der Geschäftsführungsbefugnis] *(bislang § 114 I HGB; unverändert)*	**§ 116 Geschäftsführungsbefugnis**
	(1) Zur Führung der Geschäfte der Gesellschaft sind alle Gesellschafter berechtigt und verpflichtet.
(1) Die Befugnis zur Geschäftsführung erstreckt sich auf alle Handlungen, die der gewöhnliche Betrieb des Handelsgewerbes der Gesellschaft mit sich bringt.	**(2) [1]Die Befugnis zur Geschäftsführung erstreckt sich auf alle *Geschäfte,* die der gewöhnliche Betrieb des Handelsgewerbes der Gesellschaft mit sich bringt; zur Vornahme von *Geschäften,* die darüber hinausgehen, ist ein Beschluss aller Gesellschafter erforderlich. [2]Zur Bestellung eines Prokuristen bedarf es der Zustimmung aller geschäftsführungsbefugten Gesellschafter, es sei denn, dass *mit dem Aufschub Gefahr für die Gesellschaft oder das Gesellschaftsvermögen verbunden ist.* [3]Der Widerruf der Prokura kann von jedem**
(2) Zur Vornahme von Handlungen, die darüber hinausgehen, ist ein Beschluß sämtlicher Gesellschafter erforderlich.	
(3) [1]Zur Bestellung eines Prokuristen bedarf es der Zustimmung aller geschäftsführenden Gesellschafter, es sei denn, daß Gefahr im Verzug ist. [2]Der Widerruf der Prokura kann von jedem der zur Erteilung oder zur Mitwir-	

HGB Stand 1.11.2021:	*HGB ab 1.1.2024:*
kung bei der Erteilung befugten Gesellschafter erfolgen.	**der zur Erteilung oder zur Mitwirkung bei der Erteilung befugten Gesellschafter erfolgen.**
(bislang § 115 I HGB; inhaltlich unverändert)	**(3) [1]Die Geschäftsführung steht vorbehaltlich des Absatzes 4 allen Gesellschaftern in der Art zu, dass jeder von ihnen allein zu handeln berechtigt ist. [2]Das gilt im Zweifel entsprechend, wenn nach dem Gesellschaftsvertrag die Geschäftsführung mehreren Gesellschaftern zusteht. [3]Widerspricht ein geschäftsführungsbefugter Gesellschafter der Vornahme des Geschäfts, muss dieses unterbleiben.**
(bislang § 115 II HGB; inhaltlich verändert)	**(4) Steht nach dem Gesellschaftsvertrag die Geschäftsführung allen oder mehreren Gesellschaftern in der Art zu, dass sie nur gemeinsam zu handeln berechtigt sind, bedarf es für jedes Geschäft der Zustimmung aller geschäftsführungsbefugten Gesellschafter, es sei denn, dass mit dem Aufschub Gefahr für die Gesellschaft oder das Gesellschaftsvermögen verbunden ist.**
(bislang § 117 HGB; inhaltlich leicht verändert)	**(5) [1]Die Befugnis zur Geschäftsführung kann einem Gesellschafter auf Antrag der anderen Gesellschafter ganz oder teilweise durch gerichtliche Entscheidung entzogen werden, wenn ein wichtiger Grund vorliegt. [2]Ein wichtiger Grund ist insbesondere eine grobe Pflichtverletzung des Gesellschafters oder die Unfähigkeit des Gesellschafters zur ordnungsgemäßen Geschäftsführung.**
(bislang § 105 III HGB iVm § 712 II BGB; inhaltlich unverändert)	**(6) [1]Der Gesellschafter kann seinerseits die Geschäftsführung ganz oder teilweise kündigen, wenn ein wichtiger Grund vorliegt. [2]§ 671 Absatz 2 und 3 des Bürgerlichen Gesetzbuchs ist entsprechend anzuwenden.**
§ 117 [Entziehung der Geschäftsführungsbefugnis] Die Befugnis zur Geschäftsführung kann einem Gesellschafter auf Antrag der übrigen Gesellschafter durch gerichtliche Entscheidung entzogen werden, wenn ein wichtiger Grund vorliegt; ein solcher Grund ist insbesondere grobe Pflichtverletzung oder Unfähigkeit zur ordnungsmäßigen Geschäftsführung.	*(jetzt § 116 V HGB nF; inhaltlich leicht verändert)*
(bislang § 112 HGB; unverändert)	**§ 117 Wettbewerbsverbot** **(1) Ein Gesellschafter darf ohne Einwilligung der anderen Gesellschafter we-**

HGB Stand 1.11.2021:	*HGB ab 1.1.2024:*
	der in dem Handelszweig der Gesellschaft Geschäfte machen noch an einer anderen gleichartigen Gesellschaft als persönlich haftender Gesellschafter teilnehmen. **(2) Die Einwilligung zur Teilnahme an einer anderen Gesellschaft gilt als erteilt, wenn den anderen Gesellschaftern bei Eingehung der Gesellschaft bekannt ist, dass der Gesellschafter an einer anderen Gesellschaft als persönlich haftender Gesellschafter teilnimmt, und gleichwohl die Aufgabe dieser Beteiligung nicht ausdrücklich vereinbart wird.**
§ 118 [Kontrollrecht der Gesellschafter] (1) Ein Gesellschafter kann, auch wenn er von der Geschäftsführung ausgeschlossen ist, sich von den Angelegenheiten der Gesellschaft persönlich unterrichten, die Handelsbücher und die Papiere der Gesellschaft einsehen und sich aus ihnen eine Bilanz und einen Jahresabschluß anfertigen. (2) Eine dieses Recht ausschließende oder beschränkende Vereinbarung steht der Geltendmachung des Rechtes nicht entgegen, wenn Grund zu der Annahme unredlicher Geschäftsführung besteht.	*(jetzt § 105 III HGB nF iVm § 717 I BGB nF; inhaltlich verändert)*
(bislang § 113 HGB; inhaltlich unverändert)	**§ 118 Verletzung des Wettbewerbsverbots** **(1) [1] Verletzt ein Gesellschafter die ihm nach § 117 obliegende Verpflichtung, kann die Gesellschaft Schadensersatz fordern. [2] Sie kann stattdessen von dem Gesellschafter verlangen, dass er die für eigene Rechnung gemachten Geschäfte als für Rechnung der Gesellschaft eingegangen gelten lasse und die aus Geschäften für fremde Rechnung bezogene Vergütung herausgebe oder seinen Anspruch auf die Vergütung abtrete.** **(2) Über die Geltendmachung dieser Ansprüche beschließen die anderen Gesellschafter.** **(3) [1] Die Ansprüche nach Absatz 1 verjähren in drei Monaten von dem Zeitpunkt an, in welchem die anderen Gesellschafter von dem Abschluss des Geschäfts oder von der Teilnahme des Gesellschafters an der anderen Gesellschaft Kenntnis erlangt haben oder ohne**

HGB Stand 1.11.2021:	*HGB ab 1.1.2024:*
	grobe Fahrlässigkeit erlangen mussten. [2]Sie verjähren ohne Rücksicht auf diese Kenntnis oder grob fahrlässige Unkenntnis in fünf Jahren von ihrer Entstehung an.
	(4) Das Recht der anderen Gesellschafter, den betreffenden Gesellschafter auszuschließen oder die Auflösung der Gesellschaft zu verlangen, wird durch diese Vorschriften nicht berührt.
§ 119 [Beschlussfassung]	*(jetzt § 109 III HGB nF; inhaltlich unverändert [Abs. 1] bzw. gestrichen [Abs. 2])*
(1) Für die von den Gesellschaftern zu fassenden Beschlüsse bedarf es der Zustimmung aller zur Mitwirkung bei der Beschlußfassung berufenen Gesellschafter.	
(2) Hat nach dem Gesellschaftsvertrage die Mehrheit der Stimmen zu entscheiden, so ist die Mehrheit im Zweifel nach der Zahl der Gesellschafter zu berechnen.	
(bislang § 110 II HGB [Abs. 1] bzw. § 111 HGB [Abs. 2]; inhaltlich jeweils unverändert)	**§ 119 Verzinsungspflicht**
	(1) Schuldet die Gesellschaft nach Maßgabe von § 716 Absatz 4 Satz 2 des Bürgerlichen Gesetzbuchs dem Gesellschafter die Verzinsung von Aufwendungen und Verlusten, richtet sich deren Höhe nach § 352 Absatz 2.
	(2) [1]Ein Gesellschafter, der der Gesellschaft liquide Geldmittel dadurch vorenthält, dass er seinen vereinbarten Beitrag nicht zur rechten Zeit einzahlt oder eingenommenes Geld der Gesellschaft nicht zur rechten Zeit an die Gesellschaftskasse abliefert oder unbefugt Geld aus der Gesellschaftskasse für sich entnimmt, hat der Gesellschaft Zinsen von dem Tag an zu entrichten, an welchem die Zahlung oder die Ablieferung hätte geschehen sollen oder die Herausnahme des Geldes erfolgt ist. [2]Die Geltendmachung eines weiteren Schadens ist nicht ausgeschlossen.
§ 120 [Gewinn und Verlust]	**§ 120 Ermittlung von Gewinn- und Verlustanteilen**
(1) Am Schlusse jedes Geschäftsjahrs wird auf Grund der Bilanz der Gewinn oder der Verlust des Jahres ermittelt und für jeden Gesellschafter sein Anteil daran berechnet.	**(1) [1]Die geschäftsführungsbefugten Gesellschafter sind gegenüber der Gesellschaft zur Aufstellung des Jahresabschlusses (§ 242 Absatz 3) verpflichtet. [2]Sie haben dabei für jeden Gesellschafter nach**

HGB Stand 1.11.2021:	*HGB ab 1.1.2024:*
	Maßgabe von § 709 Absatz 3 des Bürgerlichen Gesetzbuchs den Anteil am Gewinn oder Verlust zu ermitteln.
(2) Der einem Gesellschafter zukommende Gewinn wird dem Kapitalanteile des Gesellschafters zugeschrieben; der auf einen Gesellschafter entfallende Verlust sowie das während des Geschäftsjahrs auf den Kapitalanteil entnommene Geld wird davon abgeschrieben.	**(2) Der einem Gesellschafter zukommende Gewinn wird dem Kapitalanteil des Gesellschafters zugeschrieben; der auf einen Gesellschafter entfallende Verlust wird davon abgeschrieben.**
§ 121 [Verteilung von Gewinn und Verlust] (1) [1] Von dem Jahresgewinne gebührt jedem Gesellschafter zunächst ein Anteil in Höhe von vier vom Hundert seines Kapitalanteils. [2] Reicht der Jahresgewinn hierzu nicht aus, so bestimmen sich die Anteile nach einem entsprechend niedrigeren Satz. (2) [1] Bei der Berechnung des nach Absatz 1 einem Gesellschafter zukommenden Gewinnanteils werden Leistungen, die der Gesellschafter im Laufe des Geschäftsjahrs als Einlage gemacht hat, nach dem Verhältnisse der seit der Leistung abgelaufenen Zeit berücksichtigt. [2] Hat der Gesellschafter im Laufe des Geschäftsjahrs Geld auf seinen Kapitalanteil entnommen, so werden die entnommenen Beträge nach dem Verhältnisse der bis zur Entnahme abgelaufenen Zeit berücksichtigt. (3) Derjenige Teil des Jahresgewinns, welcher die nach den Absätzen 1 und 2 zu berechnenden Gewinnanteile übersteigt, sowie der Verlust eines Geschäftsjahrs wird unter die Gesellschafter nach Köpfen verteilt.	*(jetzt § 105 III HGB nF iVm § 709 III BGB nF; inhaltlich verändert)*
(bislang ungeregelt; keine inhaltliche Änderung)	**§ 121 Feststellung des Jahresabschlusses** **Über die Feststellung des Jahresabschlusses entscheiden die Gesellschafter durch Beschluss.**
§ 122 [Entnahmen] (1) Jeder Gesellschafter ist berechtigt, aus der Gesellschaftskasse Geld bis zum Betrage von vier vom Hundert seines für das letzte Geschäftsjahr festgestellten Kapitalanteils zu seinen Lasten zu erheben und, soweit es nicht zum offenbaren Schaden der Gesellschaft gereicht, auch die Auszahlung seines den bezeichneten Betrag übersteigenden Anteils am Gewinne des letzten Jahres zu verlangen. (2) Im übrigen ist ein Gesellschafter nicht befugt, ohne Einwilligung der anderen Gesellschafter seinen Kapitalanteil zu vermindern.	*(Entnahmerecht gestrichen)*

HGB Stand 1.11.2021:	*HGB ab 1.1.2024:*
(neu)	**§ 122 Gewinnauszahlung** **[1]Jeder Gesellschafter hat aufgrund des festgestellten Jahresabschlusses Anspruch auf Auszahlung seines ermittelten Gewinnanteils. [2]Der Anspruch kann nicht geltend gemacht werden, soweit die Auszahlung zum offenbaren Schaden der Gesellschaft gereicht oder der Gesellschafter seinen vereinbarten Beitrag trotz Fälligkeit nicht geleistet hat.**
Dritter Titel. Rechtsverhältnis der Gesellschafter zu Dritten	**Dritter Titel. Rechtsverhältnis der *Gesellschaft* zu Dritten**
§ 123 [Wirksamkeit im Verhältnis zu Dritten]	**§ 123 Entstehung der Gesellschaft im Verhältnis zu Dritten**
(1) Die Wirksamkeit der offenen Handelsgesellschaft tritt im Verhältnisse zu Dritten mit dem Zeitpunkt ein, in welchem die Gesellschaft in das Handelsregister eingetragen wird.	**(1) [1]Im Verhältnis zu Dritten entsteht die Gesellschaft, sobald sie im *Handelsregister eingetragen ist.* [2]Dessen ungeachtet entsteht die Gesellschaft schon dann, wenn sie mit Zustimmung sämtlicher Gesellschafter am Rechtsverkehr teilnimmt, soweit sich aus § 107 Absatz 1 nichts anderes ergibt.**
(2) Beginnt die Gesellschaft ihre Geschäfte schon vor der Eintragung, so tritt die Wirksamkeit mit dem Zeitpunkte des Geschäftsbeginns ein, soweit nicht aus § 2 oder § 105 Abs. 2 sich ein anderes ergibt.	
(3) Eine Vereinbarung, daß die Gesellschaft erst mit einem späteren Zeitpunkt ihren Anfang nehmen soll, ist Dritten gegenüber unwirksam.	**(2) Eine Vereinbarung, *dass* die Gesellschaft erst *zu* einem späteren Zeitpunkt *entstehen* soll, ist Dritten gegenüber unwirksam.**
§ 124 [Rechtliche Selbständigkeit; Zwangsvollstreckung in Gesellschaftsvermögen] (1) Die offene Handelsgesellschaft kann unter ihrer Firma Rechte erwerben und Verbindlichkeiten eingehen, Eigentum und andere dingliche Rechte an Grundstücken erwerben, vor Gericht klagen und verklagt werden. (2) Zur Zwangsvollstreckung in das Gesellschaftsvermögen ist ein gegen die Gesellschaft gerichteter vollstreckbarer Schuldtitel erforderlich.	*(jetzt § 105 II HGB nF; inhaltlich unverändert [Abs. 1] bzw. § 105 III HGB nF iVm § 722 I BGB nF [Abs. 2]; inhaltlich unverändert)*
(bislang § 125 I HGB; unverändert [Abs. 1] bzw. § 125 II 1, 2 HGB; inhaltlich unverändert [Abs. 2] bzw. § 125 III HGB; inhaltlich unverändert [Abs. 3] bzw. § 126 HGB; unverändert [Abs. 4] bzw. § 127 HGB; inhaltlich unverändert [Abs. 5] bzw. § 125 II 3 HGB; unverändert [Abs. 6])	**§ 124 Vertretung der Gesellschaft** **(1) Zur Vertretung der Gesellschaft ist jeder Gesellschafter befugt, wenn er nicht durch den Gesellschaftsvertrag von der Vertretung ausgeschlossen ist.**

HGB Stand 1.11.2021:	*HGB ab 1.1.2024:*
	(2) [1]Im Gesellschaftsvertrag kann vereinbart werden, dass alle oder mehrere Gesellschafter nur gemeinsam zur Vertretung der Gesellschaft befugt sein sollen. [2]Die zur Gesamtvertretung befugten Gesellschafter können einzelne von ihnen zur Vornahme bestimmter Geschäfte oder bestimmter Arten von Geschäften ermächtigen. **(3) [1]Im Gesellschaftsvertrag kann vereinbart werden, dass die Gesellschafter, sofern nicht mehrere zusammen handeln, nur gemeinsam mit einem Prokuristen zur Vertretung der Gesellschaft berechtigt sein sollen. [2]Absatz 2 Satz 2 und Absatz 6 sind in diesem Fall entsprechend anzuwenden.** **(4) [1]Die Vertretungsbefugnis der Gesellschafter erstreckt sich auf alle Geschäfte der Gesellschaft einschließlich der Veräußerung und Belastung von Grundstücken sowie der Erteilung und des Widerrufs einer Prokura. [2]Eine Beschränkung des Umfangs der Vertretungsbefugnis ist Dritten gegenüber unwirksam. [3]Dies gilt insbesondere für die Beschränkung, dass sich die Vertretung nur auf bestimmte Geschäfte oder Arten von Geschäften erstreckt oder dass sie nur unter gewissen Umständen oder für eine gewisse Zeit oder an einzelnen Orten stattfinden soll. [4]Hinsichtlich der Beschränkung auf den Betrieb einer von mehreren Niederlassungen der Gesellschaft ist § 50 Absatz 3 entsprechend anzuwenden.** **(5) Die Vertretungsbefugnis kann einem Gesellschafter in entsprechender Anwendung von § 116 Absatz 5 ganz oder teilweise entzogen werden, sofern im Gesellschaftsvertrag nichts anderes vereinbart ist.** **(6) Ist der Gesellschaft gegenüber eine Willenserklärung abzugeben, genügt die Abgabe gegenüber einem vertretungsbefugten Gesellschafter.**
§ 125 [Vertretung der Gesellschaft] (1) Zur Vertretung der Gesellschaft ist jeder Gesellschafter ermächtigt, wenn er nicht durch den Gesellschaftsvertrag von der Vertretung ausgeschlossen ist.	*(jetzt § 124 I HGB nF; unverändert [Abs. 1] bzw. § 124 II HGB nF; inhaltlich unverändert [Abs. 2 S. 1, 2] bzw. § 124 VI HGB nF; unverändert [Abs. 2 S. 3] bzw. § 124 III HGB nF; inhaltlich unverändert [Abs. 3])*

HGB Stand 1.11.2021:	***HGB ab 1.1.2024:***
(2) [1] Im Gesellschaftsvertrage kann bestimmt werden, daß alle oder mehrere Gesellschafter nur in Gemeinschaft zur Vertretung der Gesellschaft ermächtigt sein sollen (Gesamtvertretung). [2] Die zur Gesamtvertretung berechtigten Gesellschafter können einzelne von ihnen zur Vornahme bestimmter Geschäfte oder bestimmter Arten von Geschäften ermächtigen. [3] Ist der Gesellschaft gegenüber eine Willenserklärung abzugeben, so genügt die Abgabe gegenüber einem der zur Mitwirkung bei der Vertretung befugten Gesellschafter. (3) [1] Im Gesellschaftsvertrage kann bestimmt werden, daß die Gesellschafter, wenn nicht mehrere zusammen handeln, nur in Gemeinschaft mit einem Prokuristen zur Vertretung der Gesellschaft ermächtigt sein sollen. [2] Die Vorschriften des Absatzes 2 Satz 2 und 3 finden in diesem Falle entsprechende Anwendung. (4) [aufgehoben]	
(bislang § 125a HGB; inhaltlich weitgehend unverändert)	**§ 125 Angaben auf Geschäftsbriefen** **(1) [1] Auf allen Geschäftsbriefen der Gesellschaft, gleichviel welcher Form, die an einen bestimmten Empfänger gerichtet werden, müssen die Firma und der Sitz der Gesellschaft, das Registergericht und die Nummer, unter der die Gesellschaft in das Handelsregister eingetragen ist, angegeben werden. [2] Bei einer Gesellschaft, bei der kein Gesellschafter eine natürliche Person ist, sind auf den Geschäftsbriefen der Gesellschaft ferner die Firmen oder Namen der Gesellschafter anzugeben sowie für die Gesellschafter die nach § 35a des Gesetzes betreffend die Gesellschaften mit beschränkter Haftung oder § 80 des Aktiengesetzes für Geschäftsbriefe vorgeschriebenen Angaben zu machen. [3] Die Angaben nach Satz 2 sind nicht erforderlich, wenn zu den Gesellschaftern der Gesellschaft eine rechtsfähige Personengesellschaft gehört, bei der mindestens ein persönlich haftender Gesellschafter eine natürliche Person ist.** **(2) [1] Für Vordrucke und Bestellscheine ist § 37a Absatz 2 und 3 entsprechend anzuwenden. [2] Für Zwangsgelder gegen die zur Vertretung der Gesellschaft befugten Gesellschafter oder deren organschaftliche Vertreter und die Liquidatoren**

HGB Stand 1.11.2021:	*HGB ab 1.1.2024:*
	ist § 37a Absatz 4 entsprechend anzuwenden.
§ 125a [Angaben auf Geschäftsbriefen] (1) [1]Auf allen Geschäftsbriefen der Gesellschaft gleichviel welcher Form, die an einen bestimmten Empfänger gerichtet werden, müssen die Rechtsform und der Sitz der Gesellschaft, das Registergericht und die Nummer, unter der die Gesellschaft in das Handelsregister eingetragen ist, angegeben werden. [2]Bei einer Gesellschaft, bei der kein Gesellschafter eine natürliche Person ist, sind auf den Geschäftsbriefen der Gesellschaft ferner die Firmen der Gesellschafter anzugeben sowie für die Gesellschafter die nach § 35a des Gesetzes betreffend die Gesellschaften mit beschränkter Haftung oder § 80 des Aktiengesetzes für Geschäftsbriefe vorgeschriebenen Angaben zu machen. [3]Die Angaben nach Satz 2 sind nicht erforderlich, wenn zu den Gesellschaftern der Gesellschaft eine offene Handelsgesellschaft oder Kommanditgesellschaft gehört, bei der ein persönlich haftender Gesellschafter eine natürliche Person ist. (2) Für Vordrucke und Bestellscheine ist § 37a Abs. 2 und 3, für Zwangsgelder gegen die zur Vertretung der Gesellschaft ermächtigten Gesellschafter oder deren organschaftliche Vertreter und die Liquidatoren ist § 37a Abs. 4 entsprechend anzuwenden.	*(jetzt § 125 HGB nF; inhaltlich weitgehend unverändert)*
§ 126 [Umfang der Vertretungsmacht] (1) Die Vertretungsmacht der Gesellschafter erstreckt sich auf alle gerichtlichen und außergerichtlichen Geschäfte und Rechtshandlungen einschließlich der Veräußerung und Belastung von Grundstücken sowie der Erteilung und des Widerrufs einer Prokura. (2) Eine Beschränkung des Umfanges der Vertretungsmacht ist Dritten gegenüber unwirksam; dies gilt insbesondere von der Beschränkung, daß sich die Vertretung nur auf gewisse Geschäfte oder Arten von Geschäften erstrecken oder daß sie nur unter gewissen Umständen oder für eine gewisse Zeit oder an einzelnen Orten stattfinden soll. (3) In betreff der Beschränkung auf den Betrieb einer von mehreren Niederlassungen der Gesellschaft finden die Vorschriften des § 50 Abs. 3 entsprechende Anwendung.	*(jetzt § 124 IV HGB nF; inhaltlich unverändert)*

HGB Stand 1.11.2021:	*HGB ab 1.1.2024:*
(bislang § 128 HGB; unverändert)	**§ 126 Persönliche Haftung der Gesellschafter** **[1]Die Gesellschafter haften für die Verbindlichkeiten der Gesellschaft den Gläubigern als Gesamtschuldner persönlich. [2]Eine entgegenstehende Vereinbarung ist Dritten gegenüber unwirksam.**
§ 127 [Entziehung der Vertretungsmacht] Die Vertretungsmacht kann einem Gesellschafter auf Antrag der übrigen Gesellschafter durch gerichtliche Entscheidung entzogen werden, wenn ein wichtiger Grund vorliegt; ein solcher Grund ist insbesondere grobe Pflichtverletzung oder Unfähigkeit zur ordnungsgemäßen Vertretung der Gesellschaft.	*(jetzt § 124 V HGB nF; ohne wesentliche inhaltliche Änderung)*
(bislang § 130 HGB; inhaltlich unverändert)	**§ 127 Haftung des eintretenden Gesellschafters** **[1]Wer in eine bestehende Gesellschaft eintritt, haftet gleich den anderen Gesellschaftern nach Maßgabe der §§ 126 und 128 für die vor seinem Eintritt begründeten Verbindlichkeiten der Gesellschaft. [2]Eine entgegenstehende Vereinbarung ist Dritten gegenüber unwirksam.**
§ 128 [Persönliche Haftung der Gesellschafter] [1]Die Gesellschafter haften für die Verbindlichkeiten der Gesellschaft den Gläubigern als Gesamtschuldner persönlich. [2]Eine entgegenstehende Vereinbarung ist Dritten gegenüber unwirksam.	*(jetzt § 126 HGB nF; unverändert)*
(bislang § 129 HGB; ohne wesentliche inhaltliche Änderung; Redaktionsversehen in Abs. 3 bereinigt [Abs. 2 Alt. 2 – betr. Aufrechnung])	**§ 128 Einwendungen und Einreden des Gesellschafters** **(1) Wird ein Gesellschafter wegen einer Verbindlichkeit der Gesellschaft in Anspruch genommen, kann er Einwendungen und Einreden, die nicht in seiner Person begründet sind, insoweit geltend machen, als sie von der Gesellschaft erhoben werden können.** **(2) Der Gesellschafter kann die Befriedigung des Gläubigers verweigern, solange der Gesellschaft in Ansehung der Verbindlichkeit das Recht zur Anfechtung oder Aufrechnung oder ein anderes Gestaltungsrecht, dessen Ausübung die Gesellschaft ihrerseits zur Leistungsverweigerung berechtigen würde, zusteht.**

HGB Stand 1.11.2021:	*HGB ab 1.1.2024:*
§ 129 [Einwendungen des Gesellschafters]	**§ 129 Zwangsvollstreckung gegen die Gesellschaft oder gegen ihre Gesellschafter**
(1) Wird ein Gesellschafter wegen einer Verbindlichkeit der Gesellschaft in Anspruch genommen, so kann er Einwendungen, die nicht in seiner Person begründet sind, nur insoweit geltend machen, als sie von der Gesellschaft erhoben werden können.	*(jetzt § 128 I HGB nF; inhaltlich unverändert)*
(2) Der Gesellschafter kann die Befriedigung des Gläubigers verweigern, solange der Gesellschaft das Recht zusteht, das ihrer Verbindlichkeit zugrunde liegende Rechtsgeschäft anzufechten.	*(jetzt § 128 II HGB nF; ohne wesentliche inhaltliche Änderung)*
(3) Die gleiche Befugnis hat der Gesellschafter, solange sich der Gläubiger durch Aufrechnung gegen eine fällige Forderung der Gesellschaft befriedigen kann.	*(jetzt § 128 II HGB nF; Redaktionsversehen bereinigt)*
(bislang § 124 II HGB; inhaltlich unverändert)	**(1) Zur Zwangsvollstreckung in das Vermögen der Gesellschaft ist ein gegen die Gesellschaft gerichteter Vollstreckungstitel erforderlich.**
(4) Aus einem gegen die Gesellschaft gerichteten vollstreckbaren Schuldtitel findet die Zwangsvollstreckung gegen die Gesellschafter nicht statt.	**(2) Aus einem gegen die Gesellschaft gerichteten *Vollstreckungstitel* findet die Zwangsvollstreckung gegen die Gesellschafter nicht statt.**
§ 129a [aufgehoben]	
	Vierter Titel. Ausscheiden eines Gesellschafters
§ 130 [Haftung des eintretenden Gesellschafters] (1) Wer in eine bestehende Gesellschaft eintritt, haftet gleich den anderen Gesellschaftern nach Maßgabe der §§ 128 und 129 für die vor seinem Eintritte begründeten Verbindlichkeiten der Gesellschaft, ohne Unterschied, ob die Firma eine Änderung erleidet oder nicht. (2) Eine entgegenstehende Vereinbarung ist Dritten gegenüber unwirksam.	*(jetzt § 127 HGB nF; inhaltlich unverändert)*
(bislang § 131 III HGB; inhaltlich unverändert, aber ohne dessen Nr. 5 [Abs. 1] bzw. § 131 III Nr. 5 HGB [Abs. 2] bzw. § 131 III 2 HGB; ohne wesentliche inhaltliche Änderung [Abs. 3])	**§ 130 Gründe für das Ausscheiden; Zeitpunkt des Ausscheidens** **(1) Folgende Gründe führen zum Ausscheiden eines Gesellschafters aus der Gesellschaft, sofern der Gesellschaftsvertrag für diese Fälle nicht die Auflösung der Gesellschaft vorsieht:** **1. Tod des Gesellschafters;** **2. Kündigung der Mitgliedschaft durch den Gesellschafter;**

HGB Stand 1.11.2021:	*HGB ab 1.1.2024:*
	3. Eröffnung des Insolvenzverfahrens über das Vermögen des Gesellschafters; **4. Kündigung der Mitgliedschaft durch einen Privatgläubiger des Gesellschafters;** **5. gerichtliche Entscheidung über Ausschließungsklage.** **(2) Im Gesellschaftsvertrag können weitere Gründe für das Ausscheiden eines Gesellschafters vereinbart werden.** **(3) Der Gesellschafter scheidet mit Eintritt des ihn betreffenden Ausscheidensgrundes aus, im Fall der Kündigung der Mitgliedschaft aber nicht vor Ablauf der Kündigungsfrist und im Fall der gerichtlichen Entscheidung über die Ausschließungsklage nicht vor Rechtskraft des stattgebenden Urteils.**
§§ 130a, 130b [aufgehoben]	
Vierter Titel. Auflösung der Gesellschaft und Ausscheiden von Gesellschaftern	
§ 131 [Auflösungsgründe] (1) Die offene Handelsgesellschaft wird aufgelöst: 1. durch den Ablauf der Zeit, für welche sie eingegangen ist; 2. durch Beschluß der Gesellschafter; 3. durch die Eröffnung des Insolvenzverfahrens über das Vermögen der Gesellschaft; 4. durch gerichtliche Entscheidung. (2) [1] Eine offene Handelsgesellschaft, bei der kein persönlich haftender Gesellschafter eine natürliche Person ist, wird ferner aufgelöst: 1. mit der Rechtskraft des Beschlusses, durch den die Eröffnung des Insolvenzverfahrens mangels Masse abgelehnt worden ist; 2. durch die Löschung wegen Vermögenslosigkeit nach § 394 des Gesetzes über das Verfahren in Familiensachen und in den Angelegenheiten der freiwilligen Gerichtsbarkeit. [2] Dies gilt nicht, wenn zu den persönlich haftenden Gesellschaftern eine andere offene Handelsgesellschaft oder Kommanditgesellschaft gehört, bei der ein persönlich haftender Gesellschafter eine natürliche Person ist. (3) [1] Folgende Gründe führen mangels abweichender vertraglicher Bestimmung zum Ausscheiden eines Gesellschafters:	*(jetzt § 138 I HGB nF; inhaltlich unverändert [Abs. 1] bzw. § 138 II HGB nF; inhaltlich unverändert [Abs. 2] bzw. § 130 I HGB nF; inhaltlich unverändert [Abs. 3 S. 1 Nr. 1–4] bzw. § 130 II HGB nF; inhaltlich unverändert [Abs. 3 S. 1 Nr. 5] bzw. § 130 III HGB nF; inhaltlich unverändert [Abs. 3 S. 2] bzw. § 140 HGB nF; inhaltlich verändert [Abs. 3 S. 1 Nr. 6])*

HGB Stand 1.11.2021:	*HGB ab 1.1.2024:*
1. Tod des Gesellschafters, 2. Eröffnung des Insolvenzverfahrens über das Vermögen des Gesellschafters, 3. Kündigung des Gesellschafters, 4. Kündigung durch den Privatgläubiger des Gesellschafters, 5. Eintritt von weiteren im Gesellschaftsvertrag vorgesehenen Fällen, 6. Beschluß der Gesellschafter. [2] Der Gesellschafter scheidet mit dem Eintritt des ihn betreffenden Ereignisses aus, im Falle der Kündigung aber nicht vor Ablauf der Kündigungsfrist.	
(bislang § 139 HGB; inhaltlich unverändert)	**§ 131 Fortsetzung mit dem Erben; Ausscheiden des Erben** **(1) Geht der Anteil eines verstorbenen Gesellschafters auf dessen Erben über, so kann jeder Erbe gegenüber den anderen Gesellschaftern antragen, dass ihm die Stellung eines Kommanditisten eingeräumt und der auf ihn entfallende Anteil des Erblassers als seine Kommanditeinlage anerkannt wird.** **(2) Nehmen die anderen Gesellschafter einen Antrag nach Absatz 1 nicht an, ist der Erbe befugt, seine Mitgliedschaft in der Gesellschaft ohne Einhaltung einer Kündigungsfrist zu kündigen.** **(3) [1] Die Rechte nach den Absätzen 1 bis 2 können von dem Erben nur innerhalb von drei Monaten nach dem Zeitpunkt, zu dem er von dem Anfall der Erbschaft Kenntnis erlangt hat, geltend gemacht werden. [2] Auf den Lauf der Frist ist § 210 des Bürgerlichen Gesetzbuchs entsprechend anzuwenden. [3] Ist bei Ablauf der drei Monate das Recht zur Ausschlagung der Erbschaft noch nicht verloren, endet die Frist nicht vor dem Ablauf der Ausschlagungsfrist.** **(4) Scheidet innerhalb der Frist des Absatzes 3 der Erbe aus der Gesellschaft aus oder wird innerhalb der Frist die Gesellschaft aufgelöst oder dem Erben die Stellung eines Kommanditisten eingeräumt, so haftet er für die bis dahin entstandenen Gesellschaftsverbindlichkeiten nur nach Maßgabe der Vorschriften des bürgerlichen Rechts, welche die Haftung des Erben für die Nachlassverbindlichkeiten betreffen.**

HGB Stand 1.11.2021:	*HGB ab 1.1.2024:*
	(5) [1]Der Gesellschaftsvertrag kann die Anwendung der Vorschriften der Absätze 1 bis 4 nicht ausschließen. [2]Jedoch kann für den Fall, dass der Erbe sein Verbleiben in der Gesellschaft von der Einräumung der Stellung eines Kommanditisten abhängig macht, sein Gewinnanteil anders als der des Erblassers bestimmt werden.
§ 132 **[Kündigung eines Gesellschafters]**	**§ 132 Kündigung der Mitgliedschaft durch den Gesellschafter**
Die Kündigung eines Gesellschafters kann, wenn die Gesellschaft für unbestimmte Zeit eingegangen ist, nur für den Schluß eines Geschäftsjahrs erfolgen; sie muß mindestens sechs Monate vor diesem Zeitpunkte stattfinden.	**(1) Ist das Gesellschaftsverhältnis auf unbestimmte Zeit eingegangen, kann ein Gesellschafter seine Mitgliedschaft unter Einhaltung einer Frist von sechs Monaten zum Ablauf des Geschäftsjahres gegenüber der Gesellschaft kündigen.**
(Austrittsrecht neu)	**(2) [1]Ist für das Gesellschaftsverhältnis eine Zeitdauer vereinbart, ist die Kündigung der Mitgliedschaft durch einen Gesellschafter vor dem Ablauf dieser Zeit zulässig, wenn ein wichtiger Grund vorliegt. [2]Ein wichtiger Grund liegt insbesondere vor, wenn ein anderer Gesellschafter eine ihm nach dem Gesellschaftsvertrag obliegende wesentliche Verpflichtung vorsätzlich oder grob fahrlässig verletzt hat oder wenn die Erfüllung einer solchen Verpflichtung unmöglich wird.**
(neu)	**(3) Liegt ein wichtiger Grund im Sinne von Absatz 2 Satz 2 vor, so ist eine Kündigung der Mitgliedschaft durch einen Gesellschafter stets ohne Einhaltung einer Kündigungsfrist zulässig.**
(bislang ungeregelt; nach dem Vorbild des § 723 I 3 Nr. 2; 4, 5 BGB)	**(4) [1]Ein Gesellschafter kann seine Mitgliedschaft auch kündigen, wenn er volljährig geworden ist. [2]Das Kündigungsrecht besteht nicht, wenn der Gesellschafter bezüglich des Gegenstands der Gesellschaft zum selbständigen Betrieb eines Erwerbsgeschäfts gemäß § 112 des Bürgerlichen Gesetzbuchs ermächtigt war oder der Zweck der Gesellschaft allein der Befriedigung seiner persönlichen Bedürfnisse diente. [3]Der volljährig Gewordene kann die Kündigung nur binnen drei Monaten von dem Zeitpunkt an erklären, in welchem er von seiner Gesellschafterstellung Kenntnis hatte oder haben musste.**

HGB Stand 1.11.2021:	*HGB ab 1.1.2024:*
(neu; nach dem Vorbild des § 723 II BGB)	**(5) [1]Die Kündigung darf nicht zur Unzeit geschehen, es sei denn, dass ein wichtiger Grund für die unzeitige Kündigung vorliegt. [2]Kündigt ein Gesellschafter seine Mitgliedschaft dennoch ohne einen solchen Grund zur Unzeit, hat er der Gesellschaft den daraus entstehenden Schaden zu ersetzen.**
(neu; nach dem Vorbild des § 723 III BGB)	**(6) Eine Vereinbarung im Gesellschaftsvertrag, welche das Kündigungsrecht nach den Absätzen 2 und 4 ausschließt oder diesen Vorschriften zuwider beschränkt, ist unwirksam.**
§ 133 [Auflösung durch gerichtliche Entscheidung] (1) Auf Antrag eines Gesellschafters kann die Auflösung der Gesellschaft vor dem Ablauf der für ihre Dauer bestimmten Zeit oder bei einer für unbestimmte Zeit eingegangenen Gesellschaft ohne Kündigung durch gerichtliche Entscheidung ausgesprochen werden, wenn ein wichtiger Grund vorliegt. (2) Ein solcher Grund ist insbesondere vorhanden, wenn ein anderer Gesellschafter eine ihm nach dem Gesellschaftsvertrag obliegende wesentliche Verpflichtung vorsätzlich oder aus grober Fahrlässigkeit verletzt oder wenn die Erfüllung einer solchen Verpflichtung unmöglich wird. (3) Eine Vereinbarung, durch welche das Recht des Gesellschafters, die Auflösung der Gesellschaft zu verlangen, ausgeschlossen oder diesen Vorschriften zuwider beschränkt wird, ist nichtig.	*(jetzt § 139 HGB nF; inhaltlich ohne wesentliche Änderung)*
(bislang § 135 HGB; inhaltlich unverändert)	**§ 133 Kündigung der Mitgliedschaft durch einen Privatgläubiger des Gesellschafters** **Hat ein Privatgläubiger eines Gesellschafters, nachdem innerhalb der letzten sechs Monate eine Zwangsvollstreckung in das bewegliche Vermögen des Gesellschafters ohne Erfolg versucht wurde, aufgrund eines nicht bloß vorläufig vollstreckbaren Schuldtitels die Pfändung des Anteils des Gesellschafters an der Gesellschaft erwirkt, kann er dessen Mitgliedschaft gegenüber der Gesellschaft unter Einhaltung einer Frist von sechs Monaten zum Ablauf des Geschäftsjahrs kündigen.**

HGB Stand 1.11.2021:	*HGB ab 1.1.2024:*
§ 134 [Gesellschaft auf Lebenszeit; fortgesetzte Gesellschaft] Eine Gesellschaft, die für die Lebenszeit eines Gesellschafters eingegangen ist oder nach dem Ablaufe der für ihre Dauer bestimmten Zeit stillschweigend fortgesetzt wird, steht im Sinne der Vorschriften der §§ 132 und 133 einer für unbestimmte Zeit eingegangenen Gesellschaft gleich.	*(gestrichen)*
(bislang § 140 HGB; inhaltlich unverändert)	**§ 134 Gerichtliche Entscheidung über Ausschließungsklage** **[1]Tritt in der Person eines Gesellschafters ein wichtiger Grund ein, kann auf Antrag der anderen Gesellschafter seine Ausschließung aus der Gesellschaft durch gerichtliche Entscheidung ausgesprochen werden, sofern im Gesellschaftsvertrag nichts anderes vereinbart ist. [2]Ein wichtiger Grund liegt insbesondere vor, wenn der Gesellschafter eine ihm nach dem Gesellschaftsvertrag obliegende wesentliche Verpflichtung vorsätzlich oder grob fahrlässig verletzt hat oder wenn ihm die Erfüllung einer solchen Verpflichtung unmöglich wird. [3]Der Klage steht nicht entgegen, dass nach der Ausschließung nur ein Gesellschafter verbleibt.**
§ 135 [Kündigung durch den Privatgläubiger] Hat ein Privatgläubiger eines Gesellschafters, nachdem innerhalb der letzten sechs Monate eine Zwangsvollstreckung in das bewegliche Vermögen des Gesellschafters ohne Erfolg versucht ist, auf Grund eines nicht bloß vorläufig vollstreckbaren Schuldtitels die Pfändung und Überweisung des Anspruchs auf dasjenige erwirkt, was dem Gesellschafter bei der Auseinandersetzung zukommt, so kann er die Gesellschaft ohne Rücksicht darauf, ob sie für bestimmte oder unbestimmte Zeit eingegangen ist, sechs Monate vor dem Ende des Geschäftsjahrs für diesen Zeitpunkt kündigen.	*(jetzt § 133 HGB nF; inhaltlich unverändert)*
(bislang § 105 III HGB iVm § 738 I 2 BGB; ohne wesentliche inhaltliche Änderung [Abs. 1] bzw. § 140 II HGB; ohne wesentliche inhaltliche Änderung [Abs. 2] bzw. § 105 III HGB iVm § 738 II BGB; inhaltlich unverändert [Abs. 3])	**§ 135 Ansprüche des ausgeschiedenen Gesellschafters** **(1) [1]Sofern im Gesellschaftsvertrag nichts anderes vereinbart ist, ist die Gesellschaft verpflichtet, den ausgeschiedenen Gesellschafter von der Haftung für die Verbindlichkeiten der Gesellschaft zu befreien und ihm eine dem Wert seines Anteils angemessene Abfindung zu zah-**

HGB Stand 1.11.2021:	*HGB ab 1.1.2024:*
	len. [2] Sind Verbindlichkeiten der Gesellschaft noch nicht fällig, kann die Gesellschaft dem Ausgeschiedenen Sicherheit leisten, statt ihn von der Haftung nach § 126 zu befreien. **(2) Im Fall des § 134 ist für die Ermittlung des Abfindungsanspruchs die Vermögenslage der Gesellschaft in dem Zeitpunkt maßgebend, in welchem die Ausschließungsklage erhoben ist.** **(3) Der Wert des Gesellschaftsanteils ist, soweit erforderlich, im Wege der Schätzung zu ermitteln.**
(bislang § 105 III HGB iVm § 739 BGB; inhaltlich unverändert)	**§ 136 Haftung des ausgeschiedenen Gesellschafters für Fehlbetrag** **Reicht der Wert des Gesellschaftsvermögens zur Deckung der Verbindlichkeiten der Gesellschaft nicht aus, hat der ausgeschiedene Gesellschafter der Gesellschaft für den Fehlbetrag nach dem Verhältnis seines Anteils am Gewinn und Verlust aufzukommen.**
(bislang § 160 HGB; ohne wesentliche inhaltliche Änderung bzw. neu [Abs. 1 S. 2 HGB])	**§ 137 Nachhaftung des ausgeschiedenen Gesellschafters** **(1) [1] Scheidet ein Gesellschafter aus der Gesellschaft aus, so haftet er für deren bis dahin begründete Verbindlichkeiten, wenn sie vor Ablauf von fünf Jahren nach seinem Ausscheiden fällig sind und** **1. daraus Ansprüche gegen ihn in einer in § 197 Absatz 1 Nummer 3 bis 5 des Bürgerlichen Gesetzbuchs bezeichneten Art festgestellt sind oder** **2. eine gerichtliche oder behördliche Vollstreckungshandlung vorgenommen oder beantragt wird; bei öffentlich-rechtlichen Verbindlichkeiten genügt der Erlass eines Verwaltungsakts.** **[2] Ist die Verbindlichkeit auf Schadensersatz gerichtet, haftet der ausgeschiedene Gesellschafter nach Satz 1 nur, wenn auch die zum Schadensersatz führende Verletzung vertraglicher oder gesetzlicher Pflichten vor dem Ausscheiden des Gesellschafters eingetreten ist. [3] Die Frist beginnt, sobald der Gläubiger von dem Ausscheiden des Gesellschafters Kenntnis erlangt hat oder das Ausscheiden des Gesellschafters im Handelsregister eingetragen worden ist. [4] Die §§ 204, 206, 210, 211 und 212 Absatz 2 und 3 des Bürgerlichen**

HGB Stand 1.11.2021:	*HGB ab 1.1.2024:*
	Gesetzbuchs sind entsprechend anzuwenden.
	(2) Einer Feststellung in einer in § 197 Absatz 1 Nummer 3 bis 5 des Bürgerlichen Gesetzbuchs bezeichneten Art bedarf es nicht, soweit der Gesellschafter den Anspruch schriftlich anerkannt hat.
	(3) [1] Wird ein Gesellschafter Kommanditist, sind für die Begrenzung seiner Haftung für die im Zeitpunkt der Eintragung der Änderung in das Handelsregister begründeten Verbindlichkeiten die Absätze 1 und 2 entsprechend anzuwenden. [2] Dies gilt auch, wenn er in der Gesellschaft oder einem ihr als Gesellschafter angehörenden Unternehmen geschäftsführend tätig wird. [3] Seine Haftung als Kommanditist bleibt unberührt.
	Fünfter Titel. Auflösung der Gesellschaft
(bislang § 131 I HGB; inhaltlich unverändert [Abs. 1, 2] bzw. ungeregelt [Abs. 3])	**§ 138 Auflösungsgründe**
	(1) Die Gesellschaft wird aufgelöst durch: 1. Ablauf der Zeit, für welche sie eingegangen wurde; 2. Eröffnung des Insolvenzverfahrens über das Vermögen der Gesellschaft; 3. gerichtliche Entscheidung über den Antrag auf Auflösung; 4. Auflösungsbeschluss.
	(2) Eine Gesellschaft, bei der kein persönlich haftender Gesellschafter eine natürliche Person ist, wird ferner aufgelöst: 1. mit der Rechtskraft des Beschlusses, durch den die Eröffnung des Insolvenzverfahrens mangels Masse abgelehnt worden ist; 2. durch die Löschung wegen Vermögenslosigkeit nach § 394 des Gesetzes über das Verfahren in Familiensachen und in den Angelegenheiten der freiwilligen Gerichtsbarkeit. Dies gilt nicht, wenn zu den persönlich haftenden Gesellschaftern eine andere rechtsfähige Personengesellschaft gehört, bei der mindestens ein persönlich haftender Gesellschafter eine natürliche Person ist.
	(3) Im Gesellschaftsvertrag können weitere Auflösungsgründe vereinbart werden.

HGB Stand 1.11.2021:	*HGB ab 1.1.2024:*
§§ 136–138 [aufgehoben]	
§ 139 [Fortsetzung mit den Erben] (1) Ist im Gesellschaftsvertrage bestimmt, daß im Falle des Todes eines Gesellschafters die Gesellschaft mit dessen Erben fortgesetzt werden soll, so kann jeder Erbe sein Verbleiben in der Gesellschaft davon abhängig machen, daß ihm unter Belassung des bisherigen Gewinnanteils die Stellung eines Kommanditisten eingeräumt und der auf ihn fallende Teil der Einlage des Erblassers als seine Kommanditeinlage anerkannt wird. (2) Nehmen die übrigen Gesellschafter einen dahingehenden Antrag des Erben nicht an, so ist dieser befugt, ohne Einhaltung einer Kündigungsfrist sein Ausscheiden aus der Gesellschaft zu erklären. (3) [1] Die bezeichneten Rechte können von dem Erben nur innerhalb einer Frist von drei Monaten nach dem Zeitpunkt, in welchem er von dem Anfalle der Erbschaft Kenntnis erlangt hat, geltend gemacht werden. [2] Auf den Lauf der Frist finden die für die Verjährung geltenden Vorschriften des § 210 des Bürgerlichen Gesetzbuchs entsprechende Anwendung. [3] Ist bei dem Ablaufe der drei Monate das Recht zur Ausschlagung der Erbschaft noch nicht verloren, so endigt die Frist nicht vor dem Ablaufe der Ausschlagungsfrist. (4) Scheidet innerhalb der Frist des Absatzes 3 der Erbe aus der Gesellschaft aus oder wird innerhalb der Frist die Gesellschaft aufgelöst oder dem Erben die Stellung eines Kommanditisten eingeräumt, so haftet er für die bis dahin entstandenen Gesellschaftsschulden nur nach Maßgabe der die Haftung des Erben für die Nachlaßverbindlichkeiten betreffenden Vorschriften des bürgerlichen Rechtes. (5) Der Gesellschaftsvertrag kann die Anwendung der Vorschriften der Absätze 1 bis 4 nicht ausschließen; es kann jedoch für den Fall, daß der Erbe sein Verbleiben in der Gesellschaft von der Einräumung der Stellung eines Kommanditisten abhängig macht, sein Gewinnanteil anders als der des Erblassers bestimmt werden.	*(jetzt § 131 HGB nF; inhaltlich unverändert)*
(bislang § 133 HGB; ohne wesentliche inhaltliche Änderung)	**§ 139 Auflösung durch gerichtliche Entscheidung** **(1) [1] Auf Antrag eines Gesellschafters kann aus wichtigem Grund die Auflösung der Gesellschaft durch gerichtliche**

HGB Stand 1.11.2021:	*HGB ab 1.1.2024:*
	Entscheidung ausgesprochen werden, wenn ihm die Fortsetzung der Gesellschaft nicht zuzumuten ist. [2]Ein wichtiger Grund liegt insbesondere vor, wenn ein anderer Gesellschafter eine ihm nach dem Gesellschaftsvertrag obliegende wesentliche Verpflichtung vorsätzlich oder grob fahrlässig verletzt hat oder wenn die Erfüllung einer solchen Verpflichtung unmöglich wird. **(2) Eine Vereinbarung im Gesellschaftsvertrag, welche das Recht des Gesellschafters, die Auflösung der Gesellschaft aus wichtigem Grund zu verlangen, ausschließt oder Absatz 1 zuwider beschränkt, ist unwirksam.**
§ 140 [Ausschließung eines Gesellschafters] (1) [1]Tritt in der Person eines Gesellschafters ein Umstand ein, der nach § 133 für die übrigen Gesellschafter das Recht begründet, die Auflösung der Gesellschaft zu verlangen, so kann vom Gericht anstatt der Auflösung die Ausschließung dieses Gesellschafters aus der Gesellschaft ausgesprochen werden, sofern die übrigen Gesellschafter dies beantragen. [2]Der Ausschließungsklage steht nicht entgegen, daß nach der Ausschließung nur ein Gesellschafter verbleibt. (2) Für die Auseinandersetzung zwischen der Gesellschaft und dem ausgeschlossenen Gesellschafter ist die Vermögenslage der Gesellschaft in dem Zeitpunkte maßgebend, in welchem die Klage auf Ausschließung erhoben ist.	*(jetzt § 134 HGB nF [Abs. 1] bzw. § 135 II HGB nF [Abs. 2]; ohne wesentliche inhaltliche Änderung)*
(bislang § 131 III 1 Nr. 6 HGB bzw. neu [Mehrheitserfordernis])	**§ 140 Auflösungsbeschluss** **Hat nach dem Gesellschaftsvertrag die Mehrheit der Stimmen zu entscheiden, muss ein Beschluss, der die Auflösung der Gesellschaft zum Gegenstand hat, mit einer Mehrheit von mindestens drei Viertel der abgegebenen Stimmen gefasst werden.**
§§ 141, 142 [aufgehoben]	
(bislang § 143 I, III HGB; ohne wesentliche inhaltliche Änderung)	**§ 141 Anmeldung der Auflösung** **(1) [1]Die Auflösung der Gesellschaft ist von sämtlichen Gesellschaftern zur Ein-**

HGB Stand 1.11.2021:	*HGB ab 1.1.2024:*

tragung in das Handelsregister anzumelden. [2]Dies gilt nicht in den Fällen der Eröffnung oder Ablehnung der Eröffnung des Insolvenzverfahrens über das Vermögen der Gesellschaft (§ 138 Absatz 1 Nummer 2 und § 138 Absatz 2 Satz 1 Nummer 1); dann hat das Gericht die Auflösung und ihren Grund von Amts wegen einzutragen. [3]Im Fall der Löschung der Gesellschaft (§ 138 Absatz 2 Satz 1 Nummer 2) entfällt die Eintragung der Auflösung.

(2) Ist aufgrund einer Vereinbarung im Gesellschaftsvertrag die Gesellschaft durch den Tod eines Gesellschafters aufgelöst, kann die Anmeldung der Auflösung der Gesellschaft ohne Mitwirkung der Erben erfolgen, sofern einer solchen Mitwirkung besondere Hindernisse entgegenstehen.

(bislang teilweise § 144 HGB [für Insolvenz] bzw. ungeregelt [für andere Auflösungsgründe; Abs. 3] bzw. neu [Abs. 2])

§ 142 Fortsetzung der Gesellschaft

(1) Die Gesellschafter können nach Auflösung der Gesellschaft deren Fortsetzung beschließen, sobald der Auflösungsgrund beseitigt ist.

(2) Hat nach dem Gesellschaftsvertrag die Mehrheit der Stimmen zu entscheiden, muss der Beschluss über die Fortsetzung mit einer Mehrheit von mindestens drei Viertel der abgegebenen Stimmen gefasst werden.

(3) Die Fortsetzung ist von sämtlichen Gesellschaftern zur Eintragung in das Handelsregister anzumelden.

Sechster Titel.
Liquidation der Gesellschaft

§ 143 [Anmeldung von Auflösung und Ausscheiden]

(1) [1]Die Auflösung der Gesellschaft ist von sämtlichen Gesellschaftern zur Eintragung in das Handelsregister anzumelden. [2]Dies gilt nicht in den Fällen der Eröffnung oder der Ablehnung der Eröffnung des Insolvenzverfahrens über das Vermögen der Gesellschaft (§ 131 Abs. 1 Nr. 3 und Abs. 2 Nr. 1). [3]In diesen Fällen hat das Gericht die Auflösung und ihren Grund von Amts wegen einzutragen. [4]Im Falle der Löschung der Gesellschaft (§ 131 Abs. 2 Nr. 2) entfällt die Eintragung der Auflösung.

(jetzt § 141 HGB nF; ohne wesentliche inhaltliche Änderung [Abs. 1, 3] bzw. § 106 VI, VII 1 HGB nF; inhaltlich unverändert [Abs. 2])

HGB Stand 1.11.2021:	*HGB ab 1.1.2024:*
(2) Absatz 1 Satz 1 gilt entsprechend für das Ausscheiden eines Gesellschafters aus der Gesellschaft. (3) Ist anzunehmen, daß der Tod eines Gesellschafters die Auflösung oder das Ausscheiden zur Folge gehabt hat, so kann, auch ohne daß die Erben bei der Anmeldung mitwirken, die Eintragung erfolgen, soweit einer solchen Mitwirkung besondere Hindernisse entgegenstehen.	
(bislang § 145 HGB; inhaltlich unverändert [Abs. 1, 2] bzw. neu [Abs. 3])	**§ 143 Notwendigkeit der Liquidation; anwendbare Vorschriften** **(1) [1]Nach Auflösung der Gesellschaft findet die Liquidation statt, sofern nicht über das Vermögen der Gesellschaft das Insolvenzverfahren eröffnet ist. [2]Ist die Gesellschaft durch Löschung wegen Vermögenslosigkeit aufgelöst, findet eine Liquidation nur statt, wenn sich nach der Löschung herausstellt, dass noch Vermögen vorhanden ist, das der Verteilung unterliegt.** **(2) [1]Die Gesellschafter können anstelle der Liquidation eine andere Art der Abwicklung vereinbaren. [2]Ist aufgrund einer Vereinbarung im Gesellschaftsvertrag die Gesellschaft durch die Kündigung eines Privatgläubigers eines Gesellschafters oder durch die Eröffnung des Insolvenzverfahrens über das Vermögen eines Gesellschafters aufgelöst, bedarf eine Vereinbarung über eine andere Art der Abwicklung der Zustimmung des Privatgläubigers oder des Insolvenzverwalters; ist im Insolvenzverfahren Eigenverwaltung angeordnet, tritt an die Stelle der Zustimmung des Insolvenzverwalters die Zustimmung des Schuldners.** **(3) Die Liquidation erfolgt nach den folgenden Vorschriften dieses Titels, sofern sich nicht aus dem Gesellschaftsvertrag etwas anderes ergibt.**
§ 144 [Fortsetzung nach Insolvenz der Gesellschaft] (1) Ist die Gesellschaft durch die Eröffnung des Insolvenzverfahrens über ihr Vermögen aufgelöst, das Verfahren aber auf Antrag des Schuldners eingestellt oder nach der Bestätigung eines Insolvenzplans, der den Fortbestand der Gesellschaft vorsieht, aufgehoben, so können die Gesellschafter die Fortsetzung der Gesellschaft beschließen.	*(jetzt § 142 HGB nF; inhaltlich verändert; s. dort)*

HGB Stand 1.11.2021:	*HGB ab 1.1.2024:*
(2) Die Fortsetzung ist von sämtlichen Gesellschaftern zur Eintragung in das Handelsregister anzumelden.	
(bislang § 146 I 1 HGB [Abs. 1, 4] bzw. § 146 III HGB [Abs. 2] bzw. § 146 I 2 HGB [Abs. 3] bzw. § 147 Hs. 1 HGB [Abs. 4]; jeweils inhaltlich unverändert bzw. ohne wesentliche Änderung [Abs. 5])	**§ 144 Liquidatoren** **(1) Zur Liquidation sind alle Gesellschafter berufen.** **(2) Ist über das Vermögen eines Gesellschafters das Insolvenzverfahren eröffnet und ein Insolvenzverwalter bestellt worden, tritt dieser an die Stelle des Gesellschafters.** **(3) Mehrere Erben eines Gesellschafters haben einen gemeinsamen Vertreter zu bestellen.** **(4) Durch Vereinbarung im Gesellschaftsvertrag oder durch Beschluss der Gesellschafter können auch einzelne Gesellschafter oder andere Personen zu Liquidatoren berufen werden.** **(5) Hat nach dem Gesellschaftsvertrag die Mehrheit der Stimmen zu entscheiden, gilt dies im Zweifel nicht für die Berufung und Abberufung eines Liquidators.**
Fünfter Titel. Liquidation der Gesellschaft	
§ 145 [Notwendigkeit der Liquidation] (1) Nach der Auflösung der Gesellschaft findet die Liquidation statt, sofern nicht eine andere Art der Auseinandersetzung von den Gesellschaftern vereinbart oder über das Vermögen der Gesellschaft das Insolvenzverfahren eröffnet ist. (2) Ist die Gesellschaft durch Kündigung des Gläubigers eines Gesellschafters oder durch die Eröffnung des Insolvenzverfahrens über das Vermögen eines Gesellschafters aufgelöst, so kann die Liquidation nur mit Zustimmung des Gläubigers oder des Insolvenzverwalters unterbleiben; ist im Insolvenzverfahren Eigenverwaltung angeordnet, so tritt an die Stelle der Zustimmung des Insolvenzverwalters die Zustimmung des Schuldners. (3) Ist die Gesellschaft durch Löschung wegen Vermögenslosigkeit aufgelöst, so findet eine Liquidation nur statt, wenn sich nach der Löschung herausstellt, daß Vermögen vorhanden ist, das der Verteilung unterliegt.	*(jetzt § 143 HGB nF; inhaltlich ohne wesentliche Änderung; s. dort)*

HGB Stand 1.11.2021:	***HGB ab 1.1.2024:***
(bislang § 146 II 1 Hs. 1 HGB; § 147 Hs. 2 HGB [Abs. 1] bzw. § 146 II 2 HGB [Abs. 2]; jeweils inhaltlich unverändert bzw. neu [Abs. 3])	**§ 145 Gerichtliche Berufung und Abberufung von Liquidatoren** **(1) [1]Auf Antrag eines Beteiligten kann aus wichtigem Grund ein Liquidator durch das Gericht, in dessen Bezirk die Gesellschaft ihren Sitz hat, berufen und abberufen werden. [2]Eine Vereinbarung im Gesellschaftsvertrag, welche dieses Recht ausschließt, ist unwirksam.** **(2) Beteiligte sind:** **1. jeder Gesellschafter (§ 144 Absatz 1),** **2. der Insolvenzverwalter über das Vermögen des Gesellschafters (§ 144 Absatz 2),** **3. der gemeinsame Vertreter (§ 144 Absatz 3) und** **4. der Privatgläubiger des Gesellschafters, durch den die zur Auflösung der Gesellschaft führende Kündigung erfolgt ist (§ 143 Absatz 2 Satz 2).** **(3) [1]Gehört der Liquidator nicht zu den Gesellschaftern, hat er Anspruch auf Ersatz der erforderlichen Aufwendungen und auf Vergütung für seine Tätigkeit. [2]Einigen sich der Liquidator und die Gesellschaft hierüber nicht, setzt das Gericht die Aufwendungen und die Vergütung fest. [3]Gegen die Entscheidung ist die Beschwerde zulässig; die Rechtsbeschwerde ist ausgeschlossen. [4]Aus der rechtskräftigen Entscheidung findet die Zwangsvollstreckung nach der Zivilprozessordnung statt.**
§ 146 [Bestellung der Liquidatoren] (1) [1]Die Liquidation erfolgt, sofern sie nicht durch Beschluß der Gesellschafter oder durch den Gesellschaftsvertrag einzelnen Gesellschaftern oder anderen Personen übertragen ist, durch sämtliche Gesellschafter als Liquidatoren. [2]Mehrere Erben eines Gesellschafters haben einen gemeinsamen Vertreter zu bestellen. (2) [1]Auf Antrag eines Beteiligten kann aus wichtigen Gründen die Ernennung von Liquidatoren durch das Gericht erfolgen, in dessen Bezirke die Gesellschaft ihren Sitz hat; das Gericht kann in einem solchen Falle Personen zu Liquidatoren ernennen, die nicht zu den Gesellschaftern gehören. [2]Als Beteiligter gilt außer den Gesellschaftern im Falle des § 135 auch der Gläubiger, durch den die Kündigung	*(jetzt § 144 I HGB nF [Abs. 1 S. 1] bzw. § 144 III HGB nF [Abs. 1 S. 2] bzw. § 145 HGB nF [Abs. 2] bzw. § 144 II HGB [Abs. 3]; jeweils inhaltlich unverändert)*

HGB Stand 1.11.2021:	*HGB ab 1.1.2024:*
erfolgt ist. [3]Im Falle des § 145 Abs. 3 sind die Liquidatoren auf Antrag eines Beteiligten durch das Gericht zu ernennen. (3) Ist über das Vermögen eines Gesellschafters das Insolvenzverfahren eröffnet und ist ein Insolvenzverwalter bestellt, so tritt dieser an die Stelle des Gesellschafters.	
(bislang § 146 I 1 HGB, § 150 I HGB [Abs. 1] bzw. § 105 III HGB iVm § 729 S. 1 BGB [Abs. 2]; inhaltlich unverändert)	**§ 146 Geschäftsführungs- und Vertretungsbefugnis der Liquidatoren** **(1) [1]Mit der Auflösung erlischt die einem Gesellschafter im Gesellschaftsvertrag übertragene Befugnis zur Geschäftsführung und Vertretung. [2]Diese Befugnis steht von der Auflösung an allen Liquidatoren gemeinsam zu.** **(2) Die bisherige Befugnis eines Gesellschafters zur Geschäftsführung gilt gleichwohl zu seinen Gunsten als fortbestehend, bis er von der Auflösung der Gesellschaft Kenntnis erlangt hat oder die Auflösung kennen muss.**
§ 147 [Abberufung von Liquidatoren] Die Abberufung von Liquidatoren geschieht durch einstimmigen Beschluß der nach § 146 Abs. 2 und 3 Beteiligten; sie kann auf Antrag eines Beteiligten aus wichtigen Gründen auch durch das Gericht erfolgen.	*(jetzt § 144 V HGB nF [Hs. 1] bzw. § 145 I HGB nF; teilweise verändert; s. dort)*
(bislang § 148 HGB; inhaltlich unverändert)	**§ 147 Anmeldung der Liquidatoren** **(1) [1]Die Liquidatoren und ihre Vertretungsbefugnis sind von sämtlichen Gesellschaftern zur Eintragung in das Handelsregister anzumelden. [2]Das Gleiche gilt für jede Änderung in der Person des Liquidators oder in seiner Vertretungsbefugnis. [3]Wenn im Fall des Todes eines Gesellschafters anzunehmen ist, dass die Anmeldung den Tatsachen entspricht, kann die Eintragung erfolgen, auch ohne dass die Erben bei der Anmeldung mitwirken, sofern einer solchen Mitwirkung besondere Hindernisse entgegenstehen.** **(2) Die Eintragung gerichtlich berufener Liquidatoren sowie die Eintragung der gerichtlichen Abberufung von Liquidatoren geschieht von Amts wegen.**
§ 148 [Anmeldung der Liquidatoren] (1) [1]Die Liquidatoren und ihre Vertretungsmacht sind von sämtlichen Gesellschaf-	*(jetzt § 147 HGB nF; inhaltlich unverändert)*

HGB Stand 1.11.2021:	HGB ab 1.1.2024:
tern zur Eintragung in das Handelsregister anzumelden. [2]Das gleiche gilt von jeder Änderung in den Personen der Liquidatoren oder in ihrer Vertretungsmacht. [3]Im Falle des Todes eines Gesellschafters kann, wenn anzunehmen ist, daß die Anmeldung den Tatsachen entspricht, die Eintragung erfolgen, auch ohne daß die Erben bei der Anmeldung mitwirken, soweit einer solchen Mitwirkung besondere Hindernisse entgegenstehen. (2) Die Eintragung gerichtlich bestellter Liquidatoren sowie die Eintragung der gerichtlichen Abberufung von Liquidatoren geschieht von Amts wegen.	
(bislang § 152 HGB [Abs. 1] bzw. § 149 S. 1 HGB [Abs. 2] bzw. § 153 HGB [Abs. 3] bzw. § 154 HGB [Abs. 4]; jeweils ohne wesentliche inhaltliche Änderung bzw. § 149 S. 1 HGB, § 155 I HGB; inhaltlich verändert [Abs. 5 S. 1] bzw. § 155 II 2 HGB; inhaltlich unverändert [Abs. 5 S. 2] bzw. ungeregelt, nach dem Vorbild der §§ 733 II, 734, 736 BGB [Abs. 6] bzw. § 155 II HGB; inhaltlich leicht verändert [Abs. 7] bzw. § 155 I HGB; inhaltlich unverändert [Abs. 8])	**§ 148 Rechtsstellung der Liquidatoren** **(1) [1]Die Liquidatoren haben, auch wenn sie vom Gericht berufen sind, den Weisungen Folge zu leisten, welche die Beteiligten in Bezug auf die Geschäftsführung beschließen. [2]Hat nach dem Gesellschaftsvertrag die Mehrheit der Stimmen zu entscheiden, bedarf der Beschluss der Zustimmung der Beteiligten nach § 145 Absatz 2 Nummer 2 und 4.** **(2) [1]Die Liquidatoren haben die laufenden Geschäfte zu beendigen, die Forderungen der Gesellschaft einzuziehen und das übrige Vermögen in Geld umzusetzen. [2]Zur Beendigung der laufenden Geschäfte können die Liquidatoren auch neue Geschäfte eingehen.** **(3) [1]Die Liquidatoren haben bei Abgabe ihrer Unterschrift der Firma einen Liquidationszusatz beizufügen. [2]Dies gilt entsprechend für die Pflicht nach § 125.** **(4) [1]Die Liquidatoren haben gegenüber den nach § 145 Absatz 2 Beteiligten zur Ermittlung des zu verteilenden Gesellschaftsvermögens bei Beginn und Beendigung der Liquidation eine Bilanz aufzustellen. [2]Die Pflichten zur Buchführung (§§ 238 bis 241a) und Jahresrechnungslegung (§§ 242 bis 256a) bleiben unberührt.** **(5) [1]Aus dem Vermögen der Gesellschaft sind zunächst die Gläubiger der Gesellschaft zu befriedigen. [2]Ist eine Verbindlichkeit noch nicht fällig oder ist sie streitig, ist das zur Berichtigung der Verbindlichkeit Erforderliche zurückzubehalten.**

HGB Stand 1.11.2021:	HGB ab 1.1.2024:
	(6) [1] Aus dem nach der Berichtigung der Verbindlichkeiten verbleibenden Gesellschaftsvermögen sind die geleisteten Beiträge zurückzuerstatten. [2] Für Beiträge, die nicht in Geld bestanden haben, ist der Wert zu ersetzen, den sie zur Zeit der Einbringung gehabt haben. [3] Für Beiträge, die in der Leistung von Diensten oder in der Überlassung der Benutzung eines Gegenstands bestanden haben, kann im Zweifel kein Ersatz verlangt werden.
	(7) Das während der Liquidation entbehrliche Geld wird unter Berücksichtigung der den Gesellschaftern bei der Schlussverteilung zukommenden Beträge vorläufig verteilt.
	(8) Das nach Berichtigung der Verbindlichkeiten und Rückerstattung der Beiträge verbleibende Vermögen der Gesellschaft ist unter den Gesellschaftern nach dem Verhältnis ihrer Kapitalanteile, wie sie sich aufgrund der Schlussbilanz im Sinne von Absatz 4 ergeben, schließlich zu verteilen.
§ 149 [Rechte und Pflichten der Liquidatoren]	*(jetzt § 148 II HGB nF; ohne wesentliche inhaltliche Änderung [S. 1] bzw. § 146 I HGB nF; inhaltlich unverändert [S. 2])*
[1] Die Liquidatoren haben die laufenden Geschäfte zu beendigen, die Forderungen einzuziehen, das übrige Vermögen in Geld umzusetzen und die Gläubiger zu befriedigen; zur Beendigung schwebender Geschäfte können sie auch neue Geschäfte eingehen. [2] Die Liquidatoren vertreten innerhalb ihres Geschäftskreises die Gesellschaft gerichtlich und außergerichtlich.	
(bislang § 105 III HGB iVm § 739 BGB; inhaltlich verändert)	**§ 149 Haftung des Gesellschafters für Fehlbetrag**
	[1] Reicht das Gesellschaftsvermögen zur Berichtigung der Verbindlichkeiten und zur Rückerstattung der Beiträge nicht aus, haben die Gesellschafter der Gesellschaft für den Fehlbetrag nach dem Verhältnis ihrer Kapitalanteile aufzukommen. [2] Kann von einem Gesellschafter der auf ihn entfallende Betrag nicht erlangt werden, haben die anderen Gesellschafter den Ausfall nach dem gleichen Verhältnis zu tragen.

HGB Stand 1.11.2021:	*HGB ab 1.1.2024:*
§ 150 [Mehrere Liquidatoren] (1) Sind mehrere Liquidatoren vorhanden, so können sie die zur Liquidation gehörenden Handlungen nur in Gemeinschaft vornehmen, sofern nicht bestimmt ist, daß sie einzeln handeln können. (2) [1] Durch die Vorschrift des Absatzes 1 wird nicht ausgeschlossen, daß die Liquidatoren einzelne von ihnen zur Vornahme bestimmter Geschäfte oder bestimmter Arten von Geschäften ermächtigen. [2] Ist der Gesellschaft gegenüber eine Willenserklärung abzugeben, so findet die Vorschrift des § 125 Abs. 2 Satz 3 entsprechende Anwendung.	*(jetzt § 146 I HGB nF; inhaltlich unverändert [Abs. 1] bzw. als überflüssig gestrichen [Abs. 2])*
(bislang § 157 I HGB; unverändert)	**§ 150 Anmeldung des Erlöschens der Firma** **Nach der Beendigung der Liquidation ist das Erlöschen der Firma von sämtlichen Liquidatoren zur Eintragung in das Handelsregister anzumelden.**
§ 151 [Unbeschränkbarkeit der Befugnisse] Eine Beschränkung des Umfanges der Befugnisse der Liquidatoren ist Dritten gegenüber unwirksam.	*(als überflüssig gestrichen)*
(bislang § 159 HGB; inhaltlich unverändert)	**§ 151 Verjährung von Ansprüchen aus der Gesellschafterhaftung** **(1) Ist die Gesellschaft durch Liquidation oder auf andere Weise erloschen, verjähren Ansprüche gegen einen Gesellschafter aus Verbindlichkeiten der Gesellschaft in fünf Jahren, sofern nicht der Anspruch gegen die Gesellschaft einer kürzeren Verjährung unterliegt.** **(2) Die Verjährung beginnt abweichend von § 199 Absatz 1 des Bürgerlichen Gesetzbuchs, sobald der Gläubiger von dem Erlöschen der Firma Kenntnis erlangt hat oder das Erlöschen der Firma im Handelsregister eingetragen worden ist.** **(3) Beginnt die Verjährung des Anspruchs gegen die Gesellschaft neu oder wird die Verjährung des Anspruchs gegenüber der Gesellschaft nach den §§ 203, 204, 205 oder 206 des Bürgerlichen Gesetzbuchs gehemmt, wirkt dies auch gegenüber den Gesellschaftern, die der Gesellschaft zur Zeit des Erlöschens angehört haben.**

HGB Stand 1.11.2021:	*HGB ab 1.1.2024:*
§ 152 [Bindung an Weisungen] Gegenüber den nach § 146 Abs. 2 und 3 Beteiligten haben die Liquidatoren, auch wenn sie vom Gerichte bestellt sind, den Anordnungen Folge zu leisten, welche die Beteiligten in betreff der Geschäftsführung einstimmig beschließen.	*(jetzt § 148 I HGB nF; ohne wesentliche inhaltliche Änderung)*
(bislang § 157 II, III HGB; inhaltlich unverändert)	**§ 152 Aufbewahrung der Geschäftsunterlagen; Einsicht in die Geschäftsunterlagen** **(1) [1]Die Geschäftsunterlagen der aufgelösten Gesellschaft werden einem der Gesellschafter oder einem Dritten in Verwahrung gegeben. [2]In Ermangelung einer Verständigung wird der Gesellschafter oder der Dritte durch das Gericht bestimmt, in dessen Bezirk die Gesellschaft ihren Sitz hat.** **(2) Die Gesellschafter und deren Erben behalten das Recht auf Einsicht und Benutzung der Geschäftsunterlagen.**
§ 153 [Unterschrift] Die Liquidatoren haben ihre Unterschrift in der Weise abzugeben, daß sie der bisherigen, als Liquidationsfirma zu bezeichnenden Firma ihren Namen beifügen.	*(jetzt § 148 III HGB nF; ohne wesentliche inhaltliche Änderung)*
	§§ 153–160 [nicht mehr belegt]
§ 154 [Bilanzen] Die Liquidatoren haben bei dem Beginne sowie bei der Beendigung der Liquidation eine Bilanz aufzustellen.	*(jetzt § 148 IV HGB nF; ohne wesentliche inhaltliche Änderung)*
§ 155 [Verteilung des Gesellschaftsvermögens] (1) Das nach Berichtigung der Schulden verbleibende Vermögen der Gesellschaft ist von den Liquidatoren nach dem Verhältnisse der Kapitalanteile, wie sie sich auf Grund der Schlußbilanz ergeben, unter die Gesellschafter zu verteilen. (2) [1]Das während der Liquidation entbehrliche Geld wird vorläufig verteilt. [2]Zur Deckung noch nicht fälliger oder streitiger Verbindlichkeiten sowie zur Sicherung der den Gesellschaftern bei der Schlußverteilung zukommenden Beträge ist das Erforderliche zu-	*(jetzt § 148 VI und VIII HGB nF; inhaltlich verändert [Abs. 1] bzw. § 148 V 2, VII HGB nF; ohne wesentliche inhaltliche Änderung [Abs. 2 S. 1, 2] bzw. als überflüssig gestrichen [Abs. 2 S. 3] bzw. gestrichen [Abs. 3])*

HGB Stand 1.11.2021:	***HGB ab 1.1.2024:***
rückzubehalten. [3]Die Vorschriften des § 122 Abs. 1 finden während der Liquidation keine Anwendung.	
(3) Entsteht über die Verteilung des Gesellschaftsvermögens Streit unter den Gesellschaftern, so haben die Liquidatoren die Verteilung bis zur Entscheidung des Streites auszusetzen.	
§ 156 [Rechtsverhältnisse der Gesellschafter]	*(als überflüssig gestrichen)*
Bis zur Beendigung der Liquidation kommen in bezug auf das Rechtsverhältnis der bisherigen Gesellschafter untereinander sowie der Gesellschaft zu Dritten die Vorschriften des zweiten und dritten Titels zur Anwendung, soweit sich nicht aus dem gegenwärtigen Titel oder aus dem Zwecke der Liquidation ein anderes ergibt.	
§ 157 [Anmeldung des Erlöschens; Geschäftsbücher]	*(jetzt § 150 HGB nF [Abs. 1] bzw. § 152 I HGB nF [Abs. 2] bzw. § 152 II HGB nF [Abs. 3]; jeweils inhaltlich unverändert)*
(1) Nach der Beendigung der Liquidation ist das Erlöschen der Firma von den Liquidatoren zur Eintragung in das Handelsregister anzumelden.	
(2) [1]Die Bücher und Papiere der aufgelösten Gesellschaft werden einem der Gesellschafter oder einem Dritten in Verwahrung gegeben. [2]Der Gesellschafter oder der Dritte wird in Ermangelung einer Verständigung durch das Gericht bestimmt, in dessen Bezirke die Gesellschaft ihren Sitz hat.	
(3) Die Gesellschafter und deren Erben behalten das Recht auf Einsicht und Benutzung der Bücher und Papiere.	
§ 158 [Andere Art der Auseinandersetzung]	*(als überflüssig gestrichen)*
Vereinbaren die Gesellschafter statt der Liquidation eine andere Art der Auseinandersetzung, so finden, solange noch ungeteiltes Gesellschaftsvermögen vorhanden ist, im Verhältnisse zu Dritten die für die Liquidation geltenden Vorschriften entsprechende Anwendung.	
Sechster Titel. Verjährung. Zeitliche Begrenzung der Haftung	
§ 159 [Ansprüche gegen einen Gesellschafter]	*(jetzt § 151 HGB nF; inhaltlich unverändert)*
(1) Die Ansprüche gegen einen Gesellschafter aus Verbindlichkeiten der Gesellschaft ver-	

HGB Stand 1.11.2021:	*HGB ab 1.1.2024:*
jähren in fünf Jahren nach der Auflösung der Gesellschaft, sofern nicht der Anspruch gegen die Gesellschaft einer kürzeren Verjährung unterliegt.	
(2) Die Verjährung beginnt mit dem Ende des Tages, an welchem die Auflösung der Gesellschaft in das Handelsregister des für den Sitz der Gesellschaft zuständigen Gerichts eingetragen wird.	
(3) Wird der Anspruch des Gläubigers gegen die Gesellschaft erst nach der Eintragung fällig, so beginnt die Verjährung mit dem Zeitpunkte der Fälligkeit.	
(4) Der Neubeginn der Verjährung und ihre Hemmung nach § 204 des Bürgerlichen Gesetzbuchs gegenüber der aufgelösten Gesellschaft wirken auch gegenüber den Gesellschaftern, die der Gesellschaft zur Zeit der Auflösung angehört haben.	
§ 160 [Haftung des ausscheidenden Gesellschafters; Fristen; Haftung als Kommanditist]	*(jetzt § 137 HGB nF; inhaltlich verändert; s. dort)*
(1) [1]Scheidet ein Gesellschafter aus der Gesellschaft aus, so haftet er für ihre bis dahin begründeten Verbindlichkeiten, wenn sie vor Ablauf von fünf Jahren nach dem Ausscheiden fällig und daraus Ansprüche gegen ihn in einer in § 197 Abs. 1 Nr. 3 bis 5 des Bürgerlichen Gesetzbuchs bezeichneten Art festgestellt sind oder eine gerichtliche oder behördliche Vollstreckungshandlung vorgenommen oder beantragt wird; bei öffentlich-rechtlichen Verbindlichkeiten genügt der Erlass eines Verwaltungsakts. [2]Die Frist beginnt mit dem Ende des Tages, an dem das Ausscheiden in das Handelsregister des für den Sitz der Gesellschaft zuständigen Gerichts eingetragen wird. [3]Die für die Verjährung geltenden §§ 204, 206, 210, 211 und 212 Abs. 2 und 3 des Bürgerlichen Gesetzbuches sind entsprechend anzuwenden.	
(2) Einer Feststellung in einer in § 197 Abs. 1 Nr. 3 bis 5 des Bürgerlichen Gesetzbuchs bezeichneten Art bedarf es nicht, soweit der Gesellschafter den Anspruch schriftlich anerkannt hat.	
(3) [1]Wird ein Gesellschafter Kommanditist, so sind für die Begrenzung seiner Haftung für die im Zeitpunkt der Eintragung der Änderung in das Handelsregister begründeten Verbindlichkeiten die Absätze 1 und 2 entspre-	

HGB Stand 1.11.2021:	*HGB ab 1.1.2024:*
chend anzuwenden. [2]Dies gilt auch, wenn er in der Gesellschaft oder einem ihr als Gesellschafter angehörenden Unternehmen geschäftsführend tätig wird. [3]Seine Haftung als Kommanditist bleibt unberührt.	
Zweiter Abschnitt. Kommanditgesellschaft	**Zweiter Abschnitt. Kommanditgesellschaft**
§ 161 [Begriff der KG; Anwendbarkeit der OHG-Vorschriften]	**§ 161 [Begriff der KG; Anwendbarkeit der OHG-Vorschriften]**
(1) Eine Gesellschaft, deren Zweck auf den Betrieb eines Handelsgewerbes unter gemeinschaftlicher Firma gerichtet ist, ist eine Kommanditgesellschaft, wenn bei einem oder bei einigen von den Gesellschaftern die Haftung gegenüber den Gesellschaftsgläubigern auf den Betrag einer bestimmten Vermögenseinlage beschränkt ist (Kommanditisten), während bei dem anderen Teil der Gesellschafter eine Beschränkung der Haftung nicht stattfindet (persönlich haftende Gesellschafter).	(1) Eine Gesellschaft, deren Zweck auf den Betrieb eines Handelsgewerbes unter gemeinschaftlicher Firma gerichtet ist, ist eine Kommanditgesellschaft, wenn bei einem oder bei einigen von den Gesellschaftern die Haftung gegenüber den Gesellschaftsgläubigern **auf einen bestimmten Betrag (Haftsumme)** beschränkt ist (Kommanditisten), während bei dem anderen Teil der Gesellschafter eine Beschränkung der Haftung nicht stattfindet (persönlich haftende Gesellschafter).
(2) Soweit nicht in diesem Abschnitt ein anderes vorgeschrieben ist, finden auf die Kommanditgesellschaft die für die offene Handelsgesellschaft geltenden Vorschriften Anwendung.	(2) Soweit nicht in diesem Abschnitt ein anderes vorgeschrieben ist, finden auf die Kommanditgesellschaft die für die offene Handelsgesellschaft geltenden Vorschriften **entsprechende** Anwendung.
§ 162 [Anmeldung zum Handelsregister]	**§ 162 [Anmeldung zum Handelsregister]**
(1) [1]Die Anmeldung der Gesellschaft hat außer den in § 106 Abs. 2 vorgesehenen Angaben die Bezeichnung der Kommanditisten und den Betrag der Einlage eines jeden von ihnen zu enthalten. [2]Ist eine Gesellschaft bürgerlichen Rechts Kommanditist, so sind auch deren Gesellschafter entsprechend § 106 Abs. 2 und spätere Änderungen in der Zusammensetzung der Gesellschafter zur Eintragung anzumelden.	(1) Die Anmeldung der Gesellschaft hat außer den in § 106 Abs. 2 vorgesehenen Angaben die Bezeichnung der Kommanditisten und den Betrag der **Haftsumme** eines jeden von ihnen zu enthalten.
(2) Bei der Bekanntmachung der Eintragung der Gesellschaft sind keine Angaben zu den Kommanditisten zu machen; die Vorschriften des § 15 sind insoweit nicht anzuwenden.	(2) Bei der Bekanntmachung der Eintragung der Gesellschaft sind keine Angaben zu den Kommanditisten zu machen; die Vorschriften des § 15 sind insoweit nicht anzuwenden.
(3) Diese Vorschriften finden im Falle des Eintritts eines Kommanditisten in eine bestehende Handelsgesellschaft und im Falle des Ausscheidens eines Kommanditisten aus einer Kommanditgesellschaft entsprechende Anwendung.	(3) Diese Vorschriften finden im Falle des Eintritts eines Kommanditisten in eine bestehende Handelsgesellschaft und im Falle des Ausscheidens eines Kommanditisten aus einer Kommanditgesellschaft entsprechende Anwendung.

HGB Stand 1.11.2021:	*HGB ab 1.1.2024:*
§ 163 [Rechtsverhältnis der Gesellschafter untereinander]	**§ 163 [Rechtsverhältnis der Gesellschafter untereinander]**
Für das Verhältnis der Gesellschafter untereinander gelten in Ermangelung abweichender Bestimmungen des Gesellschaftsvertrags die besonderen Vorschriften der §§ 164 bis 169.	Für das Verhältnis der Gesellschafter untereinander gelten in Ermangelung abweichender Bestimmungen des Gesellschaftsvertrags die besonderen Vorschriften der §§ 164 bis 169.
§ 164 [Geschäftsführung]	**§ 164 Geschäftsführungsbefugnis**
[1] Die Kommanditisten sind von der Führung der Geschäfte der Gesellschaft ausgeschlossen; sie können einer Handlung der persönlich haftenden Gesellschafter nicht widersprechen, es sei denn, daß die Handlung über den gewöhnlichen Betrieb des Handelsgewerbes der Gesellschaft hinausgeht. [2] Die Vorschriften des § 116 Abs. 3 bleiben unberührt.	Die Kommanditisten sind von der **Geschäftsführungsbefugnis** ausgeschlossen; § 116 **Absatz 2 Satz 1** bleibt unberührt.
§ 165 [Wettbewerbsverbot]	**§ 165 [Wettbewerbsverbot]**
Die §§ 112 und 113 finden auf die Kommanditisten keine Anwendung.	Die §§ **117** und **118** finden auf die Kommanditisten keine Anwendung.
§ 166 [Kontrollrecht]	**§ 166 Informationsrecht der Kommanditisten**
(1) Der Kommanditist ist berechtigt, die abschriftliche Mitteilung des Jahresabschlusses zu verlangen und dessen Richtigkeit unter Einsicht der Bücher und Papiere zu prüfen.	(1) [1] Der Kommanditist **kann von der Gesellschaft eine Abschrift** des Jahresabschlusses **(§ 242 Absatz 3)** verlangen und **zu** dessen **Überprüfung** Einsicht **in die zugehörigen Geschäftsunterlagen nehmen.** [2] **Daneben kann er von der Gesellschaft Auskunft über die Gesellschaftsangelegenheiten verlangen, soweit dies zur Wahrnehmung seiner Mitgliedschaftsrechte erforderlich ist, insbesondere, wenn Grund zu der Annahme unredlicher Geschäftsführung besteht.**
(2) Die in § 118 dem von der Geschäftsführung ausgeschlossenen Gesellschafter eingeräumten weiteren Rechte stehen dem Kommanditisten nicht zu.	*(als überflüssig gestrichen)*
(bislang ungeregelt)	**(2) Eine Vereinbarung im Gesellschaftsvertrag, welche diese Rechte ausschließt oder dieser Vorschrift zuwider beschränkt, ist unwirksam.**
(3) Auf Antrag eines Kommanditisten kann das Gericht, wenn wichtige Gründe vorliegen, die Mitteilung einer Bilanz und eines Jahresabschlusses oder sonstiger Aufklärungen sowie die Vorlegung der Bücher und Papiere jederzeit anordnen.	*(jetzt Abs. 1 S. 2 nF; inhaltlich verändert)*

HGB Stand 1.11.2021:	***HGB ab 1.1.2024:***
§ 167 [Gewinn und Verlust]	**§ 167 Verlustbeteiligung**
(1) Die Vorschriften des § 120 über die Berechnung des Gewinns oder Verlustes gelten auch für den Kommanditisten.	*(jetzt § 161 II HGB iVm § 120 II HGB nF iVm § 709 III BGB nF; inhaltlich verändert [Abs. 1] bzw. als überflüssig gestrichen [Abs. 2])*
(2) Jedoch wird der einem Kommanditisten zukommende Gewinn seinem Kapitalanteil nur so lange zugeschrieben, als dieser den Betrag der bedungenen Einlage nicht erreicht.	
(3) An dem Verluste nimmt der Kommanditist nur bis zum Betrage seines Kapitalanteils und seiner noch rückständigen Einlage teil.	**Soweit der Kommanditist die vereinbarte Einlage geleistet hat, sind die §§ 136 und 149 auf ihn nicht anzuwenden.**
§ 168 [Verteilung von Gewinn und Verlust]	**§ 168** [aufgehoben]
(1) Die Anteile der Gesellschafter am Gewinne bestimmen sich, soweit der Gewinn den Betrag von vier vom Hundert der Kapitalanteile nicht übersteigt, nach den Vorschriften des § 121 Abs. 1 und 2.	*(insgesamt gestrichen)*
(2) In Ansehung des Gewinns, welcher diesen Betrag übersteigt, sowie in Ansehung des Verlustes gilt, soweit nicht ein anderes vereinbart ist, ein den Umständen nach angemessenes Verhältnis der Anteile als bedungen.	
§ 169 [Gewinnauszahlung]	**§ 169 [Gewinnauszahlung]**
(1) [1] § 122 findet auf den Kommanditisten keine Anwendung. [2] Dieser hat nur Anspruch auf Auszahlung des ihm zukommenden Gewinns; er kann auch die Auszahlung des Gewinns nicht fordern, solange sein Kapitalanteil durch Verlust unter den auf die bedungene Einlage geleisteten Betrag herabgemindert ist oder durch die Auszahlung unter diesen Betrag herabgemindert werden würde.	(1) **Der Kommanditist** kann die Auszahlung des Gewinns nicht fordern, **soweit** sein Kapitalanteil durch **den ihm zugewiesenen** Verlust unter den auf die **vereinbarte** Einlage geleisteten Betrag herabgemindert ist oder durch die Auszahlung **des Gewinns** unter diesen Betrag herabgemindert werden würde.
(2) Der Kommanditist ist nicht verpflichtet, den bezogenen Gewinn wegen späterer Verluste zurückzuzahlen.	(2) Der Kommanditist ist nicht verpflichtet, den bezogenen Gewinn wegen späterer Verluste zurückzuzahlen.
§ 170 [Vertretung der KG]	**§ 170 Vertretung der Kommanditgesellschaft**
Der Kommanditist ist zur Vertretung der Gesellschaft nicht ermächtigt.	**(1)** Der Kommanditist ist **als solcher nicht befugt, die** Gesellschaft **zu vertreten.**
(neu, zur Einheits-GmbH & Co. KG)	**(2) Sofern der einzig persönlich haftende Gesellschafter der Gesellschaft eine Kapitalgesellschaft ist, an der die Gesellschaft sämtliche Anteile hält, werden vorbehaltlich einer abweichenden Vereinbarung die Rechte in der Gesellschafterversammlung der Kapitalgesellschaft von den Kommanditisten wahrgenommen.**

HGB Stand 1.11.2021:	*HGB ab 1.1.2024:*
§ 171 [Haftung des Kommanditisten]	**§ 171 [Haftung des Kommanditisten]**
(1) Der Kommanditist haftet den Gläubigern der Gesellschaft bis zur Höhe seiner Einlage unmittelbar; die Haftung ist ausgeschlossen, soweit die Einlage geleistet ist.	(1) Der Kommanditist haftet den Gläubigern der Gesellschaft bis zur Höhe seiner **Haftsumme** unmittelbar; die Haftung ist ausgeschlossen, soweit die **vereinbarte** Einlage geleistet ist.
(2) Ist über das Vermögen der Gesellschaft das Insolvenzverfahren eröffnet, so wird während der Dauer des Verfahrens das den Gesellschaftsgläubigern nach Absatz 1 zustehende Recht durch den Insolvenzverwalter oder den Sachwalter ausgeübt.	(2) Ist über das Vermögen der Gesellschaft das Insolvenzverfahren eröffnet, so wird während der Dauer des Verfahrens das den Gesellschaftsgläubigern nach Absatz 1 zustehende Recht durch den Insolvenzverwalter oder den Sachwalter ausgeübt.
§ 172 [Umfang der Haftung]	**§ 172 [Umfang der Haftung]**
(1) Im Verhältnis zu den Gläubigern der Gesellschaft wird nach der Eintragung in das Handelsregister die Einlage eines Kommanditisten durch den in der Eintragung angegebenen Betrag bestimmt.	(1) Im Verhältnis zu den Gläubigern der Gesellschaft wird nach der Eintragung in das Handelsregister die **Haftsumme** eines Kommanditisten durch den in der Eintragung angegebenen Betrag bestimmt.
(2) Auf eine nicht eingetragene Erhöhung der aus dem Handelsregister ersichtlichen Einlage können sich die Gläubiger nur berufen, wenn die Erhöhung in handelsüblicher Weise kundgemacht oder ihnen in anderer Weise von der Gesellschaft mitgeteilt worden ist.	(2) Auf eine nicht eingetragene Erhöhung der aus dem Handelsregister ersichtlichen **Haftsumme** können sich die Gläubiger nur berufen, wenn die Erhöhung in handelsüblicher Weise kundgemacht oder ihnen in anderer Weise von der Gesellschaft mitgeteilt worden ist.
(3) Eine Vereinbarung der Gesellschafter, durch die einem Kommanditisten die Einlage erlassen oder gestundet wird, ist den Gläubigern gegenüber unwirksam.	(3) Eine Vereinbarung der Gesellschafter, durch die einem Kommanditisten die Einlage erlassen oder gestundet wird, ist den Gläubigern gegenüber unwirksam.
(4) [1] Soweit die Einlage eines Kommanditisten zurückbezahlt wird, gilt sie den Gläubigern gegenüber als nicht geleistet. [2] Das gleiche gilt, soweit ein Kommanditist Gewinnanteile entnimmt, während sein Kapitalanteil durch Verlust unter den Betrag der geleisteten Einlage herabgemindert ist, oder soweit durch die Entnahme der Kapitalanteil unter den bezeichneten Betrag herabgemindert wird. [3] Bei der Berechnung des Kapitalanteils nach Satz 2 sind Beträge im Sinn des § 268 Abs. 8 nicht zu berücksichtigen.	(4) [1] Soweit die Einlage eines Kommanditisten zurückbezahlt wird, gilt sie den Gläubigern gegenüber als nicht geleistet. [2] Das gleiche gilt, soweit ein Kommanditist Gewinnanteile entnimmt, während sein Kapitalanteil durch Verlust unter den Betrag der **Haftsumme** herabgemindert ist, oder soweit durch die Entnahme der Kapitalanteil unter den bezeichneten Betrag herabgemindert wird. [3] Bei der Berechnung des Kapitalanteils nach Satz 2 sind Beträge im Sinn **der §§ 253 Absatz 6 Satz 2 und 268 Absatz** 8 nicht zu berücksichtigen.
(5) Was ein Kommanditist auf Grund einer in gutem Glauben errichteten Bilanz in gutem Glauben als Gewinn bezieht, ist er in keinem Falle zurückzuzahlen verpflichtet.	*(gestrichen)*
(6) [1] Gegenüber den Gläubigern einer Gesellschaft, bei der kein persönlich haftender Gesellschafter eine natürliche Person ist, gilt die Einlage eines Kommanditisten als nicht geleistet, soweit sie in Anteilen an den persönlich haftenden Gesellschaftern bewirkt ist.	**(5)** [1] Gegenüber den Gläubigern einer Gesellschaft, bei der kein persönlich haftender Gesellschafter eine natürliche Person ist, gilt die Einlage eines Kommanditisten als nicht geleistet, soweit sie in Anteilen an den persönlich haftenden Gesellschaftern bewirkt ist.

HGB Stand 1.11.2021:	*HGB ab 1.1.2024:*
[2] Dies gilt nicht, wenn zu den persönlich haftenden Gesellschaftern eine offene Handelsgesellschaft oder Kommanditgesellschaft gehört, bei der ein persönlich haftender Gesellschafter eine natürliche Person ist.	[2] Dies gilt nicht, wenn zu den persönlich haftenden Gesellschaftern eine offene Handelsgesellschaft oder Kommanditgesellschaft gehört, bei der ein persönlich haftender Gesellschafter eine natürliche Person ist.
§ 172a [aufgehoben]	
§ 173 [Haftung bei Eintritt als Kommanditist]	**§ 173 [Haftung bei Eintritt als Kommanditist]**
(1) Wer in eine bestehende Handelsgesellschaft als Kommanditist eintritt, haftet nach Maßgabe der §§ 171 und 172 für die vor seinem Eintritte begründeten Verbindlichkeiten der Gesellschaft, ohne Unterschied, ob die Firma eine Änderung erleidet oder nicht.	(1) Wer in eine bestehende Handelsgesellschaft als Kommanditist eintritt, haftet nach Maßgabe der §§ 171 und 172 für die vor seinem Eintritte begründeten Verbindlichkeiten der Gesellschaft, ohne Unterschied, ob die Firma eine Änderung erleidet oder nicht.
(2) Eine entgegenstehende Vereinbarung ist Dritten gegenüber unwirksam.	(2) Eine entgegenstehende Vereinbarung ist Dritten gegenüber unwirksam.
§ 174 [Herabsetzung der Einlage]	**§ 174 [Herabsetzung der Einlage]**
Eine Herabsetzung der Einlage eines Kommanditisten ist, solange sie nicht in das Handelsregister des Gerichts, in dessen Bezirke die Gesellschaft ihren Sitz hat, eingetragen ist, den Gläubigern gegenüber unwirksam; Gläubiger, deren Forderungen zur Zeit der Eintragung begründet waren, brauchen die Herabsetzung nicht gegen sich gelten zu lassen.	Eine Herabsetzung der **Haftsumme** eines Kommanditisten ist, solange sie nicht in das Handelsregister des Gerichts, in dessen Bezirke die Gesellschaft ihren Sitz hat, eingetragen ist, den Gläubigern gegenüber unwirksam; Gläubiger, deren Forderungen zur Zeit der Eintragung begründet waren, brauchen die Herabsetzung nicht gegen sich gelten zu lassen.
§ 175 [Anmeldung der Änderung einer Einlage]	**§ 175 Anmeldung der Änderung der Haftsumme**
[1] Die Erhöhung sowie die Herabsetzung einer Einlage ist durch die sämtlichen Gesellschafter zur Eintragung in das Handelsregister anzumelden. [2] § 162 Abs. 2 gilt entsprechend. [3] Auf die Eintragung in das Handelsregister des Sitzes der Gesellschaft finden die Vorschriften des § 14 keine Anwendung.	Die Erhöhung sowie die Herabsetzung einer **Haftsumme** ist durch **sämtliche** Gesellschafter zur Eintragung in das Handelsregister anzumelden.
§ 176 [Haftung vor Eintragung]	**§ 176 [Haftung vor Eintragung]**
(1) [1] Hat die Gesellschaft ihre Geschäfte begonnen, bevor sie in das Handelsregister des Gerichts, in dessen Bezirke sie ihren Sitz hat, eingetragen ist, so haftet jeder Kommanditist, der dem Geschäftsbeginn zugestimmt hat, für die bis zur Eintragung begründeten Verbindlichkeiten der Gesellschaft gleich einem persönlich haftenden Gesellschafter, es sei denn, daß seine Beteiligung als Kommanditist dem Gläubiger bekannt war. [2] Diese Vorschrift kommt nicht zur Anwendung, soweit sich aus § 2 oder § 105 Abs. 2 ein anderes ergibt.	(1) Hat die Gesellschaft, **deren Zweck auf den Betrieb eines Handelsgewerbes unter gemeinschaftlicher Firma gerichtet ist, am Rechtsverkehr teilgenommen,** bevor sie in das Handelsregister eingetragen ist, haftet jeder Kommanditist, **der der Teilnahme am Rechtsverkehr zugestimmt hat,** für die bis zur Eintragung begründeten Verbindlichkeiten der Gesellschaft gleich einem persönlich haftenden Gesellschafter, es sei denn, dass seine Beteiligung als Kommanditist dem Gläubiger bekannt war.

HGB Stand 1.11.2021:	*HGB ab 1.1.2024:*
(2) Tritt ein Kommanditist in eine bestehende Handelsgesellschaft ein, so findet die Vorschrift des Absatzes 1 Satz 1 für die in der Zeit zwischen seinem Eintritt und dessen Eintragung in das Handelsregister begründeten Verbindlichkeiten der Gesellschaft entsprechende Anwendung.	(2) Tritt ein **weiterer Gesellschafter als** Kommanditist in eine bestehende Handelsgesellschaft ein, **ist Absatz** 1 für die in der Zeit zwischen seinem Eintritt und dessen Eintragung in das Handelsregister begründeten Verbindlichkeiten **entsprechend anzuwenden.**
§ 177 [Tod des Kommanditisten] Beim Tod eines Kommanditisten wird die Gesellschaft mangels abweichender vertraglicher Bestimmung mit den Erben fortgesetzt.	**§ 177 [Tod des Kommanditisten]** Beim Tod eines Kommanditisten wird die Gesellschaft mangels abweichender vertraglicher Bestimmung mit den Erben fortgesetzt.
§ 177a [Angaben auf Geschäftsbriefen] [1] § 125a gilt auch für die Gesellschaft, bei der ein Kommanditist eine natürliche Person ist. [2] Der in § 125a Absatz 1 Satz 2 für die Gesellschafter vorgeschriebenen Angaben bedarf es nur für die persönlich haftenden Gesellschafter der Gesellschaft.	**§ 177a [Angaben auf Geschäftsbriefen]** [1] **§ 125** gilt auch für die Gesellschaft, bei der ein Kommanditist eine natürliche Person ist. [2] Der in **§ 125** Absatz 1 Satz 2 für die Gesellschafter vorgeschriebenen Angaben bedarf es nur für die persönlich haftenden Gesellschafter der Gesellschaft.
§§ 178–229 [aufgehoben]	
(neu)	**§ 178 Liquidation der Kommanditgesellschaft** **§ 144 Absatz 1 findet auf die Kommanditisten keine Anwendung.**
(neu)	**§ 179 Insolvenz der Kommanditgesellschaft** **[1] § 130 Absatz 1 Nummer 3 findet keine Anwendung, wenn der Gesellschafter, über dessen Vermögen das Insolvenzverfahren eröffnet worden ist, der einzige persönlich haftende Gesellschafter der Kommanditgesellschaft ist und** **1. über das Vermögen der Kommanditgesellschaft das Insolvenzverfahren eröffnet ist oder** **2. die Voraussetzungen für die Eröffnung des Insolvenzverfahrens über das Vermögen der Kommanditgesellschaft erfüllt sind und ein Antrag auf die Eröffnung des Insolvenzverfahrens gestellt ist.** **[2] Wird im Falle des Satzes 1 Nummer 2 der Antrag auf Eröffnung des Insolvenzverfahrens mangels Masse abgewiesen, treten die Wirkungen des § 130 Absatz 1 Nummer 3 mit dem Eintritt der Rechtskraft der Abweisungsentscheidung ein.**
	§§ 180–229 [aufgehoben]

HGB Stand 1.11.2021:	HGB ab 1.1.2024:
Dritter Abschnitt. Stille Gesellschaft	**Dritter Abschnitt. Stille Gesellschaft**
§ 230 [Begriff und Wesen der stillen Gesellschaft]	**§ 230 [Begriff und Wesen der stillen Gesellschaft]**
(1) Wer sich als stiller Gesellschafter an dem Handelsgewerbe, das ein anderer betreibt, mit einer Vermögenseinlage beteiligt, hat die Einlage so zu leisten, daß sie in das Vermögen des Inhabers des Handelsgeschäfts übergeht.	(1) Wer sich als stiller Gesellschafter an dem Handelsgewerbe, das ein anderer betreibt, mit einer Vermögenseinlage beteiligt, hat die Einlage so zu leisten, daß sie in das Vermögen des Inhabers des Handelsgeschäfts übergeht.
(2) Der Inhaber wird aus den in dem Betrieb geschlossenen Geschäften allein berechtigt und verpflichtet.	(2) Der Inhaber wird aus den in dem Betrieb geschlossenen Geschäften allein berechtigt und verpflichtet.
§ 231 [Gewinn und Verlust]	**§ 231 [Gewinn und Verlust]**
(1) Ist der Anteil des stillen Gesellschafters am Gewinn und Verlust nicht bestimmt, so gilt ein den Umständen nach angemessener Anteil als bedungen.	(1) Ist der Anteil des stillen Gesellschafters am Gewinn und Verlust nicht bestimmt, so gilt ein den Umständen nach angemessener Anteil als bedungen.
(2) Im Gesellschaftsvertrag kann bestimmt werden, daß der stille Gesellschafter nicht am Verluste beteiligt sein soll; seine Beteiligung am Gewinn kann nicht ausgeschlossen werden.	(2) Im Gesellschaftsvertrag kann bestimmt werden, daß der stille Gesellschafter nicht am Verluste beteiligt sein soll; seine Beteiligung am Gewinn kann nicht ausgeschlossen werden.
§ 232 [Gewinn- und Verlustrechnung]	**§ 232 [Gewinn- und Verlustrechnung]**
(1) Am Schlusse jedes Geschäftsjahrs wird der Gewinn und Verlust berechnet und der auf den stillen Gesellschafter fallende Gewinn ihm ausbezahlt.	(1) Am Schlusse jedes Geschäftsjahrs wird der Gewinn und Verlust berechnet und der auf den stillen Gesellschafter fallende Gewinn ihm ausbezahlt.
(2) [1] Der stille Gesellschafter nimmt an dem Verlust nur bis zum Betrag seiner eingezahlten oder rückständigen Einlage teil. [2] Er ist nicht verpflichtet, den bezogenen Gewinn wegen späterer Verluste zurückzuzahlen; jedoch wird, solange seine Einlage durch Verlust vermindert ist, der jährliche Gewinn zur Deckung des Verlustes verwendet.	(2) [1] Der stille Gesellschafter nimmt an dem Verlust nur bis zum Betrag seiner eingezahlten oder rückständigen Einlage teil. [2] Er ist nicht verpflichtet, den bezogenen Gewinn wegen späterer Verluste zurückzuzahlen; jedoch wird, solange seine Einlage durch Verlust vermindert ist, der jährliche Gewinn zur Deckung des Verlustes verwendet.
(3) Der Gewinn, welcher von dem stillen Gesellschafter nicht erhoben wird, vermehrt dessen Einlage nicht, sofern nicht ein anderes vereinbart ist.	(3) Der Gewinn, welcher von dem stillen Gesellschafter nicht erhoben wird, vermehrt dessen Einlage nicht, sofern nicht ein anderes vereinbart ist.
§ 233 [Kontrollrecht des stillen Gesellschafters]	**§ 233 Informationsrecht des stillen Gesellschafters**
(1) Der stille Gesellschafter ist berechtigt, die abschriftliche Mitteilung des Jahresabschlusses zu verlangen und dessen Richtigkeit unter Einsicht der Bücher und Papiere zu prüfen.	**Auf das Informationsrecht des stillen Gesellschafters ist § 166 entsprechend anzuwenden.**
(2) Die in § 716 des Bürgerlichen Gesetzbuchs dem von der Geschäftsführung ausgeschlossenen Gesellschafter eingeräumten wei-	

HGB Stand 1.11.2021:

teren Rechte stehen dem stillen Gesellschafter nicht zu.

(3) Auf Antrag des stillen Gesellschafters kann das Gericht, wenn wichtige Gründe vorliegen, die Mitteilung einer Bilanz und eines Jahresabschlusses oder sonstiger Aufklärungen sowie die Vorlegung der Bücher und Papiere jederzeit anordnen.

§ 234 [Kündigung der Gesellschaft; Tod des stillen Gesellschafters]

(1) [1] Auf die Kündigung der Gesellschaft durch einen der Gesellschafter oder durch einen Gläubiger des stillen Gesellschafters finden die Vorschriften der §§ 132, 134 und 135 entsprechende Anwendung. [2] Die Vorschriften des § 723 des Bürgerlichen Gesetzbuchs über das Recht, die Gesellschaft aus wichtigen Gründen ohne Einhaltung einer Frist zu kündigen, bleiben unberührt.

(2) Durch den Tod des stillen Gesellschafters wird die Gesellschaft nicht aufgelöst.

§ 235 [Auseinandersetzung]

(1) Nach der Auflösung der Gesellschaft hat sich der Inhaber des Handelsgeschäfts mit dem stillen Gesellschafter auseinanderzusetzen und dessen Guthaben in Geld zu berichtigen.

(2) [1] Die zur Zeit der Auflösung schwebenden Geschäfte werden von dem Inhaber des Handelsgeschäfts abgewickelt. [2] Der stille Gesellschafter nimmt teil an dem Gewinn und Verlust, der sich aus diesen Geschäften ergibt.

(3) Er kann am Schlusse jedes Geschäftsjahrs Rechenschaft über die inzwischen beendigten Geschäfte, Auszahlung des ihm gebührenden Betrags und Auskunft über den Stand der noch schwebenden Geschäfte verlangen.

§ 236 [Insolvenz des Inhabers]

(1) Wird über das Vermögen des Inhabers des Handelsgeschäfts das Insolvenzverfahren eröffnet, so kann der stille Gesellschafter wegen der Einlage, soweit sie den Betrag des auf ihn fallenden Anteils am Verlust übersteigt, seine Forderung als Insolvenzgläubiger geltend machen.

(2) Ist die Einlage rückständig, so hat sie der stille Gesellschafter bis zu dem Betrage, welcher zur Deckung seines Anteils am Verlust erforderlich ist, zur Insolvenzmasse einzuzahlen.

§ 237 [aufgehoben]

HGB ab 1.1.2024:

§ 234 [Kündigung der Gesellschaft; Tod des stillen Gesellschafters]

(1) [1] Auf die Kündigung der Gesellschaft durch einen der Gesellschafter oder durch einen Gläubiger des stillen Gesellschafters finden die Vorschriften der §§ 132, 134 und 135 entsprechende Anwendung. [2] Die Vorschriften des § 723 des Bürgerlichen Gesetzbuchs über das Recht, die Gesellschaft aus wichtigen Gründen ohne Einhaltung einer Frist zu kündigen, bleiben unberührt.

(2) Durch den Tod des stillen Gesellschafters wird die Gesellschaft nicht aufgelöst.

§ 235 [Auseinandersetzung]

(1) Nach der Auflösung der Gesellschaft hat sich der Inhaber des Handelsgeschäfts mit dem stillen Gesellschafter auseinanderzusetzen und dessen Guthaben in Geld zu berichtigen.

(2) [1] Die zur Zeit der Auflösung schwebenden Geschäfte werden von dem Inhaber des Handelsgeschäfts abgewickelt. [2] Der stille Gesellschafter nimmt teil an dem Gewinn und Verlust, der sich aus diesen Geschäften ergibt.

(3) Er kann am Schlusse jedes Geschäftsjahrs Rechenschaft über die inzwischen beendigten Geschäfte, Auszahlung des ihm gebührenden Betrags und Auskunft über den Stand der noch schwebenden Geschäfte verlangen.

§ 236 [Insolvenz des Inhabers]

(1) Wird über das Vermögen des Inhabers des Handelsgeschäfts das Insolvenzverfahren eröffnet, so kann der stille Gesellschafter wegen der Einlage, soweit sie den Betrag des auf ihn fallenden Anteils am Verlust übersteigt, seine Forderung als Insolvenzgläubiger geltend machen.

(2) Ist die Einlage rückständig, so hat sie der stille Gesellschafter bis zu dem Betrage, welcher zur Deckung seines Anteils am Verlust erforderlich ist, zur Insolvenzmasse einzuzahlen.

§ 237 [aufgehoben]

C. Synopse BGB ab 1.1.2024/BGB Stand 1.11.2021

BGB ab 1.1.2024:	*BGB Stand 1.11.2021:*
§ 54 Vereine ohne Rechtspersönlichkeit **(1) [1]Für Vereine, deren Zweck nicht auf einen wirtschaftlichen Geschäftsbetrieb gerichtet ist und die nicht durch Eintragung in das Vereinsregister Rechtspersönlichkeit erlangt haben, sind die Vorschriften der §§ 24 bis 53 entsprechend anzuwenden. [2]Für Vereine, deren Zweck auf einen wirtschaftlichen Geschäftsbetrieb gerichtet ist und die nicht durch staatliche Verleihung Rechtspersönlichkeit erlangt haben, sind die Vorschriften über die Gesellschaft entsprechend anzuwenden.** **(2) Aus einem Rechtsgeschäft, das im Namen *eines Vereins ohne Rechtspersönlichkeit* einem Dritten gegenüber vorgenommen wird, haftet der Handelnde persönlich; handeln mehrere, haften sie als Gesamtschuldner.**	**§ 54 Nicht rechtsfähige Vereine** [1]Auf Vereine, die nicht rechtsfähig sind, finden die Vorschriften über die Gesellschaft Anwendung. [2]Aus einem Rechtsgeschäft, das im Namen eines solchen Vereins einem Dritten gegenüber vorgenommen wird, haftet der Handelnde persönlich; handeln mehrere, so haften sie als Gesamtschuldner.
Untertitel 1. Allgemeine Bestimmungen	
§ 705 Rechtsnatur der Gesellschaft **(1) Die Gesellschaft wird durch den Abschluss des Gesellschaftsvertrags errichtet, in dem sich die Gesellschafter verpflichten, die Erreichung eines gemeinsamen Zwecks in der durch den Vertrag bestimmten Weise zu fördern.** **(2) Die Gesellschaft kann entweder selbst Rechte erwerben und Verbindlichkeiten eingehen, wenn sie nach dem gemeinsamen Willen der Gesellschafter am Rechtsverkehr teilnehmen soll (rechtsfähige Gesellschaft), oder sie kann den Gesellschaftern zur Ausgestaltung ihres Rechtsverhältnisses untereinander dienen (nicht rechtsfähige Gesellschaft).** **(3) Ist der Gegenstand der Gesellschaft der Betrieb eines Unternehmens unter gemeinschaftlichem Namen, so wird vermutet, dass die Gesellschaft nach dem gemeinsamen Willen der Gesellschafter am Rechtsverkehr teilnimmt.**	**§ 705 Inhalt des Gesellschaftsvertrags** Durch den Gesellschaftsvertrag verpflichten sich die Gesellschafter gegenseitig, die Erreichung eines gemeinsamen Zweckes in der durch den Vertrag bestimmten Weise zu fördern, insbesondere die vereinbarten Beiträge zu leisten.

BGB ab 1.1.2024:	**BGB Stand 1.11.2021:**
(jetzt § 709 BGB nF; inhaltlich verändert)	**§ 706 Beiträge der Gesellschafter** (1) Die Gesellschafter haben in Ermangelung einer anderen Vereinbarung gleiche Beiträge zu leisten. (2) [1]Sind vertretbare oder verbrauchbare Sachen beizutragen, so ist im Zweifel anzunehmen, dass sie gemeinschaftliches Eigentum der Gesellschafter werden sollen. [2]Das Gleiche gilt von nicht vertretbaren und nicht verbrauchbaren Sachen, wenn sie nach einer Schätzung beizutragen sind, die nicht bloß für die Gewinnverteilung bestimmt ist. (3) Der Beitrag eines Gesellschafters kann auch in der Leistung von Diensten bestehen.
Untertitel 2. **Rechtsfähige Gesellschaft** **Kapitel 1. Sitz; Registrierung**	
§ 706 Sitz der Gesellschaft [1]Sitz der Gesellschaft ist der Ort, an dem deren Geschäfte tatsächlich geführt werden (Verwaltungssitz). [2]Ist die Gesellschaft im Gesellschaftsregister eingetragen und haben die Gesellschafter einen Ort im Inland als Sitz vereinbart (Vertragssitz), so ist abweichend von Satz 1 dieser Ort Sitz der Gesellschaft.	*(bislang ungeregelt; S. 2 neu)*
(jetzt § 710 BGB nF; inhaltlich unverändert)	**§ 707 Erhöhung des vereinbarten Beitrags** Zur Erhöhung des vereinbarten Beitrags oder zur Ergänzung der durch Verlust verminderten Einlage ist ein Gesellschafter nicht verpflichtet.
§ 707 Anmeldung zum Gesellschaftsregister **(1) Die Gesellschafter können die Gesellschaft bei dem Gericht, in dessen Bezirk sie ihren Sitz hat, zur Eintragung in das Gesellschaftsregister anmelden.** **(2) Die Anmeldung muss enthalten:** **1. folgende Angaben zur Gesellschaft:** **a) den Namen,** **b) den Sitz und** **c) die Anschrift, in einem Mitgliedstaat der Europäischen Union;** **2. folgende Angaben zu jedem Gesellschafter:**	*(Gesellschaftsregister neu)*

BGB ab 1.1.2024:	BGB Stand 1.11.2021:
a) wenn der Gesellschafter eine natürliche Person ist: dessen Namen, Vornamen, Geburtsdatum und Wohnort;	
b) wenn der Gesellschafter eine juristische Person oder rechtsfähige Personengesellschaft ist: deren Firma oder Namen, Rechtsform, Sitz und, soweit gesetzlich vorgesehen, zuständiges Register und Registernummer;	
3. die Angabe der Vertretungsbefugnis der Gesellschafter;	
4. die Versicherung, dass die Gesellschaft nicht bereits im Handels- oder im Partnerschaftsregister eingetragen ist.	
(3) [1]Wird der Name der im Gesellschaftsregister eingetragenen Gesellschaft geändert, der Sitz an einen anderen Ort verlegt oder die Anschrift geändert oder ändert sich die Vertretungsbefugnis eines Gesellschafters, ist dies zur Eintragung in das Gesellschaftsregister anzumelden. [2]Ist die Gesellschaft im Gesellschaftsregister eingetragen, so sind auch das Ausscheiden eines Gesellschafters und der Eintritt eines neuen Gesellschafters zur Eintragung in das Gesellschaftsregister anzumelden.	
(4) [1]Anmeldungen sind vorbehaltlich der Sätze 2 und 3 von sämtlichen Gesellschaftern zu bewirken. [2]Scheidet ein Gesellschafter durch Tod aus, kann die Anmeldung ohne Mitwirkung der Erben erfolgen, sofern einer solchen Mitwirkung besondere Hindernisse entgegenstehen. [3]Ändert sich nur die Anschrift der Gesellschaft, ist die Anmeldung von der Gesellschaft zu bewirken.	
§ 707a Inhalt und Wirkungen der Eintragung im Gesellschaftsregister	*(Gesellschaftsregister neu)*
(1) [1]Die Eintragung im Gesellschaftsregister hat die in § 707 Absatz 2 Nummer 1 bis 3 genannten Angaben zu enthalten. [2]Eine Gesellschaft soll als Gesellschafter nur eingetragen werden, wenn sie im Gesellschaftsregister eingetragen ist.	
(2) [1]Mit der Eintragung ist die Gesellschaft verpflichtet, als Namenszusatz die Bezeichnungen „eingetragene Gesellschaft bürgerlichen Rechts“ oder	

BGB ab 1.1.2024:	*BGB Stand 1.11.2021:*
„eGbR" zu führen. [2]Wenn in einer eingetragenen Gesellschaft keine natürliche Person als Gesellschafter haftet, muss der Name eine Bezeichnung enthalten, welche die Haftungsbeschränkung kennzeichnet.	
(3) [1]Die Eintragung bewirkt, dass § 15 des Handelsgesetzbuchs mit der Maßgabe entsprechend anzuwenden ist, dass das Fehlen der Kaufmannseigenschaft nicht an der Publizität des Gesellschaftsregisters teilnimmt. [2]Die Eintragung lässt die Pflicht, die Gesellschaft zur Eintragung in das Handelsregister anzumelden (§ 106 Absatz 1 des Handelsgesetzbuchs), unberührt.	
(4) Nach Eintragung der Gesellschaft findet die Löschung der Gesellschaft nur nach den allgemeinen Vorschriften statt.	
§ 707b Entsprechend anwendbare Vorschriften des Handelsgesetzbuchs	*(Gesellschaftsregister neu)*
Folgende Vorschriften des Handelsgesetzbuchs sind auf eingetragene Gesellschaften entsprechend anzuwenden:	
1. auf die Auswahl und den Schutz des Namens der Gesellschaft: die §§ 18, 21 bis 24, 30 und 37,	
2. auf die registerrechtliche Behandlung der Gesellschaft und die Führung des Gesellschaftsregisters: die §§ 8, 8a Absatz 1, § 9 Absatz 1 Satz 1 und Absatz 3 bis 6, die §§ 10 bis 12, 13h, 14, 16 und 32 und	
3. auf die registerrechtliche Behandlung der Zweigniederlassung einer Gesellschaft: die §§ 13 und 13d mit der Maßgabe, dass eine Verpflichtung zur Anmeldung der Zweigniederlassung nicht besteht.	
§ 707c Statuswechsel	*(Gesellschaftsregister neu)*
(1) Die Anmeldung zur Eintragung einer bereits in einem Register eingetragenen Gesellschaft unter einer anderen Rechtsform einer rechtsfähigen Personengesellschaft in ein anderes Register (Statuswechsel) kann nur bei dem Gericht erfolgen, das das Register führt, in dem die Gesellschaft eingetragen ist.	

BGB ab 1.1.2024:	BGB Stand 1.11.2021:
(2) [1]Wird ein Statuswechsel angemeldet, trägt das Gericht die Rechtsform ein, in der die Gesellschaft in dem anderen Register fortgesetzt wird (Statuswechselvermerk). [2]Diese Eintragung ist mit dem Vermerk zu versehen, dass die Eintragung erst mit der Eintragung der Gesellschaft in dem anderen Register wirksam wird, sofern die Eintragungen in den beteiligten Registern nicht am selben Tag erfolgen. [3]Sodann gibt das Gericht das Verfahren von Amts wegen an das für die Führung des anderen Registers zuständige Gericht ab. [4]Nach Vollzug des Statuswechsels trägt das Gericht den Tag ein, an dem die Gesellschaft in dem anderen Register eingetragen worden ist. [5]Ist die Eintragung der Gesellschaft in dem anderen Register rechtskräftig abgelehnt worden oder wird die Anmeldung zurückgenommen, wird der Statuswechselvermerk von Amts wegen gelöscht.	
(3) [1]Das Gericht soll eine Gesellschaft, die bereits im Handels- oder im Partnerschaftsregister eingetragen ist, in das Gesellschaftsregister nur eintragen, wenn 1. der Statuswechsel zu dem anderen Register angemeldet wurde, 2. der Statuswechselvermerk in das andere Register eingetragen wurde und 3. das für die Führung des anderen Registers zuständige Gericht das Verfahren an das für die Führung des Gesellschaftsregisters zuständige Gericht abgegeben hat. [2]§ 707 Absatz 2 bleibt unberührt.	
(4) [1]Die Eintragung der Gesellschaft hat die Angabe des für die Führung des Handels- oder des Partnerschaftsregisters zuständigen Gerichts, die Firma oder den Namen und die Registernummer, unter der die Gesellschaft bislang eingetragen ist, zu enthalten. [2]Das Gericht teilt dem Gericht, das das Verfahren abgegeben hat, von Amts wegen den Tag der Eintragung der Gesellschaft in das Gesellschaftsregister und die neue Registernummer mit. [3]Die Ablehnung der Eintragung teilt das Gericht ebenfalls von Amts wegen dem Gericht, das das Verfahren abgegeben hat, mit, sobald die Entscheidung rechtskräftig geworden ist.	

BGB ab 1.1.2024:	BGB Stand 1.11.2021:
(5) [1] Wird ein Gesellschafter Kommanditist, ist für die Begrenzung seiner Haftung für die zum Zeitpunkt seiner Eintragung im Handelsregister begründeten Verbindlichkeiten § 728b entsprechend anzuwenden. [2] Dies gilt auch, wenn er in der Gesellschaft oder einem ihr als Gesellschafter angehörenden Unternehmen geschäftsführend tätig wird. [3] Seine Haftung als Kommanditist bleibt unberührt.	
§ 707d Verordnungsermächtigung	*(Gesellschaftsregister neu)*
(1) [1] Die Landesregierungen werden ermächtigt, durch Rechtsverordnung nähere Bestimmungen über die elektronische Führung des Gesellschaftsregisters, die elektronische Anmeldung, die elektronische Einreichung von Dokumenten sowie deren Aufbewahrung zu treffen, soweit nicht durch das Bundesministerium der Justiz und für Verbraucherschutz nach § 387 Absatz 2 des Gesetzes über das Verfahren in Familiensachen und in den Angelegenheiten der freiwilligen Gerichtsbarkeit entsprechende Vorschriften erlassen werden. [2] Dabei können sie auch Einzelheiten der Datenübermittlung regeln sowie die Form zu übermittelnder elektronischer Dokumente festlegen, um die Eignung für die Bearbeitung durch das Gericht sicherzustellen. [3] Die Landesregierungen können die Ermächtigung durch Rechtsverordnung auf die Landesjustizverwaltungen übertragen.	
(2) [1] Die Landesjustizverwaltungen bestimmen das elektronische Informations- und Kommunikationssystem, über das die Daten aus den Gesellschaftsregistern abrufbar sind, und sind für die Abwicklung des elektronischen Abrufverfahrens zuständig. [2] Die Landesregierung kann die Zuständigkeit durch Rechtsverordnung abweichend regeln; sie kann diese Ermächtigung durch Rechtsverordnung auf die Landesjustizverwaltung übertragen. [3] Die Länder können ein länderübergreifendes, zentrales elektronisches Informations- und Kommunikationssystem bestimmen. [4] Sie können auch eine Übertragung der Abwicklungsaufgaben auf die zuständige Stelle eines anderen Landes sowie mit dem Betreiber des Unternehmensregisters eine Übertra-	

BGB ab 1.1.2024:	*BGB Stand 1.11.2021:*
gung der Abwicklungsaufgaben auf das Unternehmensregister vereinbaren.	
Kapitel 2. Rechtsverhältnis der Gesellschafter untereinander und der Gesellschafter zur Gesellschaft	
(gestrichen)	**§ 708 Haftung der Gesellschafter** Ein Gesellschafter hat bei der Erfüllung der ihm obliegenden Verpflichtungen nur für diejenige Sorgfalt einzustehen, welche er in eigenen Angelegenheiten anzuwenden pflegt.
§ 708 Gestaltungsfreiheit **Von den Vorschriften dieses Kapitels kann durch den Gesellschaftsvertrag abgewichen werden, soweit im Gesetz nichts anderes bestimmt ist.**	*(bislang ungeregelt, aber keine wesentlichen inhaltlichen Änderungen)*
(jetzt § 715 I und III BGB nF; inhaltlich verändert)	**§ 709 Gemeinschaftliche Geschäftsführung** (1) Die Führung der Geschäfte der Gesellschaft steht den Gesellschaftern gemeinschaftlich zu; für jedes Geschäft ist die Zustimmung aller Gesellschafter erforderlich. (2) Hat nach dem Gesellschaftsvertrag die Mehrheit der Stimmen zu entscheiden, so ist die Mehrheit im Zweifel nach der Zahl der Gesellschafter zu berechnen.
§ 709 Beiträge; Stimmkraft; Anteil an Gewinn und Verlust **(1) Der Beitrag eines Gesellschafters kann in jeder Förderung des gemeinsamen Zwecks, auch in der Leistung von Diensten, bestehen.** **(2) Im Zweifel sind die Gesellschafter zu gleichen Beiträgen verpflichtet.** **(3) [1] Die Stimmkraft und der Anteil an Gewinn und Verlust richten sich vorrangig nach den vereinbarten Beteiligungsverhältnissen. [2] Sind keine Beteiligungsverhältnisse vereinbart worden, richten sie sich nach dem Verhältnis der vereinbarten Werte der Beiträge. [3] Sind auch Werte der Beiträge nicht vereinbart worden, hat jeder Gesellschafter ohne Rücksicht auf den Wert seines Beitrags die gleiche Stimmkraft und einen gleichen Anteil am Gewinn und Verlust.**	*(bislang § 706 BGB [Abs. 1 und 2] und § 722 BGB [Abs. 3]; inhaltlich verändert)*

BGB ab 1.1.2024:	BGB Stand 1.11.2021:
(gestrichen, weil überflüssig; Selbstorganschaft ergibt sich aus § 715 I BGB nF)	**§ 710 Übertragung der Geschäftsführung** [1] Ist in dem Gesellschaftsvertrag die Führung der Geschäfte einem Gesellschafter oder mehreren Gesellschaftern übertragen, so sind die übrigen Gesellschafter von der Geschäftsführung ausgeschlossen. [2] Ist die Geschäftsführung mehreren Gesellschaftern übertragen, so findet die Vorschrift des § 709 entsprechende Anwendung.
§ 710 Mehrbelastungsverbot **[1] Zur Erhöhung seines Beitrags kann ein Gesellschafter nicht ohne seine Zustimmung verpflichtet werden. [2] Die §§ 728a und 737 bleiben unberührt.**	*(bislang § 707 BGB; inhaltlich unverändert)*
(jetzt § 715 IV BGB nF; unverändert)	**§ 711 Widerspruchsrecht** [1] Steht nach dem Gesellschaftsvertrag die Führung der Geschäfte allen oder mehreren Gesellschaftern in der Art zu, dass jeder allein zu handeln berechtigt ist, so kann jeder der Vornahme eines Geschäfts durch den anderen widersprechen. [2] Im Falle des Widerspruchs muss das Geschäft unterbleiben.
§ 711 Übertragung und Übergang von Gesellschaftsanteilen **(1) [1] Die Übertragung eines Gesellschaftsanteils bedarf der Zustimmung der anderen Gesellschafter. [2] Die Gesellschaft kann eigene Anteile nicht erwerben.** **(2) [1] Ist im Gesellschaftsvertrag vereinbart, dass im Fall des Todes eines Gesellschafters die Gesellschaft mit seinem Erben fortgesetzt werden soll, geht der Anteil auf den Erben über. [2] Sind mehrere Erben vorhanden, fällt der Gesellschaftsanteil kraft Gesetzes jedem Erben entsprechend der Erbquote zu. [3] Die Vorschriften über die Erbengemeinschaft finden insoweit keine Anwendung.**	*(bislang ungeregelt, aber keine inhaltlichen Änderungen)*
§ 711a Eingeschränkte Übertragbarkeit von Gesellschafterrechten **[1] Die Rechte der Gesellschafter aus dem Gesellschaftsverhältnis sind nicht übertragbar. [2] Hiervon ausgenommen sind Ansprüche, die einem Gesellschafter aus seiner Geschäftsbesorgung für die Gesellschaft zustehen, soweit deren Befriedigung außerhalb der Liquidation**	*(bislang § 717 BGB; inhaltlich unverändert)*

BGB ab 1.1.2024:	***BGB Stand 1.11.2021:***
verlangt werden kann, sowie Ansprüche eines Gesellschafters auf einen Gewinnanteil oder auf dasjenige, was ihm im Fall der Liquidation zukommt.	
(jetzt § 715 V und VI BGB nF; inhaltlich verändert)	**§ 712 Entziehung und Kündigung der Geschäftsführung** (1) Die einem Gesellschafter durch den Gesellschaftsvertrag übertragene Befugnis zur Geschäftsführung kann ihm durch einstimmigen Beschluss oder, falls nach dem Gesellschaftsvertrag die Mehrheit der Stimmen entscheidet, durch Mehrheitsbeschluss der übrigen Gesellschafter entzogen werden, wenn ein wichtiger Grund vorliegt; ein solcher Grund ist insbesondere grobe Pflichtverletzung oder Unfähigkeit zur ordnungsmäßigen Geschäftsführung. (2) Der Gesellschafter kann auch seinerseits die Geschäftsführung kündigen, wenn ein wichtiger Grund vorliegt; die für den Auftrag geltende Vorschrift des § 671 Abs. 2, 3 findet entsprechende Anwendung.
§ 712 Ausscheiden eines Gesellschafters; Eintritt eines neuen Gesellschafters **(1) Scheidet ein Gesellschafter aus der Gesellschaft aus, so wächst sein Anteil an der Gesellschaft den übrigen Gesellschaftern im Zweifel im Verhältnis ihrer Anteile zu.** **(2) Tritt ein neuer Gesellschafter in die Gesellschaft ein, so mindern sich die Anteile der anderen Gesellschafter an der Gesellschaft im Zweifel im Umfang des dem neuen Gesellschafter zuwachsenden Anteils und in dem Verhältnis ihrer bisherigen Anteile.**	*(bislang § 738 I 1 BGB [Abs. 1] bzw. ohne explizite Regelung [Abs. 2]; An- und Abwachsung jetzt anteilsbezogen formuliert)*
§ 712a Ausscheiden des vorletzten Gesellschafters **(1) [1] Verbleibt nur noch ein Gesellschafter, so erlischt die Gesellschaft ohne Liquidation. [2] Das Gesellschaftsvermögen geht zum Zeitpunkt des Ausscheidens des vorletzten Gesellschafters im Wege der Gesamtrechtsnachfolge auf den verbleibenden Gesellschafter über.** **(2) In Bezug auf die Rechte und Pflichten des vorletzten Gesellschafters sind anlässlich seines Ausscheidens die §§ 728 bis 728b entsprechend anzuwenden.**	*(bislang ungeregelt, aber ohne wesentliche inhaltliche Änderung; Universalsukzession aber jetzt allgemein unabhängig von Übernahmeerklärung des letzten Gesellschafters oÄ)*

BGB ab 1.1.2024:	BGB Stand 1.11.2021:
(jetzt § 717 BGB nF; inhaltlich verändert)	**§ 713 Rechte und Pflichten der geschäftsführenden Gesellschafter** Die Rechte und Verpflichtungen der geschäftsführenden Gesellschafter bestimmen sich nach den für den Auftrag geltenden Vorschriften der §§ 664 bis 670, soweit sich nicht aus dem Gesellschaftsverhältnis ein anderes ergibt.
§ 713 Gesellschaftsvermögen **Die Beiträge der Gesellschafter sowie die für oder durch die Gesellschaft erworbenen Rechte und die gegen sie begründeten Verbindlichkeiten sind Vermögen der Gesellschaft.**	*(bislang § 718 BGB; inhaltlich wesentlich verändert)*
(jetzt § 720 BGB nF; inhaltlich verändert)	**§ 714 Vertretungsmacht** Soweit einem Gesellschafter nach dem Gesellschaftsvertrag die Befugnis zur Geschäftsführung zusteht, ist er im Zweifel auch ermächtigt, die anderen Gesellschafter Dritten gegenüber zu vertreten.
§ 714 Beschlussfassung **Gesellschafterbeschlüsse bedürfen der Zustimmung aller stimmberechtigten Gesellschafter.**	*(bislang § 709 I BGB und dort in Verbindung mit der Geschäftsführung; inhaltlich unverändert)*
(jetzt § 720 IV BGB nF; inhaltlich verändert)	**§ 715 Entziehung der Vertretungsmacht** Ist im Gesellschaftsvertrag ein Gesellschafter ermächtigt, die anderen Gesellschafter Dritten gegenüber zu vertreten, so kann die Vertretungsmacht nur nach Maßgabe des § 712 Abs. 1 und, wenn sie in Verbindung mit der Befugnis zur Geschäftsführung erteilt worden ist, nur mit dieser entzogen werden.
§ 715 Geschäftsführungsbefugnis **(1) Zur Führung der Geschäfte der Gesellschaft sind alle Gesellschafter berechtigt und verpflichtet.** **(2) [1]Die Befugnis zur Geschäftsführung erstreckt sich auf alle Geschäfte, die die Teilnahme der Gesellschaft am Rechtsverkehr gewöhnlich mit sich bringt. [2]Zur Vornahme von Geschäften, die darüber hinausgehen, ist ein Beschluss aller Gesellschafter erforderlich.** **(3) [1]Die Geschäftsführung steht allen Gesellschaftern in der Art zu, dass sie nur gemeinsam zu handeln berechtigt**	*(bislang § 709 I BGB [Abs. 1 und teilweise Abs. 3; inhaltlich unverändert] bzw. § 711 BGB [Abs. 4; unverändert] bzw. § 712 BGB [Abs. 5; verändert] bzw. ungeregelt [Abs. 2, teilweise Abs. 3, Abs. 6])*

BGB ab 1.1.2024:	*BGB Stand 1.11.2021:*
sind, es sei denn, dass mit dem Aufschub eines Geschäfts Gefahr für die Gesellschaft oder das Gesellschaftsvermögen verbunden ist. [2]Dies gilt im Zweifel entsprechend, wenn nach dem Gesellschaftsvertrag die Geschäftsführung mehreren Gesellschaftern zusteht.	
(4) [1]Steht nach dem Gesellschaftsvertrag die Geschäftsführung allen oder mehreren Gesellschaftern in der Art zu, dass jeder allein zu handeln berechtigt ist, kann jeder andere geschäftsführungsbefugte Gesellschafter der Vornahme des Geschäfts widersprechen. [2]Im Fall des Widerspruchs muss das Geschäft unterbleiben.	
(5) [1]Die Befugnis zur Geschäftsführung kann einem Gesellschafter durch Beschluss der anderen Gesellschafter ganz oder teilweise entzogen werden, wenn ein wichtiger Grund vorliegt. [2]Ein wichtiger Grund ist insbesondere eine grobe Pflichtverletzung des Gesellschafters oder die Unfähigkeit des Gesellschafters zur ordnungsgemäßen Geschäftsführung.	
(6) [1]Der Gesellschafter kann seinerseits die Geschäftsführung ganz oder teilweise kündigen, wenn ein wichtiger Grund vorliegt. [2]§ 671 Absatz 2 und 3 ist entsprechend anzuwenden.	
§ 715a Notgeschäftsführungsbefugnis	*(bislang ungeregelt; ersetzt Analogie zu § 744 BGB)*
[1]Sind alle geschäftsführungsbefugten Gesellschafter verhindert, nach Maßgabe von § 715 Absatz 3 Satz 3 bei einem Geschäft mitzuwirken, kann jeder Gesellschafter das Geschäft vornehmen, wenn mit dem Aufschub Gefahr für die Gesellschaft oder das Gesellschaftsvermögen verbunden ist. [2]Eine Vereinbarung im Gesellschaftsvertrag, welche dieses Recht ausschließt, ist unwirksam.	
§ 715b Gesellschafterklage	*(bislang ungeregelt, aber ohne wesentliche inhaltliche Änderungen)*
(1) [1]Jeder Gesellschafter ist befugt, einen auf dem Gesellschaftsverhältnis beruhenden Anspruch der Gesellschaft gegen einen anderen Gesellschafter im eigenen Namen gerichtlich geltend zu machen, wenn der dazu berufene ge-	

BGB ab 1.1.2024:	BGB Stand 1.11.2021:
schäftsführungsbefugte Gesellschafter dies pflichtwidrig unterlässt. [2] Die Befugnis nach Satz 1 erstreckt sich auch auf einen Anspruch der Gesellschaft gegen einen Dritten, wenn dieser an dem pflichtwidrigen Unterlassen mitwirkte oder es kannte. **(2) Eine Vereinbarung im Gesellschaftsvertrag, welche das Klagerecht ausschließt oder dieser Vorschrift zuwider beschränkt, ist unwirksam.** **(3) [1] Der klagende Gesellschafter hat die Gesellschaft unverzüglich über die Erhebung der Klage und die Lage des Rechtsstreits zu unterrichten. [2] Ferner hat er das Gericht über die erfolgte Unterrichtung in Kenntnis zu setzen. [3] Das Gericht hat auf eine unverzügliche Unterrichtung der Gesellschaft hinzuwirken.** **(4) Soweit über den Anspruch durch rechtskräftiges Urteil entschieden worden ist, wirkt die Entscheidung für und gegen die Gesellschaft.**	
(jetzt § 717 I BGB nF; inhaltlich teilweise [S. 2] verändert)	**§ 716 Kontrollrecht der Gesellschafter** (1) Ein Gesellschafter kann, auch wenn er von der Geschäftsführung ausgeschlossen ist, sich von den Angelegenheiten der Gesellschaft persönlich unterrichten, die Geschäftsbücher und die Papiere der Gesellschaft einsehen und sich aus ihnen eine Übersicht über den Stand des Gesellschaftsvermögens anfertigen. (2) Eine dieses Recht ausschließende oder beschränkende Vereinbarung steht der Geltendmachung des Rechts nicht entgegen, wenn Grund zu der Annahme unredlicher Geschäftsführung besteht.
§ 716 Ersatz von Aufwendungen und Verlusten; Vorschusspflicht; Herausgabepflicht; Verzinsungspflicht **(1) Macht ein Gesellschafter zum Zwecke der Geschäftsbesorgung für die Gesellschaft Aufwendungen, die er den Umständen nach für erforderlich halten darf, oder erleidet er unmittelbar infolge der Geschäftsbesorgung Verluste, ist ihm die Gesellschaft zum Ersatz verpflichtet.** **(2) Für die erforderlichen Aufwendungen hat die Gesellschaft dem Gesellschaf-**	*(bislang ungeregelt [Abs. 1], nach dem Vorbild des § 110 HGB bzw. § 713 BGB iVm § 669 BGB [Abs. 2] bzw. § 713 BGB iVm § 667 BGB [Abs. 3] bzw. § 713 BGB iVm § 668 BGB und § 110 II HGB [Abs. 4]; jeweils inhaltlich im Wesentlichen unverändert)*

BGB ab 1.1.2024:	BGB Stand 1.11.2021:
ter auf dessen Verlangen Vorschuss zu leisten.	
(3) Der Gesellschafter ist verpflichtet, der Gesellschaft dasjenige, was er selbst aus der Geschäftsbesorgung erlangt, herauszugeben.	
(4) [1] Verwendet der Gesellschafter Geld für sich, das er der Gesellschaft nach Absatz 3 herauszugeben hat, ist er verpflichtet, es von der Zeit der Verwendung an zu verzinsen. [2] Satz 1 gilt entsprechend für die Verzinsung des Anspruchs des Gesellschafters auf ersatzfähige Aufwendungen oder Verluste.	
(jetzt § 711a BGB nF; inhaltlich unverändert)	**§ 717 Nichtübertragbarkeit der Gesellschafterrechte** [1] Die Ansprüche, die den Gesellschaftern aus dem Gesellschaftsverhältnis gegeneinander zustehen, sind nicht übertragbar. [2] Ausgenommen sind die einem Gesellschafter aus seiner Geschäftsführung zustehenden Ansprüche, soweit deren Befriedigung vor der Auseinandersetzung verlangt werden kann, sowie die Ansprüche auf einen Gewinnanteil oder auf dasjenige, was dem Gesellschafter bei der Auseinandersetzung zukommt.
§ 717 Informationsrechte und -pflichten **(1) [1] Jeder Gesellschafter hat gegenüber der Gesellschaft das Recht, die Unterlagen der Gesellschaft einzusehen und sich aus ihnen Auszüge anzufertigen. [2] Ergänzend kann er von der Gesellschaft Auskunft über die Gesellschaftsangelegenheiten verlangen. [3] Eine Vereinbarung im Gesellschaftsvertrag, welche diese Rechte ausschließt oder dieser Vorschrift zuwider beschränkt, steht ihrer Geltendmachung nicht entgegen, soweit dies zur Wahrnehmung eigener Mitgliedschaftsrechte erforderlich ist, insbesondere, wenn Grund zur Annahme unredlicher Geschäftsführung besteht.** **(2) [1] Die geschäftsführungsbefugten Gesellschafter haben der Gesellschaft von sich aus die erforderlichen Nachrichten zu geben, auf Verlangen über die Gesellschaftsangelegenheiten Auskunft zu erteilen und nach Beendigung der Geschäftsführertätigkeit Rechenschaft abzulegen. [2] Eine Vereinbarung im Gesellschaftsver-**	*(bislang § 716 BGB [Abs. 1 S. 2; inhaltlich verändert] bzw. ungeregelt [Abs. 2])*

BGB ab 1.1.2024:	BGB Stand 1.11.2021:
trag, welche diese Verpflichtungen ausschließt, ist unwirksam.	
(jetzt § 713 BGB nF; inhaltlich verändert)	**§ 718 Gesellschaftsvermögen** (1) Die Beiträge der Gesellschafter und die durch die Geschäftsführung für die Gesellschaft erworbenen Gegenstände werden gemeinschaftliches Vermögen der Gesellschafter (Gesellschaftsvermögen). (2) Zu dem Gesellschaftsvermögen gehört auch, was auf Grund eines zu dem Gesellschaftsvermögen gehörenden Rechts oder als Ersatz für die Zerstörung, Beschädigung oder Entziehung eines zu dem Gesellschaftsvermögen gehörenden Gegenstands erworben wird.
§ 718 Rechnungsabschluss und Gewinnverteilung **Der Rechnungsabschluss und die Gewinnverteilung haben im Zweifel zum Schluss jedes Kalenderjahrs zu erfolgen.**	*(bislang § 721 BGB; inhaltlich verändert)*
Kapitel 3. Rechtsverhältnis der Gesellschaft zu Dritten	
(gestrichen; vgl. auch § 711 BGB nF)	**§ 719 Gesamthänderische Bindung** (1) Ein Gesellschafter kann nicht über seinen Anteil an dem Gesellschaftsvermögen und an den einzelnen dazu gehörenden Gegenständen verfügen; er ist nicht berechtigt, Teilung zu verlangen. (2) Gegen eine Forderung, die zum Gesellschaftsvermögen gehört, kann der Schuldner nicht eine ihm gegen einen einzelnen Gesellschafter zustehende Forderung aufrechnen.
§ 719 Entstehung der Gesellschaft im Verhältnis zu Dritten **(1) Im Verhältnis zu Dritten entsteht die Gesellschaft, sobald sie mit Zustimmung sämtlicher Gesellschafter am Rechtsverkehr teilnimmt, spätestens aber mit ihrer Eintragung im Gesellschaftsregister.** **(2) Eine Vereinbarung, dass die Gesellschaft erst zu einem späteren Zeitpunkt entstehen soll, ist Dritten gegenüber unwirksam.**	*(bislang ungeregelt; nach dem Vorbild des § 123 HGB)*
(gestrichen)	**§ 720 Schutz des gutgläubigen Schuldners** Die Zugehörigkeit einer nach § 718 Abs. 1 erworbenen Forderung zum Gesellschaftsver-

BGB ab 1.1.2024:	***BGB Stand 1.11.2021:***
	mögen hat der Schuldner erst dann gegen sich gelten zu lassen, wenn er von der Zugehörigkeit Kenntnis erlangt; die Vorschriften der §§ 406 bis 408 finden entsprechende Anwendung.
§ 720 Vertretung der Gesellschaft **(1) Zur Vertretung der Gesellschaft sind alle Gesellschafter gemeinsam befugt, es sei denn, der Gesellschaftsvertrag bestimmt etwas anderes.** **(2) Die zur Gesamtvertretung nach Absatz 1 befugten Gesellschafter können einzelne von ihnen zur Vornahme bestimmter Geschäfte oder bestimmter Arten von Geschäften ermächtigen.** **(3) [1] Die Vertretungsbefugnis der Gesellschafter erstreckt sich auf alle Geschäfte der Gesellschaft. [2] Eine Beschränkung des Umfangs der Vertretungsbefugnis ist Dritten gegenüber unwirksam. [3] Dies gilt insbesondere für die Beschränkung, dass sich die Vertretung nur auf bestimmte Geschäfte oder Arten von Geschäften erstreckt oder dass sie nur unter gewissen Umständen oder für eine gewisse Zeit oder an einzelnen Orten stattfinden soll.** **(4) Die Vertretungsbefugnis kann einem Gesellschafter in entsprechender Anwendung von § 715 Absatz 5 ganz oder teilweise entzogen werden.** **(5) Ist der Gesellschaft gegenüber eine Willenserklärung abzugeben, genügt die Abgabe gegenüber einem vertretungsbefugten Gesellschafter.**	*(bislang § 714 BGB; inhaltlich verändert)*
(Abs. 1 gestrichen)	**§ 721 Gewinn- und Verlustverteilung** (1) Ein Gesellschafter kann den Rechnungsabschluss und die Verteilung des Gewinns und Verlustes erst nach der Auflösung der Gesellschaft verlangen.
(Abs. 2 jetzt § 718 BGB nF)	(2) Ist die Gesellschaft von längerer Dauer, so hat der Rechnungsabschluss und die Gewinnverteilung im Zweifel am Schluss jedes Geschäftsjahrs zu erfolgen.
§ 721 Persönliche Haftung der Gesellschafter **[1] Die Gesellschafter haften für die Verbindlichkeiten der Gesellschaft den Gläubigern als Gesamtschuldner persönlich.**	*(bislang ungeregelt; inhaltlich aber unverändert; nach dem Vorbild des § 128 HGB)*

BGB ab 1.1.2024:	***BGB Stand 1.11.2021:***
[2]Eine entgegenstehende Vereinbarung ist Dritten gegenüber unwirksam.	
§ 721a Haftung des eintretenden Gesellschafters **[1]Wer in eine bestehende Gesellschaft eintritt, haftet gleich den anderen Gesellschaftern nach Maßgabe der §§ 721 und 721b für die vor seinem Eintritt begründeten Verbindlichkeiten der Gesellschaft. [2]Eine entgegenstehende Vereinbarung ist Dritten gegenüber unwirksam.**	*(bislang ungeregelt; inhaltlich aber unverändert; nach dem Vorbild des § 130 HGB)*
§ 721b Einwendungen und Einreden des Gesellschafters **(1) Wird ein Gesellschafter wegen einer Verbindlichkeit der Gesellschaft in Anspruch genommen, kann er Einwendungen und Einreden, die nicht in seiner Person begründet sind, insoweit geltend machen, als sie von der Gesellschaft erhoben werden können.** **(2) Der Gesellschafter kann die Befriedigung des Gläubigers verweigern, solange der Gesellschaft in Ansehung der Verbindlichkeit das Recht zur Anfechtung oder Aufrechnung oder ein anderes Gestaltungsrecht, dessen Ausübung die Gesellschaft ihrerseits zur Leistungsverweigerung berechtigen würde, zusteht.**	*(bislang ungeregelt; inhaltlich aber unverändert; nach dem Vorbild des § 129 HGB)*
(jetzt § 709 III BGB nF; inhaltlich verändert)	**§ 722 Anteile am Gewinn und Verlust** (1) Sind die Anteile der Gesellschafter am Gewinn und Verlust nicht bestimmt, so hat jeder Gesellschafter ohne Rücksicht auf die Art und die Größe seines Beitrags einen gleichen Anteil am Gewinn und Verlust. (2) Ist nur der Anteil am Gewinn oder am Verlust bestimmt, so gilt die Bestimmung im Zweifel für Gewinn und Verlust.
§ 722 Zwangsvollstreckung gegen die Gesellschaft oder gegen ihre Gesellschafter **(1) Zur Zwangsvollstreckung in das Vermögen der Gesellschaft ist ein gegen die Gesellschaft gerichteter Vollstreckungstitel erforderlich.** **(2) Aus einem gegen die Gesellschaft gerichteten Vollstreckungstitel findet die Zwangsvollstreckung gegen die Gesellschafter nicht statt.**	*(bislang ungeregelt bzw. § 736 ZPO; Abs. 1 nach dem Vorbild des § 124 II HGB)*

BGB ab 1.1.2024:	BGB Stand 1.11.2021:

Kapitel 4. Ausscheiden eines Gesellschafters

(jetzt § 725 BGB nF; inhaltlich verändert; s. dort)

§ 723 Kündigung durch Gesellschafter

(1) [1]Ist die Gesellschaft nicht für eine bestimmte Zeit eingegangen, so kann jeder Gesellschafter sie jederzeit kündigen. [2]Ist eine Zeitdauer bestimmt, so ist die Kündigung vor dem Ablauf der Zeit zulässig, wenn ein wichtiger Grund vorliegt. [3]Ein wichtiger Grund liegt insbesondere vor,

1. wenn ein anderer Gesellschafter eine ihm nach dem Gesellschaftsvertrag obliegende wesentliche Verpflichtung vorsätzlich oder aus grober Fahrlässigkeit verletzt hat oder wenn die Erfüllung einer solchen Verpflichtung unmöglich wird,
2. wenn der Gesellschafter das 18. Lebensjahr vollendet hat.

[4]Der volljährig Gewordene kann die Kündigung nach Nummer 2 nur binnen drei Monaten von dem Zeitpunkt an erklären, in welchem er von seiner Gesellschafterstellung Kenntnis hatte oder haben musste. [5]Das Kündigungsrecht besteht nicht, wenn der Gesellschafter bezüglich des Gegenstands der Gesellschaft zum selbständigen Betrieb eines Erwerbsgeschäfts gemäß § 112 ermächtigt war oder der Zweck der Gesellschaft allein der Befriedigung seiner persönlichen Bedürfnisse diente. [6]Unter den gleichen Voraussetzungen ist, wenn eine Kündigungsfrist bestimmt ist, die Kündigung ohne Einhaltung der Frist zulässig.

(2) [1]Die Kündigung darf nicht zur Unzeit geschehen, es sei denn, dass ein wichtiger Grund für die unzeitige Kündigung vorliegt. [2]Kündigt ein Gesellschafter ohne solchen Grund zur Unzeit, so hat er den übrigen Gesellschaftern den daraus entstehenden Schaden zu ersetzen.

(3) Eine Vereinbarung, durch welche das Kündigungsrecht ausgeschlossen oder diesen Vorschriften zuwider beschränkt wird, ist nichtig.

§ 723 Gründe für das Ausscheiden; Zeitpunkt des Ausscheidens

(1) Folgende Gründe führen zum Ausscheiden eines Gesellschafters aus der Gesellschaft, sofern der Gesellschaftsver-

(bislang in dieser Form ungeregelt; Umwandlung der §§ 723, 725, 727, 728 BGB in Ausscheidensgründe unter Ersetzung des § 736 I BGB)

BGB ab 1.1.2024:	*BGB Stand 1.11.2021:*
trag für diese Fälle nicht die Auflösung der Gesellschaft vorsieht: **1. Tod des Gesellschafters;** **2. Kündigung der Mitgliedschaft durch den Gesellschafter;** **3. Eröffnung des Insolvenzverfahrens über das Vermögen des Gesellschafters;** **4. Kündigung der Mitgliedschaft durch einen Privatgläubiger des Gesellschafters;** **5. Ausschließung des Gesellschafters aus wichtigem Grund.** **(2) Im Gesellschaftsvertrag können weitere Gründe für das Ausscheiden eines Gesellschafters vereinbart werden.** **(3) Der Gesellschafter scheidet mit Eintritt des ihn betreffenden Ausscheidensgrundes aus, im Fall der Kündigung der Mitgliedschaft aber nicht vor Ablauf der Kündigungsfrist und im Fall der Ausschließung aus wichtigem Grund nicht vor Mitteilung des betreffenden Beschlusses an den auszuschließenden Gesellschafter.**	
(gestrichen; zur Kündigung allgemein s. § 725 BGB nF)	**§ 724 Kündigung bei Gesellschaft auf Lebenszeit oder fortgesetzter Gesellschaft** [1] Ist eine Gesellschaft für die Lebenszeit eines Gesellschafters eingegangen, so kann sie in gleicher Weise gekündigt werden wie eine für unbestimmte Zeit eingegangene Gesellschaft. [2] Dasselbe gilt, wenn eine Gesellschaft nach dem Ablauf der bestimmten Zeit stillschweigend fortgesetzt wird.
§ 724 Fortsetzung mit dem Erben; Ausscheiden des Erben **(1) Geht der Anteil eines verstorbenen Gesellschafters auf seine Erben über und erfüllt die Gesellschaft die Voraussetzungen nach § 107 Absatz 1 des Handelsgesetzbuchs, um in das Handelsregister eingetragen zu werden, so kann jeder Erbe gegenüber den anderen Gesellschaftern antragen, dass ihm die Stellung eines Kommanditisten eingeräumt und der auf ihn entfallende Anteil des Erblassers als seine Kommanditeinlage anerkannt wird.** **(2) Nehmen die anderen Gesellschafter einen Antrag nach Absatz 1 nicht an**	*(bislang ungeregelt; nach dem Vorbild des § 139 HGB)*

BGB ab 1.1.2024:	***BGB Stand 1.11.2021:***
oder ist eine Fortführung der Gesellschaft als Kommanditgesellschaft nicht möglich, ist der Erbe befugt, seine Mitgliedschaft in der Gesellschaft ohne Einhaltung einer Kündigungsfrist zu kündigen.	
(3) [1]Die Rechte nach den Absätzen 1 bis 2 können von dem Erben nur innerhalb von drei Monaten nach dem Zeitpunkt, zu dem er von dem Anfall der Erbschaft Kenntnis erlangt hat, geltend gemacht werden. [2]Auf den Lauf der Frist ist § 210 entsprechend anzuwenden. [3]Ist bei Ablauf der drei Monate das Recht zur Ausschlagung der Erbschaft noch nicht verloren, endet die Frist nicht vor dem Ablauf der Ausschlagungsfrist.	
(4) Scheidet innerhalb der Frist des Absatzes 3 der Erbe aus der Gesellschaft aus oder wird innerhalb der Frist die Gesellschaft aufgelöst oder dem Erben die Stellung eines Kommanditisten eingeräumt, so haftet er für die bis dahin entstandenen Gesellschaftsverbindlichkeiten nur nach Maßgabe der Vorschriften, welche die Haftung des Erben für die Nachlassverbindlichkeiten betreffen.	
(jetzt 726 BGB nF; inhaltlich verändert)	**§ 725 Kündigung durch Pfändungspfandgläubiger** (1) Hat ein Gläubiger eines Gesellschafters die Pfändung des Anteils des Gesellschafters an dem Gesellschaftsvermögen erwirkt, so kann er die Gesellschaft ohne Einhaltung einer Kündigungsfrist kündigen, sofern der Schuldtitel nicht bloß vorläufig vollstreckbar ist. (2) Solange die Gesellschaft besteht, kann der Gläubiger die sich aus dem Gesellschaftsverhältnis ergebenden Rechte des Gesellschafters, mit Ausnahme des Anspruchs auf einen Gewinnanteil, nicht geltend machen.
§ 725 Kündigung der Mitgliedschaft durch den Gesellschafter **(1) Ist das Gesellschaftsverhältnis auf unbestimmte Zeit eingegangen, kann ein Gesellschafter seine Mitgliedschaft unter Einhaltung einer Frist von drei Monaten zum Ablauf des Kalenderjahres gegenüber der Gesellschaft kündigen, es sei denn, aus dem Gesellschaftsvertrag oder aus dem Zweck der Gesellschaft ergibt sich etwas anderes.**	*(bislang § 723 I 1 BGB [Abs. 1; inhaltlich verändert] bzw. § 723 I 2, 3 Nr. 1 BGB [Abs. 2; inhaltlich unverändert] bzw. § 723 I 6 BGB und teilweise ungeregelt [Abs. 3, aber ohne inhaltliche Änderung] bzw. § 723 I 3 Nr. 2, S. 4–5 BGB [Abs. 4; inhaltlich unverändert] bzw. § 723 II BGB [Abs. 5; inhaltlich unverändert] bzw. § 723 III BGB [Abs. 6; inhaltlich verändert])*

BGB ab 1.1.2024:	BGB Stand 1.11.2021:
(2) [1] Ist für das Gesellschaftsverhältnis eine Zeitdauer vereinbart, ist die Kündigung der Mitgliedschaft durch einen Gesellschafter vor dem Ablauf dieser Zeit zulässig, wenn ein wichtiger Grund vorliegt. [2] Ein wichtiger Grund liegt insbesondere vor, wenn ein anderer Gesellschafter eine ihm nach dem Gesellschaftsvertrag obliegende wesentliche Verpflichtung vorsätzlich oder grob fahrlässig verletzt hat oder wenn die Erfüllung einer solchen Verpflichtung unmöglich wird.	
(3) Liegt ein wichtiger Grund im Sinne von Absatz 2 Satz 2 vor, so ist eine Kündigung der Mitgliedschaft durch einen Gesellschafter stets ohne Einhaltung einer Kündigungsfrist zulässig.	
(4) [1] Ein Gesellschafter kann seine Mitgliedschaft auch kündigen, wenn er volljährig geworden ist. [2] Das Kündigungsrecht besteht nicht, wenn der Gesellschafter bezüglich des Gegenstands der Gesellschaft zum selbständigen Betrieb eines Erwerbsgeschäfts gemäß § 112 ermächtigt war oder der Zweck der Gesellschaft allein der Befriedigung seiner persönlichen Bedürfnisse diente. [3] Der volljährig Gewordene kann die Kündigung nur binnen drei Monaten von dem Zeitpunkt an erklären, in welchem er von seiner Gesellschafterstellung Kenntnis hatte oder haben musste.	
(5) [1] Die Kündigung darf nicht zur Unzeit geschehen, es sei denn, dass ein wichtiger Grund für die unzeitige Kündigung vorliegt. [2] Kündigt ein Gesellschafter seine Mitgliedschaft ohne solchen Grund zur Unzeit, hat er der Gesellschaft den daraus entstehenden Schaden zu ersetzen.	
(6) Eine Vereinbarung im Gesellschaftsvertrag, welche das Kündigungsrecht nach den Absätzen 2 und 4 ausschließt oder diesen Vorschriften zuwider beschränkt, ist unwirksam.	
(jetzt § 729 II BGB nF; ohne inhaltliche Änderung)	**§ 726 Auflösung wegen Erreichens oder Unmöglichwerdens des Zweckes** Die Gesellschaft endigt, wenn der vereinbarte Zweck erreicht oder dessen Erreichung unmöglich geworden ist.

BGB ab 1.1.2024:	*BGB Stand 1.11.2021:*
§ 726 Kündigung der Mitgliedschaft durch einen Privatgläubiger des Gesellschafters **Hat ein Privatgläubiger eines Gesellschafters, nachdem innerhalb der letzten sechs Monate eine Zwangsvollstreckung in das bewegliche Vermögen des Gesellschafters ohne Erfolg versucht wurde, aufgrund eines nicht bloß vorläufig vollstreckbaren Schuldtitels die Pfändung des Anteils des Gesellschafters an der Gesellschaft erwirkt, kann er dessen Mitgliedschaft gegenüber der Gesellschaft unter Einhaltung einer Frist von drei Monaten zum Ablauf des Kalenderjahrs kündigen.**	*(bislang § 725 BGB; inhaltlich verändert; nach dem Vorbild des § 135 HGB)*
(jetzt § 730 I BGB nF; inhaltlich verändert; s. dort)	**§ 727 Auflösung durch Tod eines Gesellschafters** (1) Die Gesellschaft wird durch den Tod eines der Gesellschafter aufgelöst, sofern nicht aus dem Gesellschaftsvertrag sich ein anderes ergibt. (2) [1]Im Falle der Auflösung hat der Erbe des verstorbenen Gesellschafters den übrigen Gesellschaftern den Tod unverzüglich anzuzeigen und, wenn mit dem Aufschub Gefahr verbunden ist, die seinem Erblasser durch den Gesellschaftsvertrag übertragenen Geschäfte fortzuführen, bis die übrigen Gesellschafter in Gemeinschaft mit ihm anderweit Fürsorge treffen können. [2]Die übrigen Gesellschafter sind in gleicher Weise zur einstweiligen Fortführung der ihnen übertragenen Geschäfte verpflichtet. [3]Die Gesellschaft gilt insoweit als fortbestehend.
§ 727 Ausschließung aus wichtigem Grund **[1]Tritt in der Person eines Gesellschafters ein wichtiger Grund ein, kann er durch Beschluss der anderen Gesellschafter aus der Gesellschaft ausgeschlossen werden. [2]Ein wichtiger Grund liegt insbesondere vor, wenn der Gesellschafter eine ihm nach dem Gesellschaftsvertrag obliegende wesentliche Verpflichtung vorsätzlich oder grob fahrlässig verletzt hat oder wenn ihm die Erfüllung einer solchen Verpflichtung unmöglich wird. [3]Dem Beschluss steht nicht entgegen, dass nach der Ausschließung nur ein Gesellschafter verbleibt.**	*(bislang § 737 BGB [S. 1, 2; inhaltlich im Wesentlichen unverändert] bzw. ungeregelt [S. 3; nach dem Vorbild des § 140 I 2 HGB])*

BGB ab 1.1.2024:	BGB Stand 1.11.2021:
(jetzt § 729 I Nr. 2 und III BGB nF zur Insolvenz der Gesellschaft; § 730 II BGB nF zur Insolvenz eines Gesellschafters; jeweils inhaltlich verändert)	**§ 728 Auflösung durch Insolvenz der Gesellschaft oder eines Gesellschafters** (1) [1]Die Gesellschaft wird durch die Eröffnung des Insolvenzverfahrens über das Vermögen der Gesellschaft aufgelöst. [2]Wird das Verfahren auf Antrag des Schuldners eingestellt oder nach der Bestätigung eines Insolvenzplans, der den Fortbestand der Gesellschaft vorsieht, aufgehoben, so können die Gesellschafter die Fortsetzung der Gesellschaft beschließen. (2) [1]Die Gesellschaft wird durch die Eröffnung des Insolvenzverfahrens über das Vermögen eines Gesellschafters aufgelöst. [2]Die Vorschrift des § 727 Abs. 2 Satz 2, 3 findet Anwendung.
§ 728 Ansprüche des ausgeschiedenen Gesellschafters **(1) [1]Sofern im Gesellschaftsvertrag nichts anderes vereinbart ist, ist die Gesellschaft verpflichtet, den ausgeschiedenen Gesellschafter von der Haftung für die Verbindlichkeiten der Gesellschaft zu befreien und ihm eine dem Wert seines Anteils angemessene Abfindung zu zahlen. [2]Sind Verbindlichkeiten der Gesellschaft noch nicht fällig, kann die Gesellschaft dem Ausgeschiedenen Sicherheit leisten, statt ihn von der Haftung nach § 721 zu befreien.** **(2) Der Wert des Gesellschaftsanteils ist, soweit erforderlich, im Wege der Schätzung zu ermitteln.**	*(bislang § 738 I 2, 3 BGB [Abs. 1; inhaltlich im Wesentlichen unverändert] bzw. § 738 II BGB [Abs. 2; unverändert])*
§ 728a Haftung des ausgeschiedenen Gesellschafters für Fehlbetrag **Reicht der Wert des Gesellschaftsvermögens zur Deckung der Verbindlichkeiten der Gesellschaft nicht aus, hat der ausgeschiedene Gesellschafter der Gesellschaft für den Fehlbetrag nach dem Verhältnis seines Anteils am Gewinn und Verlust aufzukommen.**	*(bislang § 739 BGB; unverändert)*
§ 728b Nachhaftung des ausgeschiedenen Gesellschafters **(1) [1]Scheidet ein Gesellschafter aus der Gesellschaft aus, so haftet er für deren bis dahin begründete Verbindlichkeiten, wenn sie vor Ablauf von fünf Jahren nach seinem Ausscheiden fällig sind und**	*(bislang § 736 II BGB iVm § 160 HGB; Abs. 1 S. 2 neu; im Übrigen inhaltlich im Wesentlichen unverändert; Abs. 1 S. 3 auf die eingetragene Gesellschaft erweitert)*

BGB ab 1.1.2024:	BGB Stand 1.11.2021:

1. daraus Ansprüche gegen ihn in einer in § 197 Absatz 1 Nummer 3 bis 5 bezeichneten Art festgestellt sind oder

2. eine gerichtliche oder behördliche Vollstreckungshandlung vorgenommen oder beantragt wird; bei öffentlich-rechtlichen Verbindlichkeiten genügt der Erlass eines Verwaltungsakts.

[2] Ist die Verbindlichkeit auf Schadensersatz gerichtet, haftet der ausgeschiedene Gesellschafter nach Satz 1 nur, wenn auch die zum Schadensersatz führende Verletzung vertraglicher oder gesetzlicher Pflichten vor dem Ausscheiden des Gesellschafters eingetreten ist. [3] Die Frist beginnt, sobald der Gläubiger von dem Ausscheiden des Gesellschafters Kenntnis erlangt hat oder das Ausscheiden des Gesellschafters im Gesellschaftsregister eingetragen worden ist. [4] Die §§ 204, 206, 210, 211 und 212 Absatz 2 und 3 sind entsprechend anzuwenden.

(2) Einer Feststellung in einer in § 197 Absatz 1 Nummer 3 bis 5 bezeichneten Art bedarf es nicht, soweit der Gesellschafter den Anspruch schriftlich anerkannt hat.

Kapitel 5.
Auflösung der Gesellschaft

(S. 1 jetzt § 736b II BGB nF; inhaltlich teilweise verändert; S. 2 gestrichen)

§ 729 Fortdauer der Geschäftsführungsbefugnis

[1] Wird die Gesellschaft aufgelöst, so gilt die Befugnis eines Gesellschafters zur Geschäftsführung zu seinen Gunsten gleichwohl als fortbestehend, bis er von der Auflösung Kenntnis erlangt oder die Auflösung kennen muss. [2] Das Gleiche gilt bei Fortbestand der Gesellschaft für die Befugnis zur Geschäftsführung eines aus der Gesellschaft ausscheidenden Gesellschafters oder für ihren Verlust in sonstiger Weise.

§ 729 Auflösungsgründe

(1) Die Gesellschaft wird aufgelöst durch:

1. Ablauf der Zeit, für welche sie eingegangen wurde;

2. Eröffnung des Insolvenzverfahrens über das Vermögen der Gesellschaft;

3. Kündigung der Gesellschaft;

(bislang ungeregelt [Abs. 1 Nr. 1, nach Vorbild des § 131 I Nr. 1 HGB aF] bzw. § 728 I BGB [Abs. 1 Nr. 2] bzw. § 723 BGB [Abs. 1 Nr. 3 – unter dem Vorbehalt einer Auflösungsklausel] bzw. ungeregelt [Abs. 1 Nr. 4, nach dem Vorbild des § 131 I Nr. 2 HGB aF] bzw. § 726 BGB [Abs. 2, inhaltlich unverändert], bzw. ungeregelt [Abs. 3; nach dem Vorbild des § 131 II HGB aF] bzw. ungeregelt [Abs. 4; inhaltlich aber unverändert])

BGB ab 1.1.2024:	*BGB Stand 1.11.2021:*
4. Auflösungsbeschluss. **(2) Die Gesellschaft wird ferner aufgelöst, wenn der Zweck, zu dem sie errichtet wurde, erreicht oder seine Erreichung unmöglich geworden ist.** **(3) [1]Eine Gesellschaft, bei der kein persönlich haftender Gesellschafter eine natürliche Person ist, wird ferner aufgelöst:** **1. mit der Rechtskraft des Beschlusses, durch den die Eröffnung des Insolvenzverfahrens mangels Masse abgelehnt worden ist;** **2. durch die Löschung wegen Vermögenslosigkeit nach § 394 des Gesetzes über das Verfahren in Familiensachen und in den Angelegenheiten der freiwilligen Gerichtsbarkeit.** **[2]Dies gilt nicht, wenn zu den persönlich haftenden Gesellschaftern eine andere rechtsfähige Personengesellschaft gehört, bei der mindestens ein persönlich haftender Gesellschafter eine natürliche Person ist.** **(4) Im Gesellschaftsvertrag können weitere Auflösungsgründe vereinbart werden.**	
(jetzt § 735 I 1 BGB nF [Abs. 1; inhaltlich unverändert] bzw. gestrichen [Abs. 2 S. 1] bzw. § 736b I BGB nF [Abs. 2 S. 2; inhaltlich unverändert])	**§ 730 Auseinandersetzung; Geschäftsführung** (1) Nach der Auflösung der Gesellschaft findet in Ansehung des Gesellschaftsvermögens die Auseinandersetzung unter den Gesellschaftern statt, sofern nicht über das Vermögen der Gesellschaft das Insolvenzverfahren eröffnet ist. (2) [1]Für die Beendigung der schwebenden Geschäfte, für die dazu erforderliche Eingehung neuer Geschäfte sowie für die Erhaltung und Verwaltung des Gesellschaftsvermögens gilt die Gesellschaft als fortbestehend, soweit der Zweck der Auseinandersetzung es erfordert. [2]Die einem Gesellschafter nach dem Gesellschaftsvertrag zustehende Befugnis zur Geschäftsführung erlischt jedoch, wenn nicht aus dem Vertrag sich ein anderes ergibt, mit der Auflösung der Gesellschaft; die Geschäftsführung steht von der Auflösung an allen Gesellschaftern gemeinschaftlich zu.

BGB ab 1.1.2024:	***BGB Stand 1.11.2021:***
§ 730 Auflösung bei Tod oder Insolvenz eines Gesellschafters **(1) [1]Ist im Gesellschaftsvertrag vereinbart, dass die Gesellschaft durch den Tod eines Gesellschafters aufgelöst wird, hat der Erbe des verstorbenen Gesellschafters den anderen Gesellschaftern dessen Tod unverzüglich anzuzeigen. [2]Wenn mit dem Aufschub Gefahr für die Gesellschaft oder das Gesellschaftsvermögen verbunden ist, hat der Erbe außerdem die laufenden Geschäfte fortzuführen, bis die anderen Gesellschafter in Gemeinschaft mit ihm anderweitig Fürsorge treffen können. [3]Abweichend von § 736b Absatz 1 gilt für die einstweilige Fortführung der laufenden Geschäfte die dem Erblasser durch den Gesellschaftsvertrag übertragene Geschäftsführungs- und Vertretungsbefugnis als fortbestehend. [4]Die anderen Gesellschafter sind in gleicher Weise zur einstweiligen Fortführung der laufenden Geschäfte berechtigt und verpflichtet.** **(2) Absatz 1 Satz 4 gilt entsprechend, wenn im Gesellschaftsvertrag vereinbart ist, dass die Gesellschaft durch die Eröffnung des Insolvenzverfahrens über das Vermögen eines Gesellschafters aufgelöst wird.**	*(bislang § 727 II BGB [Abs. 1] bzw. § 728 II 2 BGB [Abs. 2]; jeweils inhaltlich unverändert)*
(jetzt § 735 III BGB nF [S. 1] bzw. gestrichen [S. 2])	**§ 731 Verfahren bei Auseinandersetzung** [1]Die Auseinandersetzung erfolgt in Ermangelung einer anderen Vereinbarung in Gemäßheit der §§ 732 bis 735. [2]Im Übrigen gelten für die Teilung die Vorschriften über die Gemeinschaft.
§ 731 Kündigung der Gesellschaft **(1) [1]Ein Gesellschafter kann die Gesellschaft jederzeit aus wichtigem Grund ohne Einhaltung einer Kündigungsfrist kündigen, wenn ihm die Fortsetzung der Gesellschaft nicht zuzumuten ist. [2]Ein wichtiger Grund liegt insbesondere vor, wenn ein anderer Gesellschafter eine ihm nach dem Gesellschaftsvertrag obliegende wesentliche Verpflichtung vorsätzlich oder grob fahrlässig verletzt hat oder wenn die Erfüllung einer solchen Verpflichtung unmöglich wird.**	*(bislang § 723 I 2, 3 Nr. 1, III BGB; inhaltlich verändert)*

BGB ab 1.1.2024:	*BGB Stand 1.11.2021:*
(2) Eine Vereinbarung im Gesellschaftsvertrag, welche das Kündigungsrecht ausschließt oder dieser Vorschrift zuwider beschränkt, ist unwirksam.	
(jetzt § 736d V BGB nF; inhaltlich verändert)	**§ 732 Rückgabe von Gegenständen** [1] Gegenstände, die ein Gesellschafter der Gesellschaft zur Benutzung überlassen hat, sind ihm zurückzugeben. [2] Für einen durch Zufall in Abgang gekommenen oder verschlechterten Gegenstand kann er nicht Ersatz verlangen.
§ 732 Auflösungsbeschluss **Hat nach dem Gesellschaftsvertrag die Mehrheit der Stimmen zu entscheiden, muss ein Beschluss, der die Auflösung der Gesellschaft zum Gegenstand hat, mit einer Mehrheit von mindestens drei Viertel der abgegebenen Stimmen gefasst werden.**	*(bislang ungeregelt)*
(jetzt § 736d IV und V BGB nF; inhaltlich verändert)	**§ 733 Berichtigung der Gesellschaftsschulden; Erstattung der Einlagen** (1) [1] Aus dem Gesellschaftsvermögen sind zunächst die gemeinschaftlichen Schulden mit Einschluss derjenigen zu berichtigen, welche den Gläubigern gegenüber unter den Gesellschaftern geteilt sind oder für welche einem Gesellschafter die übrigen Gesellschafter als Schuldner haften. [2] Ist eine Schuld noch nicht fällig oder ist sie streitig, so ist das zur Berichtigung Erforderliche zurückzubehalten. (2) [1] Aus dem nach der Berichtigung der Schulden übrig bleibenden Gesellschaftsvermögen sind die Einlagen zurückzuerstatten. [2] Für Einlagen, die nicht in Geld bestanden haben, ist der Wert zu ersetzen, den sie zur Zeit der Einbringung gehabt haben. [3] Für Einlagen, die in der Leistung von Diensten oder in der Überlassung der Benutzung eines Gegenstands bestanden haben, kann nicht Ersatz verlangt werden. (3) Zur Berichtigung der Schulden und zur Rückerstattung der Einlagen ist das Gesellschaftsvermögen, soweit erforderlich, in Geld umzusetzen.
§ 733 Anmeldung der Auflösung **(1) [1] Ist die Gesellschaft im Gesellschaftsregister eingetragen, ist ihre Auflösung von sämtlichen Gesellschaftern zur Eintragung in das Gesellschaftsregister anzumelden. [2] Dies gilt nicht in den Fäl-**	*(neu; betr. registrierte Gesellschaft)*

BGB ab 1.1.2024:	BGB Stand 1.11.2021:
len der Eröffnung oder der Ablehnung der Eröffnung des Insolvenzverfahrens über das Vermögen der Gesellschaft (§ 729 Absatz 1 Nummer 2 und Absatz 3 Satz 1 Nummer 1); dann hat das Gericht die Auflösung und ihren Grund von Amts wegen einzutragen. [3] Im Fall der Löschung der Gesellschaft (§ 729 Absatz 3 Satz 1 Nummer 2) entfällt die Eintragung der Auflösung. **(2) Ist aufgrund einer Vereinbarung im Gesellschaftsvertrag die Gesellschaft durch den Tod eines Gesellschafters aufgelöst, kann die Anmeldung der Auflösung der Gesellschaft ohne Mitwirkung der Erben erfolgen, sofern einer solchen Mitwirkung besondere Hindernisse entgegenstehen.**	
(vgl. § 736d VI BGB nF; inhaltlich unverändert)	**§ 734 Verteilung des Überschusses** Verbleibt nach der Berichtigung der gemeinschaftlichen Schulden und der Rückerstattung der Einlagen ein Überschuss, so gebührt er den Gesellschaftern nach dem Verhältnis ihrer Anteile am Gewinn.
§ 734 Fortsetzung der Gesellschaft **(1) Die Gesellschafter können nach Auflösung der Gesellschaft deren Fortsetzung beschließen, sobald der Auflösungsgrund beseitigt ist.** **(2) Hat nach dem Gesellschaftsvertrag die Mehrheit der Stimmen zu entscheiden, muss der Beschluss über die Fortsetzung der Gesellschaft mit einer Mehrheit von mindestens drei Viertel der abgegebenen Stimmen gefasst werden.** **(3) War die Gesellschaft vor ihrer Auflösung im Gesellschaftsregister eingetragen, ist die Fortsetzung von sämtlichen Gesellschaftern zur Eintragung in das Gesellschaftsregister anzumelden.** **Kapitel 6. Liquidation der Gesellschaft**	*(bislang ungeregelt)*
(jetzt § 737 BGB nF; inhaltlich unverändert)	**§ 735 Nachschusspflicht bei Verlust** [1] Reicht das Gesellschaftsvermögen zur Berichtigung der gemeinschaftlichen Schulden und zur Rückerstattung der Einlagen nicht aus, so haben die Gesellschafter für den Fehlbetrag nach dem Verhältnis aufzukommen, nach welchem sie den Verlust zu tragen haben.

BGB ab 1.1.2024:	***BGB Stand 1.11.2021:***
	[2]Kann von einem Gesellschafter der auf ihn entfallende Beitrag nicht erlangt werden, so haben die übrigen Gesellschafter den Ausfall nach dem gleichen Verhältnis zu tragen.
§ 735 Notwendigkeit der Liquidation; anwendbare Vorschriften **(1) [1]Nach Auflösung der Gesellschaft findet die Liquidation statt, sofern nicht über das Vermögen der Gesellschaft das Insolvenzverfahren eröffnet ist. [2]Ist die Gesellschaft durch Löschung wegen Vermögenslosigkeit aufgelöst, findet eine Liquidation nur statt, wenn sich nach der Löschung herausstellt, dass noch Vermögen vorhanden ist, das der Verteilung unterliegt.** **(2) [1]Die Gesellschafter können anstelle der Liquidation eine andere Art der Abwicklung vereinbaren. [2]Ist aufgrund einer Vereinbarung im Gesellschaftsvertrag die Gesellschaft durch die Kündigung eines Privatgläubigers eines Gesellschafters oder durch die Eröffnung des Insolvenzverfahrens über das Vermögen eines Gesellschafters aufgelöst, bedarf eine Vereinbarung über eine andere Art der Abwicklung der Zustimmung des Privatgläubigers oder des Insolvenzverwalters. [3]Ist im Insolvenzverfahren Eigenverwaltung angeordnet, tritt an die Stelle der Zustimmung des Insolvenzverwalters die Zustimmung des Schuldners.** **(3) Die Liquidation erfolgt nach den folgenden Vorschriften dieses Kapitels, sofern sich nicht aus dem Gesellschaftsvertrag etwas anderes ergibt.**	*(bislang § 730 I BGB [Abs. 1 S. 1] bzw. ungeregelt, nach dem Vorbild des § 145 III HGB [Abs. 1 S. 2] bzw. § 145 Abs. 1, 2 HGB [Abs. 2] bzw. bislang § 731 S. 1 BGB [Abs. 3]; jeweils ohne wesentliche inhaltliche Änderungen)*
(jetzt § 723 I BGB nF [Abs. 1] bzw. § 728b BGB nF [Abs. 2]; inhaltlich verändert)	**§ 736 Ausscheiden eines Gesellschafters, Nachhaftung** (1) Ist im Gesellschaftsvertrag bestimmt, dass, wenn ein Gesellschafter kündigt oder stirbt oder wenn das Insolvenzverfahren über sein Vermögen eröffnet wird, die Gesellschaft unter den übrigen Gesellschaftern fortbestehen soll, so scheidet bei dem Eintritt eines solchen Ereignisses der Gesellschafter, in dessen Person es eintritt, aus der Gesellschaft aus. (2) Die für Personenhandelsgesellschaften geltenden Regelungen über die Begrenzung der Nachhaftung gelten sinngemäß.

BGB ab 1.1.2024:	*BGB Stand 1.11.2021:*
§ 736 Liquidatoren **(1) Zur Liquidation sind alle Gesellschafter berufen.** **(2) Ist über das Vermögen eines Gesellschafters das Insolvenzverfahren eröffnet und ein Insolvenzverwalter bestellt worden, tritt dieser an die Stelle des Gesellschafters.** **(3) Mehrere Erben eines Gesellschafters haben einen gemeinsamen Vertreter zu bestellen.** **(4) [1]Durch Vereinbarung im Gesellschaftsvertrag oder durch Beschluss der Gesellschafter können auch einzelne Gesellschafter oder andere Personen zu Liquidatoren berufen werden. [2]Das Recht, einen solchen Liquidator nach § 736a Absatz 1 Satz 1 zu berufen, bleibt unberührt.** **(5) Hat nach dem Gesellschaftsvertrag die Mehrheit der Stimmen zu entscheiden, gilt dies im Zweifel nicht für die Berufung und Abberufung eines Liquidators.**	*(bislang § 730 II 2 BGB [Abs. 1; inhaltlich verändert] bzw. nach dem Vorbild des § 146 III HGB [Abs. 2] bzw. § 146 I 2 HGB [Abs. 3] bzw. § 146 I 1 HGB [Abs. 4] bzw. § 147 HGB [Abs. 5]; inhaltlich teilweise verändert)*
§ 736a Gerichtliche Berufung und Abberufung von Liquidatoren **(1) [1]Ist die Gesellschaft im Gesellschaftsregister eingetragen, kann auf Antrag eines Beteiligten ein Liquidator aus wichtigem Grund durch das Gericht, in dessen Bezirk die Gesellschaft ihren Sitz hat, berufen und abberufen werden. [2]Eine Vereinbarung im Gesellschaftsvertrag, welche dieses Recht ausschließt, ist unwirksam.** **(2) Beteiligte sind:** **1. jeder Gesellschafter (§ 736 Absatz 1),** **2. der Insolvenzverwalter über das Vermögen des Gesellschafters (§ 736 Absatz 2),** **3. der gemeinsame Vertreter (§ 736 Absatz 3) und** **4. der Privatgläubiger des Gesellschafters, durch den die zur Auflösung der Gesellschaft führende Kündigung erfolgt ist (§ 735 Absatz 2 Satz 2).** **(3) [1]Gehört der Liquidator nicht zu den Gesellschaftern, hat er Anspruch auf Ersatz der erforderlichen Aufwendungen und auf Vergütung für seine Tätigkeit.**	*(bislang ungeregelt; Abs. 1, nach dem Vorbild der § 146 II 1 HGB, § 147 Hs. 2 HGB [betr. registrierte Gesellschaft]; Abs. 2, nach dem Vorbild des § 146 II 2, III HGB)*

BGB ab 1.1.2024:	BGB Stand 1.11.2021:
[2]Einigen sich der Liquidator und die Gesellschaft hierüber nicht, setzt das Gericht die Aufwendungen und die Vergütung fest. [3]Gegen die Entscheidung ist die Beschwerde zulässig; die Rechtsbeschwerde ist ausgeschlossen. [4]Aus der rechtskräftigen Entscheidung findet die Zwangsvollstreckung nach der Zivilprozessordnung statt.	
§ 736b Geschäftsführungs- und Vertretungsbefugnis der Liquidatoren	*(bislang § 730 II 2 BGB [Abs. 1] bzw. § 729 S. 1 BGB [Abs. 2]; inhaltlich teilweise verändert)*
(1) [1]Mit der Auflösung der Gesellschaft erlischt die einem Gesellschafter im Gesellschaftsvertrag übertragene Befugnis zur Geschäftsführung und Vertretung. [2]Diese Befugnis steht von der Auflösung an allen Liquidatoren gemeinsam zu.	
(2) Die bisherige Befugnis eines Gesellschafters zur Geschäftsführung und, sofern die Gesellschaft nicht im Gesellschaftsregister eingetragen ist, zur Vertretung gilt gleichwohl zu seinen Gunsten als fortbestehend, bis er von der Auflösung der Gesellschaft Kenntnis erlangt hat oder die Auflösung kennen muss.	
§ 736c Anmeldung der Liquidatoren	*(neu; betr. registrierte Gesellschaft, nach dem Vorbild des § 148 HGB)*
(1) [1]Ist die Gesellschaft im Gesellschaftsregister eingetragen, sind die Liquidatoren und ihre Vertretungsbefugnis von sämtlichen Gesellschaftern zur Eintragung in das Gesellschaftsregister anzumelden. [2]Das Gleiche gilt für jede Änderung in der Person des Liquidators oder seiner Vertretungsbefugnis. [3]Wenn im Fall des Todes eines Gesellschafters anzunehmen ist, dass die Anmeldung den Tatsachen entspricht, kann die Eintragung erfolgen, auch ohne dass die Erben bei der Anmeldung mitwirken, sofern einer solchen Mitwirkung besondere Hindernisse entgegenstehen.	
(2) Die Eintragung gerichtlich berufener Liquidatoren sowie die Eintragung der gerichtlichen Abberufung von Liquidatoren geschieht von Amts wegen.	
§ 736d Rechtstellung der Liquidatoren	*(bislang ungeregelt, nach dem Vorbild des § 152 HGB [Abs. 1] bzw. § 733 BGB [Abs. 2, 4, 5] bzw. neu, nach dem Vorbild des § 153 HGB*
(1) [1]Die Liquidatoren haben, auch wenn sie vom Gericht berufen sind, den	

BGB ab 1.1.2024:	**BGB Stand 1.11.2021:**
Weisungen Folge zu leisten, welche die Beteiligten in Bezug auf die Geschäftsführung beschließen. [2]Hat nach dem Gesellschaftsvertrag die Mehrheit der Stimmen zu entscheiden, bedarf der Beschluss der Zustimmung der Beteiligten nach § 736a Absatz 2 Nummer 2 und 4. **(2) [1]Die Liquidatoren haben die laufenden Geschäfte zu beendigen, die Forderungen der Gesellschaft einzuziehen und das übrige Vermögen in Geld umzusetzen. [2]Zur Beendigung der laufenden Geschäfte können die Liquidatoren auch neue Geschäfte eingehen.** **(3) Ist die Gesellschaft im Gesellschaftsregister eingetragen, haben die Liquidatoren bei Abgabe ihrer Unterschrift dem Namen der Gesellschaft einen Liquidationszusatz beizufügen.** **(4) [1]Aus dem Vermögen der Gesellschaft sind zunächst die Gläubiger der Gesellschaft zu befriedigen. [2]Ist eine Verbindlichkeit noch nicht fällig oder ist sie streitig, ist das zur Berichtigung der Verbindlichkeit Erforderliche zurückzubehalten.** **(5) [1]Aus dem nach der Berichtigung der Verbindlichkeiten verbleibenden Gesellschaftsvermögen sind die geleisteten Beiträge zurückzuerstatten. [2]Für Beiträge, die nicht in Geld bestanden haben, ist der Wert zu ersetzen, den sie zur Zeit der Einbringung gehabt haben. [3]Für Beiträge, die in der Leistung von Diensten oder in der Überlassung der Benutzung eines Gegenstands bestanden haben, kann im Zweifel kein Ersatz verlangt werden.** **(6) Das nach Berichtigung der Verbindlichkeiten und Rückerstattung der Beiträge verbleibende Vermögen der Gesellschaft ist unter den Gesellschaftern nach dem Verhältnis ihrer Anteile am Gewinn und Verlust zu verteilen.**	*[Abs. 3 betr. registrierte Gesellschaft] bzw. § 734 BGB [Abs. 6]; inhaltlich teilweise verändert)*
(jetzt § 727 BGB nF; inhaltlich verändert)	**§ 737 Ausschluss eines Gesellschafters** [1]Ist im Gesellschaftsvertrag bestimmt, dass, wenn ein Gesellschafter kündigt, die Gesellschaft unter den übrigen Gesellschaftern fortbestehen soll, so kann ein Gesellschafter, in dessen Person ein die übrigen Gesellschafter nach § 723 Abs. 1 Satz 2 zur Kündigung berechtigender Umstand eintritt, aus der Gesell-

BGB ab 1.1.2024:	***BGB Stand 1.11.2021:***
	schaft ausgeschlossen werden. [2]Das Ausschließungsrecht steht den übrigen Gesellschaftern gemeinschaftlich zu. [3]Die Ausschließung erfolgt durch Erklärung gegenüber dem auszuschließenden Gesellschafter.
§ 737 Haftung der Gesellschafter für Fehlbetrag **[1]Reicht das Gesellschaftsvermögen zur Berichtigung der Verbindlichkeiten und zur Rückerstattung der Beiträge nicht aus, haben die Gesellschafter der Gesellschaft für den Fehlbetrag nach dem Verhältnis ihrer Anteile am Gewinn und Verlust aufzukommen. [2]Kann von einem Gesellschafter der auf ihn entfallende Betrag nicht erlangt werden, haben die anderen Gesellschafter den Ausfall nach dem gleichen Verhältnis zu tragen.**	*(bislang § 735 BGB; inhaltlich unverändert)*
(jetzt § 712 BGB nF [Abs. 1 S. 1]; bzw. § 728 BGB nF [Abs. 1 S. 2, 3; Abs. 2]; inhaltlich teilweise verändert)	**§ 738 Auseinandersetzung beim Ausscheiden** (1) [1]Scheidet ein Gesellschafter aus der Gesellschaft aus, so wächst sein Anteil am Gesellschaftsvermögen den übrigen Gesellschaftern zu. [2]Diese sind verpflichtet, dem Ausscheidenden die Gegenstände, die er der Gesellschaft zur Benutzung überlassen hat, nach Maßgabe des § 732 zurückzugeben, ihn von den gemeinschaftlichen Schulden zu befreien und ihm dasjenige zu zahlen, was er bei der Auseinandersetzung erhalten würde, wenn die Gesellschaft zur Zeit seines Ausscheidens aufgelöst worden wäre. [3]Sind gemeinschaftliche Schulden noch nicht fällig, so können die übrigen Gesellschafter dem Ausscheidenden, statt ihn zu befreien, Sicherheit leisten. (2) Der Wert des Gesellschaftsvermögens ist, soweit erforderlich, im Wege der Schätzung zu ermitteln.
§ 738 Anmeldung des Erlöschens **Ist die Gesellschaft im Gesellschaftsregister eingetragen, ist das Erlöschen der Gesellschaft von sämtlichen Liquidatoren zur Eintragung in das Gesellschaftsregister anzumelden, sobald die Liquidation beendigt ist.**	*(neu; betr. registrierte Gesellschaft, nach dem Vorbild des § 157 I HGB)*
(jetzt § 728a BGB nF; inhaltlich unverändert)	**§ 739 Haftung für Fehlbetrag** Reicht der Wert des Gesellschaftsvermögens zur Deckung der gemeinschaftlichen Schulden

BGB ab 1.1.2024:	*BGB Stand 1.11.2021:*
	und der Einlagen nicht aus, so hat der Ausscheidende den übrigen Gesellschaftern für den Fehlbetrag nach dem Verhältnis seines Anteils am Verlust aufzukommen.
§ 739 Verjährung von Ansprüchen aus der Gesellschafterhaftung **(1) Ist die Gesellschaft durch Liquidation oder auf andere Weise erloschen, verjähren Ansprüche gegen einen Gesellschafter aus Verbindlichkeiten der Gesellschaft in fünf Jahren, sofern nicht der Anspruch gegen die Gesellschaft einer kürzeren Verjährung unterliegt.** **(2) Die Verjährung beginnt abweichend von § 199 Absatz 1, sobald der Gläubiger von dem Erlöschen der Gesellschaft Kenntnis erlangt hat oder das Erlöschen der Gesellschaft im Gesellschaftsregister eingetragen worden ist.** **(3) Beginnt die Verjährung des Anspruchs gegen die Gesellschaft neu oder wird die Verjährung des Anspruchs gegenüber der Gesellschaft nach den §§ 203, 204, 205 oder 206 gehemmt, wirkt dies auch gegenüber den Gesellschaftern, die der Gesellschaft zur Zeit des Erlöschens angehört haben.**	*(bislang ungeregelt; nach dem Vorbild des § 159 HGB)*
Untertitel 3. Nicht rechtsfähige Gesellschaft *(gestrichen)*	**§ 740 Beteiligung am Ergebnis schwebender Geschäfte** (1) [1]Der Ausgeschiedene nimmt an dem Gewinn und dem Verlust teil, welcher sich aus den zur Zeit seines Ausscheidens schwebenden Geschäften ergibt. [2]Die übrigen Gesellschafter sind berechtigt, diese Geschäfte so zu beendigen, wie es ihnen am vorteilhaftesten erscheint. (2) Der Ausgeschiedene kann am Schluss jedes Geschäftsjahrs Rechenschaft über die inzwischen beendigten Geschäfte, Auszahlung des ihm gebührenden Betrags und Auskunft über den Stand der noch schwebenden Geschäfte verlangen.
§ 740 Fehlende Vermögensfähigkeit; anwendbare Vorschriften **(1) Eine nicht rechtsfähige Gesellschaft hat kein Vermögen.**	*(Recht der Innengesellschaft insgesamt neu)*

BGB ab 1.1.2024:	*BGB Stand 1.11.2021:*
(2) Auf das Rechtsverhältnis der Gesellschafter untereinander sind die §§ 708, 709, 710, 711, 711a, 712, die §§ 714, 715, 715a, 716, 717 Absatz 1 sowie § 718 entsprechend anzuwenden.	
§ 740a Beendigung der Gesellschaft **(1) Die nicht rechtsfähige Gesellschaft endet durch:** **1. Ablauf der Zeit, für welche sie eingegangen wurde;** **2. Auflösungsbeschluss;** **3. Tod eines Gesellschafters;** **4. Kündigung der Gesellschaft durch einen Gesellschafter;** **5. Eröffnung des Insolvenzverfahrens über das Vermögen eines Gesellschafters;** **6. Kündigung der Gesellschaft durch einen Privatgläubiger eines Gesellschafters.** **(2) Die Gesellschaft endet ferner, wenn der vereinbarte Zweck erreicht oder seine Erreichung unmöglich geworden ist.** **(3) Auf die Beendigung der Gesellschaft sind die §§ 725, 726, 730, 732 und 734 Absatz 1 und 2 entsprechend anzuwenden.**	*(neu)*
§ 740b Auseinandersetzung **(1) Nach der Beendigung der nicht rechtsfähigen Gesellschaft findet die Auseinandersetzung unter den Gesellschaftern statt.** **(2) Auf die Auseinandersetzung sind § 736d Absatz 2, 4, 5 und 6 und § 737 entsprechend anzuwenden.**	*(neu)*
§ 740c Ausscheiden eines Gesellschafters **(1) Ist im Gesellschaftsvertrag vereinbart, dass abweichend von den in § 740a Absatz 1 Nummer 3 bis 6 genannten Beendigungsgründen die Gesellschaft fortbestehen soll, so tritt mangels abweichender Vereinbarung an die Stelle der Beendigung der Gesellschaft das Ausscheiden des Gesellschafters, in dessen Person der Ausscheidensgrund eintritt.** **(2) Auf das Ausscheiden eines Gesellschafters sind die §§ 727, 728 und 728a entsprechend anzuwenden.**	*(neu)*

BGB ab 1.1.2024:	BGB Stand 1.11.2021:
§ 899a [aufgehoben]	**§ 899a Maßgaben für die Gesellschaft bürgerlichen Rechts** [1] Ist eine Gesellschaft bürgerlichen Rechts im Grundbuch eingetragen, so wird in Ansehung des eingetragenen Rechts auch vermutet, dass diejenigen Personen Gesellschafter sind, die nach § 47 Absatz 2 Satz 1 der Grundbuchordnung im Grundbuch eingetragen sind, und dass darüber hinaus keine weiteren Gesellschafter vorhanden sind. [2] Die §§ 892 bis 899 gelten bezüglich der Eintragung der Gesellschafter entsprechend.

D. Synopse HGB ab 1.1.2024/HGB Stand 1.11.2021

HGB ab 1.1.2024:	*HGB Stand 1.11.2021:*
§ 8b Unternehmensregister	**§ 8b Unternehmensregister**
(1) Das Unternehmensregister wird vorbehaltlich einer Regelung nach § 9a Abs. 1 vom Bundesministerium der Justiz und für Verbraucherschutz elektronisch geführt.	(1) Das Unternehmensregister wird vorbehaltlich einer Regelung nach § 9a Abs. 1 vom Bundesministerium der Justiz und für Verbraucherschutz elektronisch geführt.
(2) Über die Internetseite des Unternehmensregisters sind zugänglich:	(2) Über die Internetseite des Unternehmensregisters sind zugänglich:
1. Eintragungen im Handelsregister und zum Handelsregister eingereichte Dokumente;	1. Eintragungen im Handelsregister und deren Bekanntmachung und zum Handelsregister eingereichte Dokumente;
2. Eintragungen im Genossenschaftsregister und zum Genossenschaftsregister eingereichte Dokumente;	2. Eintragungen im Genossenschaftsregister und deren Bekanntmachung und zum Genossenschaftsregister eingereichte Dokumente;
2a. Eintragungen im Gesellschaftsregister und zum Gesellschaftsregister eingereichte Dokumente;	
3. Eintragungen im Partnerschaftsregister und zum Partnerschaftsregister eingereichte Dokumente;	3. Eintragungen im Partnerschaftsregister und deren Bekanntmachung und zum Partnerschaftsregister eingereichte Dokumente;
4. Unterlagen der Rechnungslegung und Unternehmensberichte, die nach diesem Gesetz, dem Publizitätsgesetz, dem Eisenbahnregulierungsgesetz, dem Energiewirtschaftsgesetz, dem Entgelttransparenzgesetz, dem Kapitalanlagegesetzbuch, dem Telekommunikationsgesetz, dem Vermögensanlagengesetz oder dem Wertpapierhandelsgesetz offengelegt wurden, mit Ausnahme der zur dauerhaften Hinterlegung eingestellten Unterlagen;	4. Unterlagen der Rechnungslegung nach den §§ 325 und 339 sowie Unterlagen nach § 341w, soweit sie bekannt gemacht wurden;
5. gesellschaftsrechtliche Bekanntmachungen im Bundesanzeiger;	5. gesellschaftsrechtliche Bekanntmachungen im Bundesanzeiger;
6. im Aktionärsforum veröffentlichte Eintragungen nach § 127a des Aktiengesetzes;	6. im Aktionärsforum veröffentlichte Eintragungen nach § 127a des Aktiengesetzes;
7. Veröffentlichungen von Unternehmen nach dem Wertpapierhandelsgesetz oder dem Vermögensanlagengesetz im Bundesanzeiger, von Bietern, Gesellschaften, Vorständen und Aufsichtsräten nach dem Wertpapiererwerbs- und Übernahmegesetz im Bundesanzeiger sowie Veröffentlichungen nach der Börsenzulassungs-Verordnung im Bundesanzeiger;	7. Veröffentlichungen von Unternehmen nach dem Wertpapierhandelsgesetz oder dem Vermögensanlagengesetz im Bundesanzeiger, von Bietern, Gesellschaften, Vorständen und Aufsichtsräten nach dem Wertpapiererwerbs- und Übernahmegesetz im Bundesanzeiger sowie Veröffentlichungen nach der Börsenzulassungs-Verordnung im Bundesanzeiger;
8. Bekanntmachungen und Veröffentlichungen von Kapitalverwaltungsgesellschaften und extern verwalteten Investmentgesell-	8. Bekanntmachungen und Veröffentlichungen von Kapitalverwaltungsgesellschaften und extern verwalteten Investmentgesell-

HGB ab 1.1.2024:	*HGB Stand 1.11.2021:*
schaften nach dem Kapitalanlagegesetzbuch, dem Investmentgesetz und dem Investmentsteuergesetz im Bundesanzeiger;	schaften nach dem Kapitalanlagegesetzbuch, dem Investmentgesetz und dem Investmentsteuergesetz im Bundesanzeiger;
9. Veröffentlichungen und sonstige der Öffentlichkeit zur Verfügung gestellte Informationen nach den §§ 5, 26 Absatz 1 und 2, § 40 Absatz 1, den §§ 41, 46 Absatz 2, den §§ 50, 51 Absatz 2 und § 127 des Wertpapierhandelsgesetzes, sofern die Veröffentlichung nicht bereits über Nummer 7 in das Unternehmensregister eingestellt wird,	9. Veröffentlichungen und sonstige der Öffentlichkeit zur Verfügung gestellte Informationen nach den §§ 5, 26 Absatz 1 und 2, § 40 Absatz 1, den §§ 41, 46 Absatz 2, den §§ 50, 51 Absatz 2, § 114 Absatz 1 bis § 116 Absatz 2, den §§ 117, 118 Absatz 4 und § 127 des Wertpapierhandelsgesetzes, sofern die Veröffentlichung nicht bereits über Nummer 4 oder Nummer 7 in das Unternehmensregister eingestellt wird;
10. Mitteilungen über kapitalmarktrechtliche Veröffentlichungen an die Bundesanstalt für Finanzdienstleistungsaufsicht, sofern die Veröffentlichung selbst nicht bereits über Nummer 7 oder Nummer 9 in das Unternehmensregister eingestellt wird;	10. Mitteilungen über kapitalmarktrechtliche Veröffentlichungen an die Bundesanstalt für Finanzdienstleistungsaufsicht, sofern die Veröffentlichung selbst nicht bereits über Nummer 7 oder Nummer 9 in das Unternehmensregister eingestellt wird;
11. Bekanntmachungen der Insolvenzgerichte nach § 9 der Insolvenzordnung, ausgenommen Verfahren nach dem Zehnten Teil der Insolvenzordnung;	11. Bekanntmachungen der Insolvenzgerichte nach § 9 der Insolvenzordnung, ausgenommen Verfahren nach dem Zehnten Teil der Insolvenzordnung.
12. Registerbekanntmachungen aus dem Handels-, Genossenschafts- und Partnerschaftsregister;	
13. Bekanntmachungen der Bundesanstalt für Finanzdienstleistungsaufsicht nach § 107 Absatz 1 Satz 6, § 109 Absatz 2 Satz 1 und 5, Absatz 3 Satz 2 des Wertpapierhandelsgesetzes und nach § 31 Absatz 4 des Vermögensanlagengesetzes.	
(3) [1] Zur Einstellung in das Unternehmensregister sind dem Unternehmensregister zu übermitteln:	(3) [1] Zur Einstellung in das Unternehmensregister sind dem Unternehmensregister zu übermitteln:
1. die Daten nach Absatz 2 Nummer 5 bis 8 durch den Betreiber des Bundesanzeigers,	1. die Daten nach Absatz 2 Nr. 4 bis 8 und die nach § 326 Absatz 2 von einer Kleinstkapitalgesellschaft hinterlegten Bilanzen durch den Betreiber des Bundesanzeigers;
2. die Daten nach Absatz 2 Nummer 4, 9 und 10 sowie diejenigen Unterlagen, die dauerhaft hinterlegt werden sollen, durch den jeweils Offenlegungs- oder Veröffentlichungspflichtigen oder den von ihm mit der Veranlassung der Offenlegung oder Veröffentlichung beauftragten Dritten,	2. die Daten nach Absatz 2 Nr. 9 und 10 durch den jeweils Veröffentlichungspflichtigen oder den von ihm mit der Veranlassung der Veröffentlichung beauftragten Dritten.
3. die Daten nach Absatz 2 Nummer 13 durch die Bundesanstalt für Finanzdienstleistungsaufsicht.	
[2] Die Landesjustizverwaltungen übermitteln die Daten nach Absatz 2 Nummer 1 bis 3, 11	[2] Die Landesjustizverwaltungen übermitteln die Daten nach Absatz 2 Nr. 1 bis 3 und 11

HGB ab 1.1.2024:	***HGB Stand 1.11.2021:***
und 12 zum Unternehmensregister, soweit die Übermittlung für die Eröffnung eines Zugangs zu den Originaldaten über die Internetseite des Unternehmensregisters erforderlich ist. [3]Die das Unternehmensregister führende Stelle stellt dem Betreiber des Bundesanzeigers die nach Satz 2 von den Landesjustizverwaltungen übermittelten Daten zur Verfügung, soweit dies für die Erfüllung der Aufgabe der Zuordnung von Einreichungen beim Betreiber des Bundesanzeigers nach Absatz 2 Nummer 5 bis 8 erforderlich ist. [4]Die Daten dürfen vom Betreiber des Bundesanzeigers nur für diese Zwecke verwendet werden. [5]Die Bundesanstalt für Finanzdienstleistungsaufsicht überwacht die Übermittlung der Veröffentlichungen und der sonstigen der Öffentlichkeit zur Verfügung gestellten Informationen nach den §§ 5, 26 Absatz 1 und 2, § 40 Absatz 1, den §§ 41, 46 Absatz 2, den §§ 50, 51 Absatz 2, § 114 Absatz 1 bis § 116 Absatz 2, den §§ 117, 118 Absatz 4 und § 127 des Wertpapierhandelsgesetzes an das Unternehmensregister zur Einstellung und kann Anordnungen treffen, die zu ihrer Durchsetzung geeignet und erforderlich sind. [6]Die Bundesanstalt kann die gebotene Übermittlung der in Satz 5 genannten Veröffentlichungen, der Öffentlichkeit zur Verfügung gestellten Informationen und Mitteilung auf Kosten des Pflichtigen vornehmen, wenn die Übermittlungspflicht nicht, nicht richtig, nicht vollständig oder nicht in der vorgeschriebenen Weise erfüllt wird. [7]Für die Überwachungstätigkeit der Bundesanstalt gelten § 6 Absatz 3 Satz 1 und 3, Absatz 15 und 16, die §§ 13, 18 und 21 des Wertpapierhandelsgesetzes entsprechend.	zum Unternehmensregister, soweit die Übermittlung für die Eröffnung eines Zugangs zu den Originaldaten über die Internetseite des Unternehmensregisters erforderlich ist. [3]Die Bundesanstalt für Finanzdienstleistungsaufsicht überwacht die Übermittlung der Veröffentlichungen und der sonstigen der Öffentlichkeit zur Verfügung gestellten Informationen nach den §§ 5, 26 Absatz 1 und 2, § 40 Absatz 1, den §§ 41, 46 Absatz 2, den §§ 50, 51 Absatz 2, § 114 Absatz 1 bis § 116 Absatz 2, den §§ 117, 118 Absatz 4 und § 127 des Wertpapierhandelsgesetzes an das Unternehmensregister zur Speicherung und kann Anordnungen treffen, die zu ihrer Durchsetzung geeignet und erforderlich sind. [4]Die Bundesanstalt kann die gebotene Übermittlung der in Satz 3 genannten Veröffentlichungen, der Öffentlichkeit zur Verfügung gestellten Informationen und Mitteilung auf Kosten des Pflichtigen vornehmen, wenn die Übermittlungspflicht nicht, nicht richtig, nicht vollständig oder nicht in der vorgeschriebenen Weise erfüllt wird. [5]Für die Überwachungstätigkeit der Bundesanstalt gelten § 6 Absatz 3 Satz 1 und 3, Absatz 15 und 16, die §§ 13, 18 und 21 des Wertpapierhandelsgesetzes entsprechend.
(4) Die Führung des Unternehmensregisters schließt die Erteilung von Ausdrucken sowie die Beglaubigung entsprechend § 9 Abs. 3 und 4 hinsichtlich der im Unternehmensregister eingestellten Unterlagen der Rechnungslegung und Unternehmensberichte im Sinn des Absatzes 2 Nr. 4 ein.	(4) [2]Die Führung des Unternehmensregisters schließt die Erteilung von Ausdrucken sowie die Beglaubigung entsprechend § 9 Abs. 3 und 4 hinsichtlich der im Unternehmensregister gespeicherten Unterlagen der Rechnungslegung im Sinn des Absatzes 2 Nr. 4 ein. [2]Gleiches gilt für die elektronische Übermittlung von zum Handelsregister eingereichten Schriftstücken nach § 9 Abs. 2, soweit sich der Antrag auf Unterlagen der Rechnungslegung im Sinn des Absatzes 2 Nr. 4 bezieht; § 9 Abs. 3 gilt entsprechend.
(5) Die Führung des Unternehmensregisters schließt auch den Informationsaustausch nach § 9c ein.	

HGB ab 1.1.2024:	*HGB Stand 1.11.2021:*

§ 30 [Unterscheidbarkeit]

(1) Jede neue Firma muß sich von allen an demselben Ort oder in derselben Gemeinde bereits bestehenden und in das **Handels-, Genossenschafts-, Gesellschafts-, Partnerschafts- oder Vereinsregister** eingetragenen Firmen deutlich unterscheiden.

(2) Hat ein Kaufmann mit einem bereits eingetragenen Kaufmanne die gleichen Vornamen und den gleichen Familiennamen und will auch er sich dieser Namen als seiner Firma bedienen, so muß er der Firma einen Zusatz beifügen, durch den sie sich von der bereits eingetragenen Firma deutlich unterscheidet.

(3) Besteht an dem Orte oder in der Gemeinde, wo eine Zweigniederlassung errichtet wird, bereits eine gleiche eingetragene Firma, so muß der Firma für die Zweigniederlassung ein der Vorschrift des Absatzes 2 entsprechender Zusatz beigefügt werden.

(4) Durch die Landesregierungen kann bestimmt werden, daß benachbarte Orte oder Gemeinden als ein Ort oder als eine Gemeinde im Sinne dieser Vorschriften anzusehen sind.

Zweites Buch. Handelsgesellschaften und stille Gesellschaften

Erster Abschnitt. Offene Handelsgesellschaft

Erster Titel. Errichtung der Gesellschaft

§ 105 Begriff der offenen Handelsgesellschaft; Anwendbarkeit des Bürgerlichen Gesetzbuchs

(1) Eine Gesellschaft, deren Zweck auf den Betrieb eines Handelsgewerbes unter gemeinschaftlicher Firma gerichtet ist, ist eine offene Handelsgesellschaft, wenn bei keinem der Gesellschafter die Haftung gegenüber den Gesellschaftsgläubigern beschränkt ist.

(2) Die offene Handelsgesellschaft kann Rechte erwerben und Verbindlichkeiten eingehen.

(jetzt § 107 I HGB nF; inhaltlich verändert)

§ 30 [Unterscheidbarkeit]

(1) Jede neue Firma muß sich von allen an demselben Ort oder in derselben Gemeinde bereits bestehenden und in das Handelsregister oder in das Genossenschaftsregister eingetragenen Firmen deutlich unterscheiden.

(2) Hat ein Kaufmann mit einem bereits eingetragenen Kaufmanne die gleichen Vornamen und den gleichen Familiennamen und will auch er sich dieser Namen als seiner Firma bedienen, so muß er der Firma einen Zusatz beifügen, durch den sie sich von der bereits eingetragenen Firma deutlich unterscheidet.

(3) Besteht an dem Orte oder in der Gemeinde, wo eine Zweigniederlassung errichtet wird, bereits eine gleiche eingetragene Firma, so muß der Firma für die Zweigniederlassung ein der Vorschrift des Absatzes 2 entsprechender Zusatz beigefügt werden.

(4) Durch die Landesregierungen kann bestimmt werden, daß benachbarte Orte oder Gemeinden als ein Ort oder als eine Gemeinde im Sinne dieser Vorschriften anzusehen sind.

Zweites Buch. Handelsgesellschaften und stille Gesellschaften

Erster Abschnitt. Offene Handelsgesellschaft

Erster Titel. Errichtung der Gesellschaft

§ 105 [Begriff der OHG; Anwendbarkeit des BGB]

(1) Eine Gesellschaft, deren Zweck auf den Betrieb eines Handelsgewerbes unter gemeinschaftlicher Firma gerichtet ist, ist eine offene Handelsgesellschaft, wenn bei keinem der Gesellschafter die Haftung gegenüber den Gesellschaftsgläubigern beschränkt ist.

(bislang § 124 I HGB; inhaltlich unverändert)

(2) [1] Eine Gesellschaft, deren Gewerbebetrieb nicht schon nach § 1 Abs. 2 Handelsgewerbe ist oder die nur eigenes Vermögen ver-

HGB ab 1.1.2024:	***HGB Stand 1.11.2021:***
	waltet, ist offene Handelsgesellschaft, wenn die Firma des Unternehmens in das Handelsregister eingetragen ist. [2]§ 2 Satz 2 und 3 gilt entsprechend.
(3) Auf die offene Handelsgesellschaft finden, soweit in diesem Abschnitt nichts anderes vorgeschrieben ist, die Vorschriften des Bürgerlichen Gesetzbuchs über die Gesellschaft **entsprechende** Anwendung.	(3) Auf die offene Handelsgesellschaft finden, soweit nicht in diesem Abschnitt ein anderes vorgeschrieben ist, die Vorschriften des Bürgerlichen Gesetzbuchs über die Gesellschaft Anwendung.
§ 106 Anmeldung zum Handelsregister; Statuswechsel	**§ 106 [Anmeldung zum Handelsregister]**
(1) Die Gesellschaft ist bei dem Gericht, in dessen **Bezirk** sie ihren Sitz hat, zur Eintragung in das Handelsregister anzumelden.	(1) Die Gesellschaft ist bei dem Gericht, in dessen Bezirke sie ihren Sitz hat, zur Eintragung in das Handelsregister anzumelden.
(2) Die Anmeldung **muss** enthalten: **1. folgende Angaben zur Gesellschaft:** **a) die Firma,** **b) den Sitz und** **c) die Geschäftsanschrift in einem Mitgliedstaat der Europäischen Union;** **2. folgende Angaben zu jedem Gesellschafter:** **a) wenn der Gesellschafter eine natürliche Person ist: dessen Namen, Vornamen, Geburtsdatum und Wohnort;** **b) wenn der Gesellschafter eine juristische Person oder rechtsfähige Personengesellschaft ist: deren Firma oder Namen, Rechtsform, Sitz und, soweit gesetzlich vorgesehen, zuständiges Register und Registernummer;** **3. die Angabe der Vertretungsbefugnis der Gesellschafter;** **4. die Versicherung, dass die Gesellschaft nicht bereits im Gesellschafts- oder im Partnerschaftsregister eingetragen ist.**	(2) Die Anmeldung hat zu enthalten: 1. den Namen, Vornamen, Geburtsdatum und Wohnort jedes Gesellschafters; 2. die Firma der Gesellschaft, den Ort, an dem sie ihren Sitz hat, und die inländische Geschäftsanschrift; 3. [aufgehoben] 4. die Vertretungsmacht der Gesellschafter.
(3) Ist die Gesellschaft bereits im Gesellschafts- oder im Partnerschaftsregister eingetragen, hat die Anmeldung im Wege eines Statuswechsels dort zu erfolgen.	*(neu)*
(4) [1]Das Gericht soll eine Gesellschaft, die bereits im Gesellschafts- oder im Partnerschaftsregister eingetragen ist, in das Handelsregister nur eintragen, wenn **1. der Statuswechsel zu dem anderen Register nach Absatz 3 angemeldet wurde,**	*(neu)*

HGB ab 1.1.2024:	***HGB Stand 1.11.2021:***
2. der Statuswechselvermerk in das andere Register eingetragen wurde und	
3. das für die Führung des anderen Registers zuständige Gericht das Verfahren an das für die Führung des Handelsregisters zuständige Gericht abgegeben hat.	
²§ 707c Absatz 2 des Bürgerlichen Gesetzbuchs ist entsprechend anzuwenden. ³Absatz 2 bleibt im Übrigen unberührt.	
(5) ¹Die Eintragung der Gesellschaft hat im Fall des Absatzes 4 die Angabe des für die Führung des Gesellschafts- oder des Partnerschaftsregisters zuständigen Gerichts, den Namen und die Registernummer, unter der die Gesellschaft bislang eingetragen ist, zu enthalten. ²Das Gericht teilt dem Gericht, das das Verfahren abgegeben hat, von Amts wegen den Tag der Eintragung der Gesellschaft in das Handelsregister und die neue Registernummer mit. ³Die Ablehnung der Eintragung teilt das Gericht von Amts wegen dem Gericht, das das Verfahren abgegeben hat, mit, sobald die Entscheidung rechtskräftig geworden ist.	*(neu)*
(6) Wird die Firma der Gesellschaft geändert, der Sitz der Gesellschaft an einen anderen Ort verlegt, die Geschäftsanschrift geändert, scheidet ein Gesellschafter aus oder tritt ein neuer Gesellschafter ein oder ändert sich die Vertretungsbefugnis eines Gesellschafters, ist dies ebenfalls zur Eintragung in das Handelsregister anzumelden.	*(bislang § 107 HGB; inhaltlich leicht verändert)*
(7) ¹Anmeldungen sind vorbehaltlich der Sätze 2 und 3 von sämtlichen Gesellschaftern zu bewirken. ²Scheidet ein Gesellschafter durch Tod aus, kann die Anmeldung ohne Mitwirkung der Erben erfolgen, sofern einer solchen Mitwirkung besondere Hindernisse entgegenstehen. ³Ändert sich nur die Geschäftsanschrift der Gesellschaft, ist die Anmeldung von der Gesellschaft zu bewirken.	*(bislang § 108 HGB; inhaltlich verändert)*
(jetzt § 106 VI HGB nF; inhaltlich ohne wesentliche Änderung)	**§ 107 [Anzumeldende Änderungen]** Wird die Firma einer Gesellschaft geändert, der Sitz der Gesellschaft an einen anderen Ort verlegt, die inländische Geschäftsanschrift geändert, tritt ein neuer Gesellschafter in die Ge-

HGB ab 1.1.2024:	*HGB Stand 1.11.2021:*
	sellschaft ein oder ändert sich die Vertretungsmacht eines Gesellschafters, so ist dies ebenfalls zur Eintragung in das Handelsregister anzumelden.
§ 107 Kleingewerbliche, vermögensverwaltende oder freiberufliche Gesellschaft; Statuswechsel **(1) [1]Eine Gesellschaft, deren Gewerbebetrieb nicht schon nach § 1 Absatz 2 Handelsgewerbe ist oder die nur eigenes Vermögen verwaltet, ist offene Handelsgesellschaft, wenn die Firma des Unternehmens in das Handelsregister eingetragen ist. [2]Dies gilt auch für eine Gesellschaft, deren Zweck die gemeinsame Ausübung Freier Berufe durch ihre Gesellschafter ist, soweit das anwendbare Berufsrecht die Eintragung zulässt.** **(2) [1]Die Gesellschaft ist berechtigt, aber nicht verpflichtet, die Eintragung nach den für die Eintragung einer offenen Handelsgesellschaft geltenden Vorschriften herbeizuführen. [2]Ist die Eintragung erfolgt, ist eine Fortsetzung als Gesellschaft bürgerlichen Rechts nur im Wege eines Statuswechsels zulässig.** **(3) [1]Wird eine offene Handelsgesellschaft zur Eintragung in das Gesellschaftsregister angemeldet, trägt das Gericht ihre Fortsetzung als Gesellschaft bürgerlichen Rechts ein, sofern nicht die Voraussetzung des § 1 Absatz 2 eingetreten ist. [2]Im Übrigen findet § 707c Absatz 2 Satz 2 bis 5 des Bürgerlichen Gesetzbuchs entsprechende Anwendung.**	*(bislang § 105 II 1 HGB [Abs. 1 S. 1] bzw. § 105 II 2 HGB [Abs. 2 S. 1] bzw. neu [Abs. 1 S. 2; Abs. 2 S. 2; Abs. 3])*
Zweiter Titel. Rechtsverhältnis der Gesellschafter untereinander und der Gesellschafter zur Gesellschaft	
(jetzt § 106 VII HGB nF; inhaltlich verändert)	**§ 108 [Anmeldung durch alle Gesellschafter]** [1]Die Anmeldungen sind von sämtlichen Gesellschaftern zu bewirken. [2]Das gilt nicht, wenn sich nur die inländische Geschäftsanschrift ändert.
§ 108 Gestaltungsfreiheit **Von den Vorschriften dieses Titels kann durch den Gesellschaftsvertrag abgewi-**	*(bislang § 109 HGB; inhaltlich unverändert)*

HGB ab 1.1.2024:	*HGB Stand 1.11.2021:*
chen werden, soweit im Gesetz nichts anderes bestimmt ist.	
	Zweiter Titel. Rechtsverhältnisse der Gesellschafter untereinander
(jetzt § 108 HGB nF; inhaltlich unverändert)	**§ 109 [Gesellschaftsvertrag]** Das Rechtsverhältnis der Gesellschafter untereinander richtet sich zunächst nach dem Gesellschaftsvertrage; die Vorschriften der §§ 110 bis 122 finden nur insoweit Anwendung, als nicht durch den Gesellschaftsvertrag ein anderes bestimmt ist.
§ 109 Beschlussfassung **(1) Die Beschlüsse der Gesellschafter werden in Versammlungen gefasst.** **(2) [1]Die Versammlung kann durch jeden Gesellschafter einberufen werden, der die Befugnis zur Geschäftsführung hat. [2]Die Einberufung erfolgt durch formlose Einladung der anderen Gesellschafter unter Ankündigung des Zwecks der Versammlung in angemessener Frist.** **(3) Gesellschafterbeschlüsse bedürfen der Zustimmung aller stimmberechtigten Gesellschafter.** **(4) Hat nach dem Gesellschaftsvertrag die Mehrheit der Stimmen zu entscheiden, ist die Gesellschafterversammlung beschlussfähig, wenn die anwesenden Gesellschafter oder ihre Vertreter ohne Rücksicht auf ihre Stimmberechtigung die für die Beschlussfassung erforderlichen Stimmen haben.**	*(bislang § 119 I HGB [Abs. 3; inhaltlich unverändert] bzw. neu [Abs. 1, 2, 4])*
(jetzt § 105 III HGB nF iVm § 716 I BGB nF [Abs. 1] bzw. § 119 I HGB nF [Abs. 2]; inhaltlich jeweils unverändert)	**§ 110 [Ersatz für Aufwendungen und Verluste]** (1) Macht der Gesellschafter in den Gesellschaftsangelegenheiten Aufwendungen, die er den Umständen nach für erforderlich halten darf, oder erleidet er unmittelbar durch seine Geschäftsführung oder aus Gefahren, die mit ihr untrennbar verbunden sind, Verluste, so ist ihm die Gesellschaft zum Ersatze verpflichtet. (2) Aufgewendetes Geld hat die Gesellschaft von der Zeit der Aufwendung an zu verzinsen.
§ 110 Anfechtbarkeit und Nichtigkeit von Gesellschafterbeschlüssen **(1) Ein Beschluss der Gesellschafter kann wegen Verletzung von Rechtsvor-**	*(neu)*

HGB ab 1.1.2024:	*HGB Stand 1.11.2021:*
schriften durch Klage auf Nichtigerklärung angefochten werden (Anfechtungsklage). **(2) [1]Ein Gesellschafterbeschluss ist von Anfang an nichtig, wenn er** **1. durch seinen Inhalt Rechtsvorschriften verletzt, auf deren Einhaltung die Gesellschafter nicht verzichten können, oder** **2. nach einer Anfechtungsklage durch Urteil rechtskräftig für nichtig erklärt worden ist.** **[2]Die Nichtigkeit eines Beschlusses der Gesellschafter kann auch auf andere Weise als durch Klage auf Feststellung der Nichtigkeit (Nichtigkeitsklage) geltend gemacht werden.**	
(jetzt § 119 II HGB nF; inhaltlich unverändert)	**§ 111** [Verzinsungspflicht] (1) Ein Gesellschafter, der seine Geldeinlage nicht zur rechten Zeit einzahlt oder eingenommenes Gesellschaftsgeld nicht zur rechten Zeit an die Gesellschaftskasse abliefert oder unbefugt Geld aus der Gesellschaftskasse für sich entnimmt, hat Zinsen von dem Tage an zu entrichten, an welchem die Zahlung oder die Ablieferung hätte geschehen sollen oder die Herausnahme des Geldes erfolgt ist. (2) Die Geltendmachung eines weiteren Schadens ist nicht ausgeschlossen.
§ 111 Anfechtungsbefugnis; Rechtsschutzbedürfnis **(1) Anfechtungsbefugt ist jeder Gesellschafter, der oder dessen Rechtsvorgänger im Zeitpunkt der Beschlussfassung der Gesellschaft angehört hat.** **(2) Ein Verlust der Mitgliedschaft nach dem Zeitpunkt der Beschlussfassung lässt das Rechtsschutzbedürfnis des Rechtsvorgängers unberührt, wenn er ein berechtigtes Interesse an der Führung des Rechtsstreits hat.**	*(neu)*
(jetzt § 117 HGB nF; unverändert)	**§ 112** [Wettbewerbsverbot] (1) Ein Gesellschafter darf ohne Einwilligung der anderen Gesellschafter weder in dem Handelszweig der Gesellschaft Geschäfte machen noch an einer anderen gleichartigen Handelsgesellschaft als persönlich haftender Gesellschafter teilnehmen.

HGB ab 1.1.2024:	*HGB Stand 1.11.2021:*
	(2) Die Einwilligung zur Teilnahme an einer anderen Gesellschaft gilt als erteilt, wenn den übrigen Gesellschaftern bei Eingehung der Gesellschaft bekannt ist, daß der Gesellschafter an einer anderen Gesellschaft als persönlich haftender Gesellschafter teilnimmt, und gleichwohl die Aufgabe dieser Beteiligung nicht ausdrücklich bedungen wird.
§ 112 Klagefrist **(1) [1]Die Anfechtungsklage ist innerhalb von drei Monaten zu erheben. [2]Eine Vereinbarung im Gesellschaftsvertrag, welche eine kürzere Frist als einen Monat vorsieht, ist unwirksam.** **(2) Die Frist beginnt mit dem Tag, an dem der Beschluss dem anfechtungsbefugten Gesellschafter bekanntgegeben worden ist.** **(3) [1]Für die Dauer von Vergleichsverhandlungen über den Gegenstand des Beschlusses oder die ihm zugrundeliegenden Umstände zwischen dem anfechtungsbefugten Gesellschafter und der Gesellschaft wird die Klagefrist gehemmt. [2]Die für die Verjährung geltenden §§ 203 und 209 des Bürgerlichen Gesetzbuchs sind mit der Maßgabe entsprechend anzuwenden, dass die Klagefrist frühestens einen Monat nach dem Scheitern der Vergleichsverhandlungen endet.**	*(neu)*
(jetzt § 118 HGB nF; inhaltlich unverändert)	**§ 113 [Verletzung des Wettbewerbsverbots]** (1) Verletzt ein Gesellschafter die ihm nach § 112 obliegende Verpflichtung, so kann die Gesellschaft Schadensersatz fordern; sie kann statt dessen von dem Gesellschafter verlangen, daß er die für eigene Rechnung gemachten Geschäfte als für Rechnung der Gesellschaft eingegangen gelten lasse und die aus Geschäften für fremde Rechnung bezogene Vergütung herausgebe oder seinen Anspruch auf die Vergütung abtrete. (2) Über die Geltendmachung dieser Ansprüche beschließen die übrigen Gesellschafter. (3) Die Ansprüche verjähren in drei Monaten von dem Zeitpunkt an, in welchem die übrigen Gesellschafter von dem Abschluss des Geschäfts oder von der Teilnahme des Gesellschafters an der anderen Gesellschaft Kenntnis erlangen oder ohne grobe Fahrlässigkeit erlan-

HGB ab 1.1.2024:	*HGB Stand 1.11.2021:*
	gen müssten; sie verjähren ohne Rücksicht auf diese Kenntnis oder grob fahrlässige Unkenntnis in fünf Jahren von ihrer Entstehung an. (4) Das Recht der Gesellschafter, die Auflösung der Gesellschaft zu verlangen, wird durch diese Vorschriften nicht berührt.
§ 113 Anfechtungsklage **(1) Zuständig für die Anfechtungsklage ist ausschließlich das Landgericht, in dessen Bezirk die Gesellschaft ihren Sitz hat.** **(2) [1] Die Klage ist gegen die Gesellschaft zu richten. [2] Ist außer dem Kläger kein Gesellschafter zur Vertretung der Gesellschaft befugt, wird die Gesellschaft von den anderen Gesellschaftern gemeinsam vertreten.** **(3) [1] Die Gesellschaft hat die Gesellschafter unverzüglich über die Erhebung der Klage und die Lage des Rechtsstreits zu unterrichten. [2] Ferner hat sie das Gericht über die erfolgte Unterrichtung in Kenntnis zu setzen. [3] Das Gericht hat auf eine unverzügliche Unterrichtung der Gesellschafter hinzuwirken.** **(4) [1] Die mündliche Verhandlung soll nicht vor Ablauf der Klagefrist stattfinden. [2] Mehrere Anfechtungsprozesse sind zur gleichzeitigen Verhandlung und Entscheidung zu verbinden.** **(5) Den Streitwert bestimmt das Gericht unter Berücksichtigung aller Umstände des Einzelfalls, insbesondere der Bedeutung der Sache für die Parteien, nach billigem Ermessen.** **(6) Soweit der Gesellschafterbeschluss durch rechtskräftiges Urteil für nichtig erklärt worden ist, wirkt das Urteil für und gegen alle Gesellschafter, auch wenn sie nicht Partei sind.**	*(neu)*
(jetzt § 116 I HGB nF [Abs. 1]; unverändert bzw. als überflüssig gestrichen [Abs. 2])	**§ 114 [Geschäftsführung]** (1) Zur Führung der Geschäfte der Gesellschaft sind alle Gesellschafter berechtigt und verpflichtet. (2) Ist im Gesellschaftsvertrage die Geschäftsführung einem Gesellschafter oder mehreren Gesellschaftern übertragen, so sind die übrigen Gesellschafter von der Geschäftsführung ausgeschlossen.

HGB ab 1.1.2024:	*HGB Stand 1.11.2021:*
§ 114 Nichtigkeitsklage **[1]Erhebt ein Gesellschafter Nichtigkeitsklage gegen die Gesellschaft, sind die §§ 111 und 113 entsprechend anzuwenden. [2]Mehrere Nichtigkeits- und Anfechtungsprozesse sind zur gemeinsamen Verhandlung und Entscheidung zu verbinden.**	*(neu)*
(jetzt § 116 III HGB nF; inhaltlich unverändert [Abs. 1] bzw. § 116 IV HGB nF; inhaltlich unverändert [Abs. 2])	**§ 115 [Geschäftsführung durch mehrere Gesellschafter]** (1) Steht die Geschäftsführung allen oder mehreren Gesellschaftern zu, so ist jeder von ihnen allein zu handeln berechtigt; widerspricht jedoch ein anderer geschäftsführender Gesellschafter der Vornahme einer Handlung, so muß diese unterbleiben. (2) Ist im Gesellschaftsvertrage bestimmt, daß die Gesellschafter, denen die Geschäftsführung zusteht, nur zusammen handeln können, so bedarf es für jedes Geschäft der Zustimmung aller geschäftsführenden Gesellschafter, es sei denn, daß Gefahr im Verzug ist.
§ 115 Verbindung von Anfechtungs- und Feststellungsklage **[1]Wendet sich ein Gesellschafter gegen einen Beschluss, mit dem ein Beschlussvorschlag abgelehnt wurde, kann er seinen Antrag auf Nichtigerklärung des ablehnenden Beschlusses mit dem Antrag verbinden, dass ein Beschluss festgestellt wird, der bei Annahme des Beschlussvorschlags rechtmäßig gefasst worden wäre. [2]Auf die Feststellungsklage finden die für die Anfechtungsklage geltenden Vorschriften entsprechende Anwendung.**	*(neu)*
§ 116 Geschäftsführungsbefugnis **(1) Zur Führung der Geschäfte der Gesellschaft sind alle Gesellschafter berechtigt und verpflichtet.** **(2) [1]Die Befugnis zur Geschäftsführung erstreckt sich auf alle *Geschäfte,* die der gewöhnliche Betrieb des Handelsgewerbes der Gesellschaft mit sich bringt; zur Vornahme von *Geschäften,* die darüber hinausgehen, ist ein Beschluss aller Gesellschafter erforderlich. [2]Zur Bestellung eines Prokuristen bedarf es der Zustimmung aller geschäftsführungsbefug-**	**§ 116 [Umfang der Geschäftsführungsbefugnis]** *(bislang § 114 I HGB; unverändert)* (1) Die Befugnis zur Geschäftsführung erstreckt sich auf alle Handlungen, die der gewöhnliche Betrieb des Handelsgewerbes der Gesellschaft mit sich bringt. (2) Zur Vornahme von Handlungen, die darüber hinausgehen, ist ein Beschluß sämtlicher Gesellschafter erforderlich. (3) [1]Zur Bestellung eines Prokuristen bedarf es der Zustimmung aller geschäftsführenden

HGB ab 1.1.2024:	***HGB Stand 1.11.2021:***
ten Gesellschafter, es sei denn, dass *mit dem Aufschub Gefahr für die Gesellschaft oder das Gesellschaftsvermögen verbunden ist.* [3] Der Widerruf der Prokura kann von jedem der zur Erteilung oder zur Mitwirkung bei der Erteilung befugten Gesellschafter erfolgen.	Gesellschafter, es sei denn, daß Gefahr im Verzug ist. [2] Der Widerruf der Prokura kann von jedem der zur Erteilung oder zur Mitwirkung bei der Erteilung befugten Gesellschafter erfolgen.
(3) [1] Die Geschäftsführung steht vorbehaltlich des Absatzes 4 allen Gesellschaftern in der Art zu, dass jeder von ihnen allein zu handeln berechtigt ist. [2] Das gilt im Zweifel entsprechend, wenn nach dem Gesellschaftsvertrag die Geschäftsführung mehreren Gesellschaftern zusteht. [3] Widerspricht ein geschäftsführungsbefugter Gesellschafter der Vornahme des Geschäfts, muss dieses unterbleiben.	*(bislang § 115 I HGB; inhaltlich unverändert)*
(4) Steht nach dem Gesellschaftsvertrag die Geschäftsführung allen oder mehreren Gesellschaftern in der Art zu, dass sie nur gemeinsam zu handeln berechtigt sind, bedarf es für jedes Geschäft der Zustimmung aller geschäftsführungsbefugten Gesellschafter, es sei denn, dass mit dem Aufschub Gefahr für die Gesellschaft oder das Gesellschaftsvermögen verbunden ist.	*(bislang § 115 II HGB; inhaltlich verändert)*
(5) [1] Die Befugnis zur Geschäftsführung kann einem Gesellschafter auf Antrag der anderen Gesellschafter ganz oder teilweise durch gerichtliche Entscheidung entzogen werden, wenn ein wichtiger Grund vorliegt. [2] Ein wichtiger Grund ist insbesondere eine grobe Pflichtverletzung des Gesellschafters oder die Unfähigkeit des Gesellschafters zur ordnungsgemäßen Geschäftsführung.	*(bislang § 117 HGB; inhaltlich leicht verändert)*
(6) [1] Der Gesellschafter kann seinerseits die Geschäftsführung ganz oder teilweise kündigen, wenn ein wichtiger Grund vorliegt. [2] § 671 Absatz 2 und 3 des Bürgerlichen Gesetzbuchs ist entsprechend anzuwenden.	*(bislang § 105 III HGB iVm § 712 II BGB; inhaltlich unverändert)*
(jetzt § 116 V HGB nF; inhaltlich leicht verändert)	**§ 117 [Entziehung der Geschäftsführungsbefugnis]** Die Befugnis zur Geschäftsführung kann einem Gesellschafter auf Antrag der übrigen Gesellschafter durch gerichtliche Entscheidung entzogen werden, wenn ein wichtiger Grund vorliegt; ein solcher Grund ist insbesondere

HGB ab 1.1.2024:	HGB Stand 1.11.2021:
	grobe Pflichtverletzung oder Unfähigkeit zur ordnungsmäßigen Geschäftsführung.
§ 117 Wettbewerbsverbot **(1) Ein Gesellschafter darf ohne Einwilligung der anderen Gesellschafter weder in dem Handelszweig der Gesellschaft Geschäfte machen noch an einer anderen gleichartigen Gesellschaft als persönlich haftender Gesellschafter teilnehmen.** **(2) Die Einwilligung zur Teilnahme an einer anderen Gesellschaft gilt als erteilt, wenn den anderen Gesellschaftern bei Eingehung der Gesellschaft bekannt ist, dass der Gesellschafter an einer anderen Gesellschaft als persönlich haftender Gesellschafter teilnimmt, und gleichwohl die Aufgabe dieser Beteiligung nicht ausdrücklich vereinbart wird.**	*(bislang § 112 HGB; unverändert)*
(jetzt § 105 III HGB nF iVm § 717 I BGB nF; inhaltlich verändert)	**§ 118 [Kontrollrecht der Gesellschafter]** (1) Ein Gesellschafter kann, auch wenn er von der Geschäftsführung ausgeschlossen ist, sich von den Angelegenheiten der Gesellschaft persönlich unterrichten, die Handelsbücher und die Papiere der Gesellschaft einsehen und sich aus ihnen eine Bilanz und einen Jahresabschluß anfertigen. (2) Eine dieses Recht ausschließende oder beschränkende Vereinbarung steht der Geltendmachung des Rechtes nicht entgegen, wenn Grund zu der Annahme unredlicher Geschäftsführung besteht.
§ 118 Verletzung des Wettbewerbsverbots **(1) [1] Verletzt ein Gesellschafter die ihm nach § 117 obliegende Verpflichtung, kann die Gesellschaft Schadensersatz fordern. [2] Sie kann stattdessen von dem Gesellschafter verlangen, dass er die für eigene Rechnung gemachten Geschäfte als für Rechnung der Gesellschaft eingegangen gelten lasse und die aus Geschäften für fremde Rechnung bezogene Vergütung herausgebe oder seinen Anspruch auf die Vergütung abtrete.** **(2) Über die Geltendmachung dieser Ansprüche beschließen die anderen Gesellschafter.**	*(bislang § 113 HGB; inhaltlich unverändert)*

HGB ab 1.1.2024:	HGB Stand 1.11.2021:
(3) [1]Die Ansprüche nach Absatz 1 verjähren in drei Monaten von dem Zeitpunkt an, in welchem die anderen Gesellschafter von dem Abschluss des Geschäfts oder von der Teilnahme des Gesellschafters an der anderen Gesellschaft Kenntnis erlangt haben oder ohne grobe Fahrlässigkeit erlangen mussten. [2]Sie verjähren ohne Rücksicht auf diese Kenntnis oder grob fahrlässige Unkenntnis in fünf Jahren von ihrer Entstehung an. **(4) Das Recht der anderen Gesellschafter, den betreffenden Gesellschafter auszuschließen oder die Auflösung der Gesellschaft zu verlangen, wird durch diese Vorschriften nicht berührt.**	
(jetzt § 109 III HGB nF; inhaltlich unverändert [Abs. 1] bzw. gestrichen [Abs. 2])	**§ 119** [Beschlussfassung] (1) Für die von den Gesellschaftern zu fassenden Beschlüsse bedarf es der Zustimmung aller zur Mitwirkung bei der Beschlußfassung berufenen Gesellschafter. (2) Hat nach dem Gesellschaftsvertrage die Mehrheit der Stimmen zu entscheiden, so ist die Mehrheit im Zweifel nach der Zahl der Gesellschafter zu berechnen.
§ 119 Verzinsungspflicht **(1) Schuldet die Gesellschaft nach Maßgabe von § 716 Absatz 4 Satz 2 des Bürgerlichen Gesetzbuchs dem Gesellschafter die Verzinsung von Aufwendungen und Verlusten, richtet sich deren Höhe nach § 352 Absatz 2.** **(2) [1]Ein Gesellschafter, der der Gesellschaft liquide Geldmittel dadurch vorenthält, dass er seinen vereinbarten Beitrag nicht zur rechten Zeit einzahlt oder eingenommenes Geld der Gesellschaft nicht zur rechten Zeit an die Gesellschaftskasse abliefert oder unbefugt Geld aus der Gesellschaftskasse für sich entnimmt, hat der Gesellschaft Zinsen von dem Tag an zu entrichten, an welchem die Zahlung oder die Ablieferung hätte geschehen sollen oder die Herausnahme des Geldes erfolgt ist. [2]Die Geltendmachung eines weiteren Schadens ist nicht ausgeschlossen.**	*(bislang § 110 II HGB [Abs. 1] bzw. § 111 HGB [Abs. 2]; inhaltlich jeweils unverändert)*

HGB ab 1.1.2024:	*HGB Stand 1.11.2021:*
§ 120 Ermittlung von Gewinn- und Verlustanteilen	**§ 120 [Gewinn und Verlust]**
(1) [1] Die geschäftsführungsbefugten Gesellschafter sind gegenüber der Gesellschaft zur Aufstellung des Jahresabschlusses (§ 242 Absatz 3) verpflichtet. [2] Sie haben dabei für jeden Gesellschafter nach Maßgabe von § 709 Absatz 3 des Bürgerlichen Gesetzbuchs den Anteil am Gewinn oder Verlust zu ermitteln.	(1) Am Schlusse jedes Geschäftsjahrs wird auf Grund der Bilanz der Gewinn oder der Verlust des Jahres ermittelt und für jeden Gesellschafter sein Anteil daran berechnet.
(2) Der einem Gesellschafter zukommende Gewinn wird dem Kapitalanteil des Gesellschafters zugeschrieben; der auf einen Gesellschafter entfallende Verlust wird davon abgeschrieben.	(2) Der einem Gesellschafter zukommende Gewinn wird dem Kapitalanteile des Gesellschafters zugeschrieben; der auf einen Gesellschafter entfallende Verlust sowie das während des Geschäftsjahrs auf den Kapitalanteil entnommene Geld wird davon abgeschrieben.
(jetzt § 105 III HGB nF iVm § 709 III BGB nF; inhaltlich verändert)	**§ 121 [Verteilung von Gewinn und Verlust]** (1) [1] Von dem Jahresgewinne gebührt jedem Gesellschafter zunächst ein Anteil in Höhe von vier vom Hundert seines Kapitalanteils. [2] Reicht der Jahresgewinn hierzu nicht aus, so bestimmen sich die Anteile nach einem entsprechend niedrigeren Satz. (2) [1] Bei der Berechnung des nach Absatz 1 einem Gesellschafter zukommenden Gewinnanteils werden Leistungen, die der Gesellschafter im Laufe des Geschäftsjahrs als Einlage gemacht hat, nach dem Verhältnisse der seit der Leistung abgelaufenen Zeit berücksichtigt. [2] Hat der Gesellschafter im Laufe des Geschäftsjahrs Geld auf seinen Kapitalanteil entnommen, so werden die entnommenen Beträge nach dem Verhältnisse der bis zur Entnahme abgelaufenen Zeit berücksichtigt. (3) Derjenige Teil des Jahresgewinns, welcher die nach den Absätzen 1 und 2 zu berechnenden Gewinnanteile übersteigt, sowie der Verlust eines Geschäftsjahrs wird unter die Gesellschafter nach Köpfen verteilt.
§ 121 Feststellung des Jahresabschlusses **Über die Feststellung des Jahresabschlusses entscheiden die Gesellschafter durch Beschluss.**	*(bislang ungeregelt; keine inhaltliche Änderung)*
(Entnahmerecht gestrichen)	**§ 122 [Entnahmen]** (1) Jeder Gesellschafter ist berechtigt, aus der Gesellschaftskasse Geld bis zum Betrage von vier vom Hundert seines für das letzte Geschäftsjahr festgestellten Kapitalanteils zu seinen Lasten zu erheben und, soweit es nicht

HGB ab 1.1.2024:	*HGB Stand 1.11.2021:*
	zum offenbaren Schaden der Gesellschaft gereicht, auch die Auszahlung seines den bezeichneten Betrag übersteigenden Anteils am Gewinne des letzten Jahres zu verlangen. (2) Im übrigen ist ein Gesellschafter nicht befugt, ohne Einwilligung der anderen Gesellschafter seinen Kapitalanteil zu vermindern.
§ 122 Gewinnauszahlung **[1]Jeder Gesellschafter hat aufgrund des festgestellten Jahresabschlusses Anspruch auf Auszahlung seines ermittelten Gewinnanteils. [2]Der Anspruch kann nicht geltend gemacht werden, soweit die Auszahlung zum offenbaren Schaden der Gesellschaft gereicht oder der Gesellschafter seinen vereinbarten Beitrag trotz Fälligkeit nicht geleistet hat.**	*(neu)*
Dritter Titel. Rechtsverhältnis der *Gesellschaft* zu Dritten	**Dritter Titel. Rechtsverhältnis der Gesellschafter zu Dritten**
§ 123 Entstehung der Gesellschaft im Verhältnis zu Dritten **(1) [1]Im Verhältnis zu Dritten entsteht die Gesellschaft, sobald sie im Handelsregister eingetragen ist. [2]Dessen ungeachtet entsteht die Gesellschaft schon dann, wenn sie mit Zustimmung sämtlicher Gesellschafter am Rechtsverkehr teilnimmt, soweit sich aus § 107 Absatz 1 nichts anderes ergibt.**	**§ 123 [Wirksamkeit im Verhältnis zu Dritten]** (1) Die Wirksamkeit der offenen Handelsgesellschaft tritt im Verhältnisse zu Dritten mit dem Zeitpunkt ein, in welchem die Gesellschaft in das Handelsregister eingetragen wird. (2) Beginnt die Gesellschaft ihre Geschäfte schon vor der Eintragung, so tritt die Wirksamkeit mit dem Zeitpunkte des Geschäftsbeginns ein, soweit nicht aus § 2 oder § 105 Abs. 2 sich ein anderes ergibt.
(2) Eine Vereinbarung, *dass* die Gesellschaft erst *zu* einem späteren Zeitpunkt *entstehen* soll, ist Dritten gegenüber unwirksam.	(3) Eine Vereinbarung, daß die Gesellschaft erst mit einem späteren Zeitpunkt ihren Anfang nehmen soll, ist Dritten gegenüber unwirksam.
(jetzt § 105 II HGB nF; inhaltlich unverändert [Abs. 1] bzw. § 105 III HGB nF iVm § 722 I BGB nF [Abs. 2]; inhaltlich unverändert)	**§ 124 [Rechtliche Selbständigkeit; Zwangsvollstreckung in Gesellschaftsvermögen]** (1) Die offene Handelsgesellschaft kann unter ihrer Firma Rechte erwerben und Verbindlichkeiten eingehen, Eigentum und andere dingliche Rechte an Grundstücken erwerben, vor Gericht klagen und verklagt werden. (2) Zur Zwangsvollstreckung in das Gesellschaftsvermögen ist ein gegen die Gesellschaft

HGB ab 1.1.2024:	*HGB Stand 1.11.2021:*
	gerichteter vollstreckbarer Schuldtitel erforderlich.
§ 124 Vertretung der Gesellschaft **(1) Zur Vertretung der Gesellschaft ist jeder Gesellschafter befugt, wenn er nicht durch den Gesellschaftsvertrag von der Vertretung ausgeschlossen ist.** **(2) [1] Im Gesellschaftsvertrag kann vereinbart werden, dass alle oder mehrere Gesellschafter nur gemeinsam zur Vertretung der Gesellschaft befugt sein sollen. [2] Die zur Gesamtvertretung befugten Gesellschafter können einzelne von ihnen zur Vornahme bestimmter Geschäfte oder bestimmter Arten von Geschäften ermächtigen.** **(3) [1] Im Gesellschaftsvertrag kann vereinbart werden, dass die Gesellschafter, sofern nicht mehrere zusammen handeln, nur gemeinsam mit einem Prokuristen zur Vertretung der Gesellschaft berechtigt sein sollen. [2] Absatz 2 Satz 2 und Absatz 6 sind in diesem Fall entsprechend anzuwenden.** **(4) [1] Die Vertretungsbefugnis der Gesellschafter erstreckt sich auf alle Geschäfte der Gesellschaft einschließlich der Veräußerung und Belastung von Grundstücken sowie der Erteilung und des Widerrufs einer Prokura. [2] Eine Beschränkung des Umfangs der Vertretungsbefugnis ist Dritten gegenüber unwirksam. [3] Dies gilt insbesondere für die Beschränkung, dass sich die Vertretung nur auf bestimmte Geschäfte oder Arten von Geschäften erstreckt oder dass sie nur unter gewissen Umständen oder für eine gewisse Zeit oder an einzelnen Orten stattfinden soll. [4] Hinsichtlich der Beschränkung auf den Betrieb einer von mehreren Niederlassungen der Gesellschaft ist § 50 Absatz 3 entsprechend anzuwenden.** **(5) Die Vertretungsbefugnis kann einem Gesellschafter in entsprechender Anwendung von § 116 Absatz 5 ganz oder teilweise entzogen werden, sofern im Gesellschaftsvertrag nichts anderes vereinbart ist.** **(6) Ist der Gesellschaft gegenüber eine Willenserklärung abzugeben, genügt die Abgabe gegenüber einem vertretungsbefugten Gesellschafter.**	*(bislang § 125 I HGB; unverändert [Abs. 1] bzw. § 125 II 1, 2 HGB; inhaltlich unverändert [Abs. 2] bzw. § 125 III HGB; inhaltlich unverändert [Abs. 3] bzw. § 126 HGB; unverändert [Abs. 4] bzw. § 127 HGB; inhaltlich unverändert [Abs. 5] bzw. § 125 II 3 HGB; unverändert [Abs. 6])*

HGB ab 1.1.2024:	*HGB Stand 1.11.2021:*
(jetzt § 124 I HGB nF; unverändert [Abs. 1] bzw. § 124 II HGB nF; inhaltlich unverändert [Abs. 2 S. 1, 2] bzw. § 124 VI HGB nF; unverändert [Abs. 2 S. 3] bzw. § 124 III HGB nF; inhaltlich unverändert [Abs. 3])	**§ 125 [Vertretung der Gesellschaft]** (1) Zur Vertretung der Gesellschaft ist jeder Gesellschafter ermächtigt, wenn er nicht durch den Gesellschaftsvertrag von der Vertretung ausgeschlossen ist. (2) [1] Im Gesellschaftsvertrage kann bestimmt werden, daß alle oder mehrere Gesellschafter nur in Gemeinschaft zur Vertretung der Gesellschaft ermächtigt sein sollen (Gesamtvertretung). [2] Die zur Gesamtvertretung berechtigten Gesellschafter können einzelne von ihnen zur Vornahme bestimmter Geschäfte oder bestimmter Arten von Geschäften ermächtigen. [3] Ist der Gesellschaft gegenüber eine Willenserklärung abzugeben, so genügt die Abgabe gegenüber einem der zur Mitwirkung bei der Vertretung befugten Gesellschafter. (3) [1] Im Gesellschaftsvertrage kann bestimmt werden, daß die Gesellschafter, wenn nicht mehrere zusammen handeln, nur in Gemeinschaft mit einem Prokuristen zur Vertretung der Gesellschaft ermächtigt sein sollen. [2] Die Vorschriften des Absatzes 2 Satz 2 und 3 finden in diesem Falle entsprechende Anwendung. (4) [aufgehoben]
§ 125 Angaben auf Geschäftsbriefen **(1) [1] Auf allen Geschäftsbriefen der Gesellschaft, gleichviel welcher Form, die an einen bestimmten Empfänger gerichtet werden, müssen die Firma und der Sitz der Gesellschaft, das Registergericht und die Nummer, unter der die Gesellschaft in das Handelsregister eingetragen ist, angegeben werden. [2] Bei einer Gesellschaft, bei der kein Gesellschafter eine natürliche Person ist, sind auf den Geschäftsbriefen der Gesellschaft ferner die Firmen oder Namen der Gesellschafter anzugeben sowie für die Gesellschafter die nach § 35a des Gesetzes betreffend die Gesellschaften mit beschränkter Haftung oder § 80 des Aktiengesetzes für Geschäftsbriefe vorgeschriebenen Angaben zu machen. [3] Die Angaben nach Satz 2 sind nicht erforderlich, wenn zu den Gesellschaftern der Gesellschaft eine rechtsfähige Personengesellschaft gehört, bei der mindestens ein persönlich haftender Gesellschafter eine natürliche Person ist.**	*(bislang § 125a HGB; inhaltlich weitgehend unverändert)*

HGB ab 1.1.2024:	HGB Stand 1.11.2021:
(2) [1] **Für Vordrucke und Bestellscheine ist § 37a Absatz 2 und 3 entsprechend anzuwenden.** [2] **Für Zwangsgelder gegen die zur Vertretung der Gesellschaft befugten Gesellschafter oder deren organschaftliche Vertreter und die Liquidatoren ist § 37a Absatz 4 entsprechend anzuwenden.**	
(jetzt § 125 HGB nF; inhaltlich weitgehend unverändert)	**§ 125a [Angaben auf Geschäftsbriefen]** (1) [1] Auf allen Geschäftsbriefen der Gesellschaft gleichviel welcher Form, die an einen bestimmten Empfänger gerichtet werden, müssen die Rechtsform und der Sitz der Gesellschaft, das Registergericht und die Nummer, unter der die Gesellschaft in das Handelsregister eingetragen ist, angegeben werden. [2] Bei einer Gesellschaft, bei der kein Gesellschafter eine natürliche Person ist, sind auf den Geschäftsbriefen der Gesellschaft ferner die Firmen der Gesellschafter anzugeben sowie für die Gesellschafter die nach § 35a des Gesetzes betreffend die Gesellschaften mit beschränkter Haftung oder § 80 des Aktiengesetzes für Geschäftsbriefe vorgeschriebenen Angaben zu machen. [3] Die Angaben nach Satz 2 sind nicht erforderlich, wenn zu den Gesellschaftern der Gesellschaft eine offene Handelsgesellschaft oder Kommanditgesellschaft gehört, bei der ein persönlich haftender Gesellschafter eine natürliche Person ist. (2) Für Vordrucke und Bestellscheine ist § 37a Abs. 2 und 3, für Zwangsgelder gegen die zur Vertretung der Gesellschaft ermächtigten Gesellschafter oder deren organschaftliche Vertreter und die Liquidatoren ist § 37a Abs. 4 entsprechend anzuwenden.
(jetzt § 124 IV HGB nF; inhaltlich unverändert)	**§ 126 [Umfang der Vertretungsmacht]** (1) Die Vertretungsmacht der Gesellschafter erstreckt sich auf alle gerichtlichen und außergerichtlichen Geschäfte und Rechtshandlungen einschließlich der Veräußerung und Belastung von Grundstücken sowie der Erteilung und des Widerrufs einer Prokura. (2) Eine Beschränkung des Umfanges der Vertretungsmacht ist Dritten gegenüber unwirksam; dies gilt insbesondere von der Beschränkung, daß sich die Vertretung nur auf gewisse Geschäfte oder Arten von Geschäften erstrecken oder daß sie nur unter gewissen Umständen oder für eine gewisse Zeit oder an einzelnen Orten stattfinden soll.

HGB ab 1.1.2024:	***HGB Stand 1.11.2021:***
	(3) In betreff der Beschränkung auf den Betrieb einer von mehreren Niederlassungen der Gesellschaft finden die Vorschriften des § 50 Abs. 3 entsprechende Anwendung.
§ 126 Persönliche Haftung der Gesellschafter **[1] Die Gesellschafter haften für die Verbindlichkeiten der Gesellschaft den Gläubigern als Gesamtschuldner persönlich. [2] Eine entgegenstehende Vereinbarung ist Dritten gegenüber unwirksam.**	*(bislang § 128 HGB; unverändert)*
(jetzt § 124 V HGB nF; ohne wesentliche inhaltliche Änderung)	**§ 127 [Entziehung der Vertretungsmacht]** Die Vertretungsmacht kann einem Gesellschafter auf Antrag der übrigen Gesellschafter durch gerichtliche Entscheidung entzogen werden, wenn ein wichtiger Grund vorliegt; ein solcher Grund ist insbesondere grobe Pflichtverletzung oder Unfähigkeit zur ordnungsgemäßen Vertretung der Gesellschaft.
§ 127 Haftung des eintretenden Gesellschafters **[1] Wer in eine bestehende Gesellschaft eintritt, haftet gleich den anderen Gesellschaftern nach Maßgabe der §§ 126 und 128 für die vor seinem Eintritt begründeten Verbindlichkeiten der Gesellschaft. [2] Eine entgegenstehende Vereinbarung ist Dritten gegenüber unwirksam.**	*(bislang § 130 HGB; inhaltlich unverändert)*
(jetzt § 126 HGB nF; unverändert)	**§ 128 [Persönliche Haftung der Gesellschafter]** [1] Die Gesellschafter haften für die Verbindlichkeiten der Gesellschaft den Gläubigern als Gesamtschuldner persönlich. [2] Eine entgegenstehende Vereinbarung ist Dritten gegenüber unwirksam.
§ 128 Einwendungen und Einreden des Gesellschafters **(1) Wird ein Gesellschafter wegen einer Verbindlichkeit der Gesellschaft in Anspruch genommen, kann er Einwendungen und Einreden, die nicht in seiner Person begründet sind, insoweit geltend machen, als sie von der Gesellschaft erhoben werden können.** **(2) Der Gesellschafter kann die Befriedigung des Gläubigers verweigern, solange der Gesellschaft in Ansehung der**	*(bislang § 129 HGB; ohne wesentliche inhaltliche Änderung; Redaktionsversehen in Abs. 3 bereinigt [Abs. 2 Alt. 2 – betr. Aufrechnung])*

HGB ab 1.1.2024:	*HGB Stand 1.11.2021:*
Verbindlichkeit das Recht zur Anfechtung oder Aufrechnung oder ein anderes Gestaltungsrecht, dessen Ausübung die Gesellschaft ihrerseits zur Leistungsverweigerung berechtigen würde, zusteht.	
§ 129 Zwangsvollstreckung gegen die Gesellschaft oder gegen ihre Gesellschafter	**§ 129 [Einwendungen des Gesellschafters]**
(jetzt § 128 I HGB nF; inhaltlich unverändert)	(1) Wird ein Gesellschafter wegen einer Verbindlichkeit der Gesellschaft in Anspruch genommen, so kann er Einwendungen, die nicht in seiner Person begründet sind, nur insoweit geltend machen, als sie von der Gesellschaft erhoben werden können.
(jetzt § 128 II HGB nF; ohne wesentliche inhaltliche Änderung)	(2) Der Gesellschafter kann die Befriedigung des Gläubigers verweigern, solange der Gesellschaft das Recht zusteht, das ihrer Verbindlichkeit zugrunde liegende Rechtsgeschäft anzufechten.
(jetzt § 128 II HGB nF; Redaktionsversehen bereinigt)	(3) Die gleiche Befugnis hat der Gesellschafter, solange sich der Gläubiger durch Aufrechnung gegen eine fällige Forderung der Gesellschaft befriedigen kann.
(1) Zur Zwangsvollstreckung in das Vermögen der Gesellschaft ist ein gegen die Gesellschaft gerichteter Vollstreckungstitel erforderlich.	*(bislang § 124 II HGB; inhaltlich unverändert)*
(2) Aus einem gegen die Gesellschaft gerichteten *Vollstreckungstitel* findet die Zwangsvollstreckung gegen die Gesellschafter nicht statt.	(4) Aus einem gegen die Gesellschaft gerichteten vollstreckbaren Schuldtitel findet die Zwangsvollstreckung gegen die Gesellschafter nicht statt.
	§ 129a [aufgehoben]
Vierter Titel. Ausscheiden eines Gesellschafters	
(jetzt § 127 HGB nF; inhaltlich unverändert)	**§ 130 [Haftung des eintretenden Gesellschafters]** (1) Wer in eine bestehende Gesellschaft eintritt, haftet gleich den anderen Gesellschaftern nach Maßgabe der §§ 128 und 129 für die vor seinem Eintritte begründeten Verbindlichkeiten der Gesellschaft, ohne Unterschied, ob die Firma eine Änderung erleidet oder nicht. (2) Eine entgegenstehende Vereinbarung ist Dritten gegenüber unwirksam.

HGB ab 1.1.2024:	HGB Stand 1.11.2021:

§ 130 Gründe für das Ausscheiden; Zeitpunkt des Ausscheidens

(1) Folgende Gründe führen zum Ausscheiden eines Gesellschafters aus der Gesellschaft, sofern der Gesellschaftsvertrag für diese Fälle nicht die Auflösung der Gesellschaft vorsieht:

1. Tod des Gesellschafters;

2. Kündigung der Mitgliedschaft durch den Gesellschafter;

3. Eröffnung des Insolvenzverfahrens über das Vermögen des Gesellschafters;

4. Kündigung der Mitgliedschaft durch einen Privatgläubiger des Gesellschafters;

5. gerichtliche Entscheidung über Ausschließungsklage.

(2) Im Gesellschaftsvertrag können weitere Gründe für das Ausscheiden eines Gesellschafters vereinbart werden.

(3) Der Gesellschafter scheidet mit Eintritt des ihn betreffenden Ausscheidensgrundes aus, im Fall der Kündigung der Mitgliedschaft aber nicht vor Ablauf der Kündigungsfrist und im Fall der gerichtlichen Entscheidung über die Ausschließungsklage nicht vor Rechtskraft des stattgebenden Urteils.

(bislang § 131 III HGB; inhaltlich unverändert, aber ohne dessen Nr. 5 [Abs. 1] bzw. § 131 III Nr. 5 HGB [Abs. 2] bzw. § 131 III 2 HGB; ohne wesentliche inhaltliche Änderung [Abs. 3])

§§ 130a, 130b [aufgehoben]

Vierter Titel. Auflösung der Gesellschaft und Ausscheiden von Gesellschaftern

(jetzt § 138 I HGB nF; inhaltlich unverändert [Abs. 1] bzw. § 138 II HGB nF; inhaltlich unverändert [Abs. 2] bzw. § 130 I HGB nF; inhaltlich unverändert [Abs. 3 S. 1 Nr. 1–4] bzw. § 130 II HGB nF; inhaltlich unverändert [Abs. 3 S. 1 Nr. 5] bzw. § 130 III HGB nF; inhaltlich unverändert [Abs. 3 S. 2] bzw. § 140 HGB nF; inhaltlich verändert [Abs. 3 S. 1 Nr. 6])

§ 131 [Auflösungsgründe]

(1) Die offene Handelsgesellschaft wird aufgelöst:

1. durch den Ablauf der Zeit, für welche sie eingegangen ist;
2. durch Beschluß der Gesellschafter;
3. durch die Eröffnung des Insolvenzverfahrens über das Vermögen der Gesellschaft;
4. durch gerichtliche Entscheidung.

(2) [1] Eine offene Handelsgesellschaft, bei der kein persönlich haftender Gesellschafter eine natürliche Person ist, wird ferner aufgelöst:

1. mit der Rechtskraft des Beschlusses, durch den die Eröffnung des Insolvenzverfahrens mangels Masse abgelehnt worden ist;

HGB ab 1.1.2024:	***HGB Stand 1.11.2021:***

2. durch die Löschung wegen Vermögenslosigkeit nach § 394 des Gesetzes über das Verfahren in Familiensachen und in den Angelegenheiten der freiwilligen Gerichtsbarkeit.

[2]Dies gilt nicht, wenn zu den persönlich haftenden Gesellschaftern eine andere offene Handelsgesellschaft oder Kommanditgesellschaft gehört, bei der ein persönlich haftender Gesellschafter eine natürliche Person ist.

(3) [1]Folgende Gründe führen mangels abweichender vertraglicher Bestimmung zum Ausscheiden eines Gesellschafters:

1. Tod des Gesellschafters,
2. Eröffnung des Insolvenzverfahrens über das Vermögen des Gesellschafters,
3. Kündigung des Gesellschafters,
4. Kündigung durch den Privatgläubiger des Gesellschafters,
5. Eintritt von weiteren im Gesellschaftsvertrag vorgesehenen Fällen,
6. Beschluß der Gesellschafter.

[2]Der Gesellschafter scheidet mit dem Eintritt des ihn betreffenden Ereignisses aus, im Falle der Kündigung aber nicht vor Ablauf der Kündigungsfrist.

§ 131 Fortsetzung mit dem Erben; Ausscheiden des Erben

(1) Geht der Anteil eines verstorbenen Gesellschafters auf dessen Erben über, so kann jeder Erbe gegenüber den anderen Gesellschaftern antragen, dass ihm die Stellung eines Kommanditisten eingeräumt und der auf ihn entfallende Anteil des Erblassers als seine Kommanditeinlage anerkannt wird.

(2) Nehmen die anderen Gesellschafter einen Antrag nach Absatz 1 nicht an, ist der Erbe befugt, seine Mitgliedschaft in der Gesellschaft ohne Einhaltung einer Kündigungsfrist zu kündigen.

(3) [1]Die Rechte nach den Absätzen 1 bis 2 können von dem Erben nur innerhalb von drei Monaten nach dem Zeitpunkt, zu dem er von dem Anfall der Erbschaft Kenntnis erlangt hat, geltend gemacht werden. [2]Auf den Lauf der Frist ist § 210 des Bürgerlichen Gesetzbuchs entsprechend anzuwenden. [3]Ist bei Ablauf der drei Monate das Recht zur Ausschlagung der Erbschaft noch nicht ver-

(bislang § 139 HGB; inhaltlich unverändert)

HGB ab 1.1.2024:	***HGB Stand 1.11.2021:***
loren, endet die Frist nicht vor dem Ablauf der Ausschlagungsfrist.	
(4) Scheidet innerhalb der Frist des Absatzes 3 der Erbe aus der Gesellschaft aus oder wird innerhalb der Frist die Gesellschaft aufgelöst oder dem Erben die Stellung eines Kommanditisten eingeräumt, so haftet er für die bis dahin entstandenen Gesellschaftsverbindlichkeiten nur nach Maßgabe der Vorschriften des bürgerlichen Rechts, welche die Haftung des Erben für die Nachlassverbindlichkeiten betreffen.	
(5) [1]Der Gesellschaftsvertrag kann die Anwendung der Vorschriften der Absätze 1 bis 4 nicht ausschließen. [2]Jedoch kann für den Fall, dass der Erbe sein Verbleiben in der Gesellschaft von der Einräumung der Stellung eines Kommanditisten abhängig macht, sein Gewinnanteil anders als der des Erblassers bestimmt werden.	
§ 132 Kündigung der Mitgliedschaft durch den Gesellschafter	**§ 132** **[Kündigung eines Gesellschafters]**
(1) Ist das Gesellschaftsverhältnis auf unbestimmte Zeit eingegangen, kann ein Gesellschafter seine Mitgliedschaft unter Einhaltung einer Frist von sechs Monaten zum Ablauf des Geschäftsjahres gegenüber der Gesellschaft kündigen.	Die Kündigung eines Gesellschafters kann, wenn die Gesellschaft für unbestimmte Zeit eingegangen ist, nur für den Schluß eines Geschäftsjahrs erfolgen; sie muß mindestens sechs Monate vor diesem Zeitpunkte stattfinden.
(2) [1]Ist für das Gesellschaftsverhältnis eine Zeitdauer vereinbart, ist die Kündigung der Mitgliedschaft durch einen Gesellschafter vor dem Ablauf dieser Zeit zulässig, wenn ein wichtiger Grund vorliegt. [2]Ein wichtiger Grund liegt insbesondere vor, wenn ein anderer Gesellschafter eine ihm nach dem Gesellschaftsvertrag obliegende wesentliche Verpflichtung vorsätzlich oder grob fahrlässig verletzt hat oder wenn die Erfüllung einer solchen Verpflichtung unmöglich wird.	*(Austrittsrecht neu)*
(3) Liegt ein wichtiger Grund im Sinne von Absatz 2 Satz 2 vor, so ist eine Kündigung der Mitgliedschaft durch einen Gesellschafter stets ohne Einhaltung einer Kündigungsfrist zulässig.	*(neu)*
(4) [1]Ein Gesellschafter kann seine Mitgliedschaft auch kündigen, wenn er volljährig geworden ist. [2]Das Kündigungsrecht besteht nicht, wenn der Ge-	*(bislang ungeregelt; nach dem Vorbild des § 723 I 3 Nr. 2; 4, 5 BGB)*

HGB ab 1.1.2024:	*HGB Stand 1.11.2021:*
sellschafter bezüglich des Gegenstands der Gesellschaft zum selbständigen Betrieb eines Erwerbsgeschäfts gemäß § 112 des Bürgerlichen Gesetzbuchs ermächtigt war oder der Zweck der Gesellschaft allein der Befriedigung seiner persönlichen Bedürfnisse diente. [3]Der volljährig Gewordene kann die Kündigung nur binnen drei Monaten von dem Zeitpunkt an erklären, in welchem er von seiner Gesellschafterstellung Kenntnis hatte oder haben musste.	
(5) [1]Die Kündigung darf nicht zur Unzeit geschehen, es sei denn, dass ein wichtiger Grund für die unzeitige Kündigung vorliegt. [2]Kündigt ein Gesellschafter seine Mitgliedschaft dennoch ohne einen solchen Grund zur Unzeit, hat er der Gesellschaft den daraus entstehenden Schaden zu ersetzen.	*(neu; nach dem Vorbild des § 723 II BGB)*
(6) Eine Vereinbarung im Gesellschaftsvertrag, welche das Kündigungsrecht nach den Absätzen 2 und 4 ausschließt oder diesen Vorschriften zuwider beschränkt, ist unwirksam.	*(neu; nach dem Vorbild des § 723 III BGB)*
(jetzt § 139 HGB nF; inhaltlich ohne wesentliche Änderung)	**§ 133 [Auflösung durch gerichtliche Entscheidung]** (1) Auf Antrag eines Gesellschafters kann die Auflösung der Gesellschaft vor dem Ablauf der für ihre Dauer bestimmten Zeit oder bei einer für unbestimmte Zeit eingegangenen Gesellschaft ohne Kündigung durch gerichtliche Entscheidung ausgesprochen werden, wenn ein wichtiger Grund vorliegt. (2) Ein solcher Grund ist insbesondere vorhanden, wenn ein anderer Gesellschafter eine ihm nach dem Gesellschaftsvertrag obliegende wesentliche Verpflichtung vorsätzlich oder aus grober Fahrlässigkeit verletzt oder wenn die Erfüllung einer solchen Verpflichtung unmöglich wird. (3) Eine Vereinbarung, durch welche das Recht des Gesellschafters, die Auflösung der Gesellschaft zu verlangen, ausgeschlossen oder diesen Vorschriften zuwider beschränkt wird, ist nichtig.
§ 133 Kündigung der Mitgliedschaft durch einen Privatgläubiger des Gesellschafters **Hat ein Privatgläubiger eines Gesellschafters, nachdem innerhalb der letzten**	*(bislang § 135 HGB; inhaltlich unverändert)*

HGB ab 1.1.2024:	*HGB Stand 1.11.2021:*
sechs Monate eine Zwangsvollstreckung in das bewegliche Vermögen des Gesellschafters ohne Erfolg versucht wurde, aufgrund eines nicht bloß vorläufig vollstreckbaren Schuldtitels die Pfändung des Anteils des Gesellschafters an der Gesellschaft erwirkt, kann er dessen Mitgliedschaft gegenüber der Gesellschaft unter Einhaltung einer Frist von sechs Monaten zum Ablauf des Geschäftsjahrs kündigen.	
(gestrichen)	**§ 134 [Gesellschaft auf Lebenszeit; fortgesetzte Gesellschaft]** Eine Gesellschaft, die für die Lebenszeit eines Gesellschafters eingegangen ist oder nach dem Ablaufe der für ihre Dauer bestimmten Zeit stillschweigend fortgesetzt wird, steht im Sinne der Vorschriften der §§ 132 und 133 einer für unbestimmte Zeit eingegangenen Gesellschaft gleich.
§ 134 Gerichtliche Entscheidung über Ausschließungsklage **[1] Tritt in der Person eines Gesellschafters ein wichtiger Grund ein, kann auf Antrag der anderen Gesellschafter seine Ausschließung aus der Gesellschaft durch gerichtliche Entscheidung ausgesprochen werden, sofern im Gesellschaftsvertrag nichts anderes vereinbart ist. [2] Ein wichtiger Grund liegt insbesondere vor, wenn der Gesellschafter eine ihm nach dem Gesellschaftsvertrag obliegende wesentliche Verpflichtung vorsätzlich oder grob fahrlässig verletzt hat oder wenn ihm die Erfüllung einer solchen Verpflichtung unmöglich wird. [3] Der Klage steht nicht entgegen, dass nach der Ausschließung nur ein Gesellschafter verbleibt.**	*(bislang § 140 HGB; inhaltlich unverändert)*
(jetzt § 133 HGB nF; inhaltlich unverändert)	**§ 135 [Kündigung durch den Privatgläubiger]** Hat ein Privatgläubiger eines Gesellschafters, nachdem innerhalb der letzten sechs Monate eine Zwangsvollstreckung in das bewegliche Vermögen des Gesellschafters ohne Erfolg versucht ist, auf Grund eines nicht bloß vorläufig vollstreckbaren Schuldtitels die Pfändung und Überweisung des Anspruchs auf dasjenige erwirkt, was dem Gesellschafter bei der Auseinandersetzung zukommt, so kann er die Gesellschaft ohne Rücksicht darauf, ob sie für bestimmte oder unbestimmte Zeit einge-

HGB ab 1.1.2024:	*HGB Stand 1.11.2021:*
	gangen ist, sechs Monate vor dem Ende des Geschäftsjahrs für diesen Zeitpunkt kündigen.
§ 135 Ansprüche des ausgeschiedenen Gesellschafters **(1) [1] Sofern im Gesellschaftsvertrag nichts anderes vereinbart ist, ist die Gesellschaft verpflichtet, den ausgeschiedenen Gesellschafter von der Haftung für die Verbindlichkeiten der Gesellschaft zu befreien und ihm eine dem Wert seines Anteils angemessene Abfindung zu zahlen. [2] Sind Verbindlichkeiten der Gesellschaft noch nicht fällig, kann die Gesellschaft dem Ausgeschiedenen Sicherheit leisten, statt ihn von der Haftung nach § 126 zu befreien.** **(2) Im Fall des § 134 ist für die Ermittlung des Abfindungsanspruchs die Vermögenslage der Gesellschaft in dem Zeitpunkt maßgebend, in welchem die Ausschließungsklage erhoben ist.** **(3) Der Wert des Gesellschaftsanteils ist, soweit erforderlich, im Wege der Schätzung zu ermitteln.**	*(bislang § 105 III HGB iVm § 738 I 2 BGB; ohne wesentliche inhaltliche Änderung [Abs. 1] bzw. § 140 II HGB; ohne wesentliche inhaltliche Änderung [Abs. 2] bzw. § 105 III HGB iVm § 738 II BGB; inhaltlich unverändert [Abs. 3])*
§ 136 Haftung des ausgeschiedenen Gesellschafters für Fehlbetrag **Reicht der Wert des Gesellschaftsvermögens zur Deckung der Verbindlichkeiten der Gesellschaft nicht aus, hat der ausgeschiedene Gesellschafter der Gesellschaft für den Fehlbetrag nach dem Verhältnis seines Anteils am Gewinn und Verlust aufzukommen.**	*(bislang § 105 III HGB iVm § 739 BGB; inhaltlich unverändert)*
§ 137 Nachhaftung des ausgeschiedenen Gesellschafters **(1) [1] Scheidet ein Gesellschafter aus der Gesellschaft aus, so haftet er für deren bis dahin begründete Verbindlichkeiten, wenn sie vor Ablauf von fünf Jahren nach seinem Ausscheiden fällig sind und** **1. daraus Ansprüche gegen ihn in einer in § 197 Absatz 1 Nummer 3 bis 5 des Bürgerlichen Gesetzbuchs bezeichneten Art festgestellt sind oder** **2. eine gerichtliche oder behördliche Vollstreckungshandlung vorgenommen oder beantragt wird; bei öffentlich-rechtlichen Verbindlichkeiten genügt der Erlass eines Verwaltungsakts.**	*(bislang § 160 HGB; ohne wesentliche inhaltliche Änderung bzw. neu [Abs. 1 S. 2 HGB])*

HGB ab 1.1.2024:	HGB Stand 1.11.2021:
[2] Ist die Verbindlichkeit auf Schadensersatz gerichtet, haftet der ausgeschiedene Gesellschafter nach Satz 1 nur, wenn auch die zum Schadensersatz führende Verletzung vertraglicher oder gesetzlicher Pflichten vor dem Ausscheiden des Gesellschafters eingetreten ist. [3] Die Frist beginnt, sobald der Gläubiger von dem Ausscheiden des Gesellschafters Kenntnis erlangt hat oder das Ausscheiden des Gesellschafters im Handelsregister eingetragen worden ist. [4] Die §§ 204, 206, 210, 211 und 212 Absatz 2 und 3 des Bürgerlichen Gesetzbuchs sind entsprechend anzuwenden.	
(2) Einer Feststellung in einer in § 197 Absatz 1 Nummer 3 bis 5 des Bürgerlichen Gesetzbuchs bezeichneten Art bedarf es nicht, soweit der Gesellschafter den Anspruch schriftlich anerkannt hat.	
(3) [1] Wird ein Gesellschafter Kommanditist, sind für die Begrenzung seiner Haftung für die im Zeitpunkt der Eintragung der Änderung in das Handelsregister begründeten Verbindlichkeiten die Absätze 1 und 2 entsprechend anzuwenden. [2] Dies gilt auch, wenn er in der Gesellschaft oder einem ihr als Gesellschafter angehörenden Unternehmen geschäftsführend tätig wird. [3] Seine Haftung als Kommanditist bleibt unberührt.	
	§§ 136–138 [aufgehoben]
Fünfter Titel. Auflösung der Gesellschaft	
§ 138 **Auflösungsgründe**	*(bislang § 131 I HGB; inhaltlich unverändert [Abs. 1, 2] bzw. ungeregelt [Abs. 3])*
(1) Die Gesellschaft wird aufgelöst durch: 1. Ablauf der Zeit, für welche sie eingegangen wurde; 2. Eröffnung des Insolvenzverfahrens über das Vermögen der Gesellschaft; 3. gerichtliche Entscheidung über den Antrag auf Auflösung; 4. Auflösungsbeschluss.	
(2) Eine Gesellschaft, bei der kein persönlich haftender Gesellschafter eine natürliche Person ist, wird ferner aufgelöst: 1. mit der Rechtskraft des Beschlusses, durch den die Eröffnung des Insol-	

HGB ab 1.1.2024:	HGB Stand 1.11.2021:

venzverfahrens mangels Masse abgelehnt worden ist;

2. durch die Löschung wegen Vermögenslosigkeit nach § 394 des Gesetzes über das Verfahren in Familiensachen und in den Angelegenheiten der freiwilligen Gerichtsbarkeit. Dies gilt nicht, wenn zu den persönlich haftenden Gesellschaftern eine andere rechtsfähige Personengesellschaft gehört, bei der mindestens ein persönlich haftender Gesellschafter eine natürliche Person ist.

(3) Im Gesellschaftsvertrag können weitere Auflösungsgründe vereinbart werden.

(jetzt § 131 HGB nF; inhaltlich unverändert)

§ 139 [Fortsetzung mit den Erben]

(1) Ist im Gesellschaftsvertrage bestimmt, daß im Falle des Todes eines Gesellschafters die Gesellschaft mit dessen Erben fortgesetzt werden soll, so kann jeder Erbe sein Verbleiben in der Gesellschaft davon abhängig machen, daß ihm unter Belassung des bisherigen Gewinnanteils die Stellung eines Kommanditisten eingeräumt und der auf ihn fallende Teil der Einlage des Erblassers als seine Kommanditeinlage anerkannt wird.

(2) Nehmen die übrigen Gesellschafter einen dahingehenden Antrag des Erben nicht an, so ist dieser befugt, ohne Einhaltung einer Kündigungsfrist sein Ausscheiden aus der Gesellschaft zu erklären.

(3) [1] Die bezeichneten Rechte können von dem Erben nur innerhalb einer Frist von drei Monaten nach dem Zeitpunkt, in welchem er von dem Anfalle der Erbschaft Kenntnis erlangt hat, geltend gemacht werden. [2] Auf den Lauf der Frist finden die für die Verjährung geltenden Vorschriften des § 210 des Bürgerlichen Gesetzbuchs entsprechende Anwendung. [3] Ist bei dem Ablaufe der drei Monate das Recht zur Ausschlagung der Erbschaft noch nicht verloren, so endigt die Frist nicht vor dem Ablaufe der Ausschlagungsfrist.

(4) Scheidet innerhalb der Frist des Absatzes 3 der Erbe aus der Gesellschaft aus oder wird innerhalb der Frist die Gesellschaft aufgelöst oder dem Erben die Stellung eines Kommanditisten eingeräumt, so haftet er für die bis dahin entstandenen Gesellschaftsschulden nur nach Maßgabe der die Haftung des Erben für die Nachlaßverbindlichkeiten betreffenden Vorschriften des bürgerlichen Rechtes.

HGB ab 1.1.2024:	***HGB Stand 1.11.2021:***
	(5) Der Gesellschaftsvertrag kann die Anwendung der Vorschriften der Absätze 1 bis 4 nicht ausschließen; es kann jedoch für den Fall, daß der Erbe sein Verbleiben in der Gesellschaft von der Einräumung der Stellung eines Kommanditisten abhängig macht, sein Gewinnanteil anders als der des Erblassers bestimmt werden.
§ 139 Auflösung durch gerichtliche Entscheidung	*(bislang § 133 HGB; ohne wesentliche inhaltliche Änderung)*
(1) [1]Auf Antrag eines Gesellschafters kann aus wichtigem Grund die Auflösung der Gesellschaft durch gerichtliche Entscheidung ausgesprochen werden, wenn ihm die Fortsetzung der Gesellschaft nicht zuzumuten ist. [2]Ein wichtiger Grund liegt insbesondere vor, wenn ein anderer Gesellschafter eine ihm nach dem Gesellschaftsvertrag obliegende wesentliche Verpflichtung vorsätzlich oder grob fahrlässig verletzt hat oder wenn die Erfüllung einer solchen Verpflichtung unmöglich wird.	
(2) Eine Vereinbarung im Gesellschaftsvertrag, welche das Recht des Gesellschafters, die Auflösung der Gesellschaft aus wichtigem Grund zu verlangen, ausschließt oder Absatz 1 zuwider beschränkt, ist unwirksam.	
(jetzt § 134 HGB nF [Abs. 1] bzw. § 135 II HGB nF [Abs. 2]; ohne wesentliche inhaltliche Änderung)	**§ 140 [Ausschließung eines Gesellschafters]**
	(1) [1]Tritt in der Person eines Gesellschafters ein Umstand ein, der nach § 133 für die übrigen Gesellschafter das Recht begründet, die Auflösung der Gesellschaft zu verlangen, so kann vom Gericht anstatt der Auflösung die Ausschließung dieses Gesellschafters aus der Gesellschaft ausgesprochen werden, sofern die übrigen Gesellschafter dies beantragen. [2]Der Ausschließungsklage steht nicht entgegen, daß nach der Ausschließung nur ein Gesellschafter verbleibt.
	(2) Für die Auseinandersetzung zwischen der Gesellschaft und dem ausgeschlossenen Gesellschafter ist die Vermögenslage der Gesellschaft in dem Zeitpunkte maßgebend, in welchem die Klage auf Ausschließung erhoben ist.

HGB ab 1.1.2024:	***HGB Stand 1.11.2021:***
§ 140 **Auflösungsbeschluss** **Hat nach dem Gesellschaftsvertrag die Mehrheit der Stimmen zu entscheiden, muss ein Beschluss, der die Auflösung der Gesellschaft zum Gegenstand hat, mit einer Mehrheit von mindestens drei Viertel der abgegebenen Stimmen gefasst werden.**	*(bislang § 131 III 1 Nr. 6 HGB bzw. neu [Mehrheitserfordernis])*
	§§ 141, 142 [aufgehoben]
§ 141 **Anmeldung der Auflösung** **(1) [1]Die Auflösung der Gesellschaft ist von sämtlichen Gesellschaftern zur Eintragung in das Handelsregister anzumelden. [2]Dies gilt nicht in den Fällen der Eröffnung oder Ablehnung der Eröffnung des Insolvenzverfahrens über das Vermögen der Gesellschaft (§ 138 Absatz 1 Nummer 2 und § 138 Absatz 2 Satz 1 Nummer 1); dann hat das Gericht die Auflösung und ihren Grund von Amts wegen einzutragen. [3]Im Fall der Löschung der Gesellschaft (§ 138 Absatz 2 Satz 1 Nummer 2) entfällt die Eintragung der Auflösung.** **(2) Ist aufgrund einer Vereinbarung im Gesellschaftsvertrag die Gesellschaft durch den Tod eines Gesellschafters aufgelöst, kann die Anmeldung der Auflösung der Gesellschaft ohne Mitwirkung der Erben erfolgen, sofern einer solchen Mitwirkung besondere Hindernisse entgegenstehen.**	*(bislang § 143 I, III HGB; ohne wesentliche inhaltliche Änderung)*
§ 142 **Fortsetzung der Gesellschaft** **(1) Die Gesellschafter können nach Auflösung der Gesellschaft deren Fortsetzung beschließen, sobald der Auflösungsgrund beseitigt ist.** **(2) Hat nach dem Gesellschaftsvertrag die Mehrheit der Stimmen zu entscheiden, muss der Beschluss über die Fortsetzung mit einer Mehrheit von mindestens drei Viertel der abgegebenen Stimmen gefasst werden.** **(3) Die Fortsetzung ist von sämtlichen Gesellschaftern zur Eintragung in das Handelsregister anzumelden.**	*(bislang teilweise § 144 HGB [für Insolvenz] bzw. ungeregelt [für andere Auflösungsgründe; Abs. 3] bzw. neu [Abs. 2])*

HGB ab 1.1.2024:	HGB Stand 1.11.2021:

**Sechster Titel.
Liquidation der Gesellschaft**

(jetzt § 141 HGB nF; ohne wesentliche inhaltliche Änderung [Abs. 1, 3] bzw. § 106 VI, VII 1 HGB nF; inhaltlich unverändert [Abs. 2])

§ 143 [Anmeldung von Auflösung und Ausscheiden]

(1) [1]Die Auflösung der Gesellschaft ist von sämtlichen Gesellschaftern zur Eintragung in das Handelsregister anzumelden. [2]Dies gilt nicht in den Fällen der Eröffnung oder der Ablehnung der Eröffnung des Insolvenzverfahrens über das Vermögen der Gesellschaft (§ 131 Abs. 1 Nr. 3 und Abs. 2 Nr. 1). [3]In diesen Fällen hat das Gericht die Auflösung und ihren Grund von Amts wegen einzutragen. [4]Im Falle der Löschung der Gesellschaft (§ 131 Abs. 2 Nr. 2) entfällt die Eintragung der Auflösung.

(2) Absatz 1 Satz 1 gilt entsprechend für das Ausscheiden eines Gesellschafters aus der Gesellschaft.

(3) Ist anzunehmen, daß der Tod eines Gesellschafters die Auflösung oder das Ausscheiden zur Folge gehabt hat, so kann, auch ohne daß die Erben bei der Anmeldung mitwirken, die Eintragung erfolgen, soweit einer solchen Mitwirkung besondere Hindernisse entgegenstehen.

§ 143 Notwendigkeit der Liquidation; anwendbare Vorschriften

(1) [1]Nach Auflösung der Gesellschaft findet die Liquidation statt, sofern nicht über das Vermögen der Gesellschaft das Insolvenzverfahren eröffnet ist. [2]Ist die Gesellschaft durch Löschung wegen Vermögenslosigkeit aufgelöst, findet eine Liquidation nur statt, wenn sich nach der Löschung herausstellt, dass noch Vermögen vorhanden ist, das der Verteilung unterliegt.

(2) [1]Die Gesellschafter können anstelle der Liquidation eine andere Art der Abwicklung vereinbaren. [2]Ist aufgrund einer Vereinbarung im Gesellschaftsvertrag die Gesellschaft durch die Kündigung eines Privatgläubigers eines Gesellschafters oder durch die Eröffnung des Insolvenzverfahrens über das Vermögen eines Gesellschafters aufgelöst, bedarf eine Vereinbarung über eine andere Art der Abwicklung der Zustimmung des Privatgläubigers oder des Insolvenzverwalters; ist im Insolvenzverfahren Eigenver-

(bislang § 145 HGB; inhaltlich unverändert [Abs. 1, 2] bzw. neu [Abs. 3])

HGB ab 1.1.2024:	*HGB Stand 1.11.2021:*
waltung angeordnet, tritt an die Stelle der Zustimmung des Insolvenzverwalters die Zustimmung des Schuldners. **(3) Die Liquidation erfolgt nach den folgenden Vorschriften dieses Titels, sofern sich nicht aus dem Gesellschaftsvertrag etwas anderes ergibt.**	
(jetzt § 142 HGB nF; inhaltlich verändert; s. dort)	**§ 144 [Fortsetzung nach Insolvenz der Gesellschaft]** (1) Ist die Gesellschaft durch die Eröffnung des Insolvenzverfahrens über ihr Vermögen aufgelöst, das Verfahren aber auf Antrag des Schuldners eingestellt oder nach der Bestätigung eines Insolvenzplans, der den Fortbestand der Gesellschaft vorsieht, aufgehoben, so können die Gesellschafter die Fortsetzung der Gesellschaft beschließen. (2) Die Fortsetzung ist von sämtlichen Gesellschaftern zur Eintragung in das Handelsregister anzumelden.
§ 144 Liquidatoren **(1) Zur Liquidation sind alle Gesellschafter berufen.** **(2) Ist über das Vermögen eines Gesellschafters das Insolvenzverfahren eröffnet und ein Insolvenzverwalter bestellt worden, tritt dieser an die Stelle des Gesellschafters.** **(3) Mehrere Erben eines Gesellschafters haben einen gemeinsamen Vertreter zu bestellen.** **(4) Durch Vereinbarung im Gesellschaftsvertrag oder durch Beschluss der Gesellschafter können auch einzelne Gesellschafter oder andere Personen zu Liquidatoren berufen werden.** **(5) Hat nach dem Gesellschaftsvertrag die Mehrheit der Stimmen zu entscheiden, gilt dies im Zweifel nicht für die Berufung und Abberufung eines Liquidators.**	*(bislang § 146 I 1 HGB [Abs. 1, 4] bzw. § 146 III HGB [Abs. 2] bzw. § 146 I 2 HGB [Abs. 3] bzw. § 147 Hs. 1 HGB [Abs. 4]; jeweils inhaltlich unverändert bzw. ohne wesentliche Änderung [Abs. 5])*
	Fünfter Titel. **Liquidation der Gesellschaft**
(jetzt § 143 HGB nF; inhaltlich ohne wesentliche Änderung; s. dort)	**§ 145 [Notwendigkeit der Liquidation]** (1) Nach der Auflösung der Gesellschaft findet die Liquidation statt, sofern nicht eine andere Art der Auseinandersetzung von den

HGB ab 1.1.2024:	***HGB Stand 1.11.2021:***
	Gesellschaftern vereinbart oder über das Vermögen der Gesellschaft das Insolvenzverfahren eröffnet ist. (2) Ist die Gesellschaft durch Kündigung des Gläubigers eines Gesellschafters oder durch die Eröffnung des Insolvenzverfahrens über das Vermögen eines Gesellschafters aufgelöst, so kann die Liquidation nur mit Zustimmung des Gläubigers oder des Insolvenzverwalters unterbleiben; ist im Insolvenzverfahren Eigenverwaltung angeordnet, so tritt an die Stelle der Zustimmung des Insolvenzverwalters die Zustimmung des Schuldners. (3) Ist die Gesellschaft durch Löschung wegen Vermögenslosigkeit aufgelöst, so findet eine Liquidation nur statt, wenn sich nach der Löschung herausstellt, daß Vermögen vorhanden ist, das der Verteilung unterliegt.
§ 145 Gerichtliche Berufung und Abberufung von Liquidatoren **(1) [1]Auf Antrag eines Beteiligten kann aus wichtigem Grund ein Liquidator durch das Gericht, in dessen Bezirk die Gesellschaft ihren Sitz hat, berufen und abberufen werden. [2]Eine Vereinbarung im Gesellschaftsvertrag, welche dieses Recht ausschließt, ist unwirksam.** **(2) Beteiligte sind:** **1. jeder Gesellschafter (§ 144 Absatz 1),** **2. der Insolvenzverwalter über das Vermögen des Gesellschafters (§ 144 Absatz 2),** **3. der gemeinsame Vertreter (§ 144 Absatz 3) und** **4. der Privatgläubiger des Gesellschafters, durch den die zur Auflösung der Gesellschaft führende Kündigung erfolgt ist (§ 143 Absatz 2 Satz 2).** **(3) [1]Gehört der Liquidator nicht zu den Gesellschaftern, hat er Anspruch auf Ersatz der erforderlichen Aufwendungen und auf Vergütung für seine Tätigkeit. [2]Einigen sich der Liquidator und die Gesellschaft hierüber nicht, setzt das Gericht die Aufwendungen und die Vergütung fest. [3]Gegen die Entscheidung ist die Beschwerde zulässig; die Rechtsbeschwerde ist ausgeschlossen. [4]Aus der rechtskräftigen Entscheidung findet die Zwangsvollstreckung nach der Zivilprozessordnung statt.**	*(bislang § 146 II 1 Hs. 1 HGB; § 147 Hs. 2 HGB [Abs. 1] bzw. § 146 II 2 HGB [Abs. 2]; jeweils inhaltlich unverändert bzw. neu [Abs. 3])*

HGB ab 1.1.2024:	HGB Stand 1.11.2021:
(jetzt § 144 I HGB nF [Abs. 1 S. 1] bzw. § 144 III HGB nF [Abs. 1 S. 2] bzw. § 145 HGB nF [Abs. 2] bzw. § 144 II HGB [Abs. 3]; jeweils inhaltlich unverändert)	**§ 146 [Bestellung der Liquidatoren]** (1) [1]Die Liquidation erfolgt, sofern sie nicht durch Beschluß der Gesellschafter oder durch den Gesellschaftsvertrag einzelnen Gesellschaftern oder anderen Personen übertragen ist, durch sämtliche Gesellschafter als Liquidatoren. [2]Mehrere Erben eines Gesellschafters haben einen gemeinsamen Vertreter zu bestellen. (2) [1]Auf Antrag eines Beteiligten kann aus wichtigen Gründen die Ernennung von Liquidatoren durch das Gericht erfolgen, in dessen Bezirke die Gesellschaft ihren Sitz hat; das Gericht kann in einem solchen Falle Personen zu Liquidatoren ernennen, die nicht zu den Gesellschaftern gehören. [2]Als Beteiligter gilt außer den Gesellschaftern im Falle des § 135 auch der Gläubiger, durch den die Kündigung erfolgt ist. [3]Im Falle des § 145 Abs. 3 sind die Liquidatoren auf Antrag eines Beteiligten durch das Gericht zu ernennen. (3) Ist über das Vermögen eines Gesellschafters das Insolvenzverfahren eröffnet und ist ein Insolvenzverwalter bestellt, so tritt dieser an die Stelle des Gesellschafters.
§ 146 Geschäftsführungs- und Vertretungsbefugnis der Liquidatoren **(1) [1]Mit der Auflösung erlischt die einem Gesellschafter im Gesellschaftsvertrag übertragene Befugnis zur Geschäftsführung und Vertretung. [2]Diese Befugnis steht von der Auflösung an allen Liquidatoren gemeinsam zu.** **(2) Die bisherige Befugnis eines Gesellschafters zur Geschäftsführung gilt gleichwohl zu seinen Gunsten als fortbestehend, bis er von der Auflösung der Gesellschaft Kenntnis erlangt hat oder die Auflösung kennen muss.**	*(bislang § 146 I 1 HGB, § 150 I HGB [Abs. 1] bzw. § 105 III HGB iVm § 729 S. 1 BGB [Abs. 2]; inhaltlich unverändert)*
(jetzt § 144 V HGB nF [Hs. 1] bzw. § 145 I HGB nF; teilweise verändert; s. dort)	**§ 147 [Abberufung von Liquidatoren]** Die Abberufung von Liquidatoren geschieht durch einstimmigen Beschluß der nach § 146 Abs. 2 und 3 Beteiligten; sie kann auf Antrag eines Beteiligten aus wichtigen Gründen auch durch das Gericht erfolgen.
§ 147 Anmeldung der Liquidatoren **(1) [1]Die Liquidatoren und ihre Vertretungsbefugnis sind von sämtlichen Gesellschaftern zur Eintragung in das Han-**	*(bislang § 148 HGB; inhaltlich unverändert)*

HGB ab 1.1.2024:	HGB Stand 1.11.2021:
delsregister anzumelden. [2]Das Gleiche gilt für jede Änderung in der Person des Liquidators oder in seiner Vertretungsbefugnis. [3]Wenn im Fall des Todes eines Gesellschafters anzunehmen ist, dass die Anmeldung den Tatsachen entspricht, kann die Eintragung erfolgen, auch ohne dass die Erben bei der Anmeldung mitwirken, sofern einer solchen Mitwirkung besondere Hindernisse entgegenstehen. **(2) Die Eintragung gerichtlich berufener Liquidatoren sowie die Eintragung der gerichtlichen Abberufung von Liquidatoren geschieht von Amts wegen.**	
(jetzt § 147 HGB nF; inhaltlich unverändert)	**§ 148 [Anmeldung der Liquidatoren]** (1) [1]Die Liquidatoren und ihre Vertretungsmacht sind von sämtlichen Gesellschaftern zur Eintragung in das Handelsregister anzumelden. [2]Das gleiche gilt von jeder Änderung in den Personen der Liquidatoren oder in ihrer Vertretungsmacht. [3]Im Falle des Todes eines Gesellschafters kann, wenn anzunehmen ist, daß die Anmeldung den Tatsachen entspricht, die Eintragung erfolgen, auch ohne daß die Erben bei der Anmeldung mitwirken, soweit einer solchen Mitwirkung besondere Hindernisse entgegenstehen. (2) Die Eintragung gerichtlich bestellter Liquidatoren sowie die Eintragung der gerichtlichen Abberufung von Liquidatoren geschieht von Amts wegen.
§ 148 Rechtsstellung der Liquidatoren **(1) [1]Die Liquidatoren haben, auch wenn sie vom Gericht berufen sind, den Weisungen Folge zu leisten, welche die Beteiligten in Bezug auf die Geschäftsführung beschließen. [2]Hat nach dem Gesellschaftsvertrag die Mehrheit der Stimmen zu entscheiden, bedarf der Beschluss der Zustimmung der Beteiligten nach § 145 Absatz 2 Nummer 2 und 4.** **(2) [1]Die Liquidatoren haben die laufenden Geschäfte zu beendigen, die Forderungen der Gesellschaft einzuziehen und das übrige Vermögen in Geld umzusetzen. [2]Zur Beendigung der laufenden Geschäfte können die Liquidatoren auch neue Geschäfte eingehen.** **(3) [1]Die Liquidatoren haben bei Abgabe ihrer Unterschrift der Firma einen**	*(bislang § 152 HGB [Abs. 1] bzw. § 149 S. 1 HGB [Abs. 2] bzw. § 153 HGB [Abs. 3] bzw. § 154 HGB [Abs. 4]; jeweils ohne wesentliche inhaltliche Änderung bzw. § 149 S. 1 HGB, § 155 I HGB; inhaltlich verändert [Abs. 5 S. 1] bzw. § 155 II 2 HGB; inhaltlich unverändert [Abs. 5 S. 2] bzw. ungeregelt, nach dem Vorbild der §§ 733 II, 734, 736 BGB [Abs. 6] bzw. § 155 II HGB; inhaltlich leicht verändert [Abs. 7] bzw. § 155 I HGB; inhaltlich unverändert [Abs. 8])*

HGB ab 1.1.2024:	*HGB Stand 1.11.2021:*

Liquidationszusatz beizufügen. [2]Dies gilt entsprechend für die Pflicht nach § 125.

(4) [1]Die Liquidatoren haben gegenüber den nach § 145 Absatz 2 Beteiligten zur Ermittlung des zu verteilenden Gesellschaftsvermögens bei Beginn und Beendigung der Liquidation eine Bilanz aufzustellen. [2]Die Pflichten zur Buchführung (§§ 238 bis 241a) und Jahresrechnungslegung (§§ 242 bis 256a) bleiben unberührt.

(5) [1]Aus dem Vermögen der Gesellschaft sind zunächst die Gläubiger der Gesellschaft zu befriedigen. [2]Ist eine Verbindlichkeit noch nicht fällig oder ist sie streitig, ist das zur Berichtigung der Verbindlichkeit Erforderliche zurückzubehalten.

(6) [1]Aus dem nach der Berichtigung der Verbindlichkeiten verbleibenden Gesellschaftsvermögen sind die geleisteten Beiträge zurückzuerstatten. [2]Für Beiträge, die nicht in Geld bestanden haben, ist der Wert zu ersetzen, den sie zur Zeit der Einbringung gehabt haben. [3]Für Beiträge, die in der Leistung von Diensten oder in der Überlassung der Benutzung eines Gegenstands bestanden haben, kann im Zweifel kein Ersatz verlangt werden.

(7) Das während der Liquidation entbehrliche Geld wird unter Berücksichtigung der den Gesellschaftern bei der Schlussverteilung zukommenden Beträge vorläufig verteilt.

(8) Das nach Berichtigung der Verbindlichkeiten und Rückerstattung der Beiträge verbleibende Vermögen der Gesellschaft ist unter den Gesellschaftern nach dem Verhältnis ihrer Kapitalanteile, wie sie sich aufgrund der Schlussbilanz im Sinne von Absatz 4 ergeben, schließlich zu verteilen.

(jetzt § 148 II HGB nF; ohne wesentliche inhaltliche Änderung [S. 1] bzw. § 146 I HGB nF; inhaltlich unverändert [S. 2])

§ 149 [Rechte und Pflichten der Liquidatoren]

[1]Die Liquidatoren haben die laufenden Geschäfte zu beendigen, die Forderungen einzuziehen, das übrige Vermögen in Geld umzusetzen und die Gläubiger zu befriedigen; zur Beendigung schwebender Geschäfte können sie auch neue Geschäfte eingehen. [2]Die Liquidatoren vertreten innerhalb ihres Geschäfts-

HGB ab 1.1.2024:	**HGB Stand 1.11.2021:**
	kreises die Gesellschaft gerichtlich und außergerichtlich.
§ 149 Haftung des Gesellschafters für Fehlbetrag **[1]Reicht das Gesellschaftsvermögen zur Berichtigung der Verbindlichkeiten und zur Rückerstattung der Beiträge nicht aus, haben die Gesellschafter der Gesellschaft für den Fehlbetrag nach dem Verhältnis ihrer Kapitalanteile aufzukommen. [2]Kann von einem Gesellschafter der auf ihn entfallende Betrag nicht erlangt werden, haben die anderen Gesellschafter den Ausfall nach dem gleichen Verhältnis zu tragen.**	*(bislang § 105 III HGB iVm § 739 BGB; inhaltlich verändert)*
(jetzt § 146 I HGB nF; inhaltlich unverändert [Abs. 1] bzw. als überflüssig gestrichen [Abs. 2])	**§ 150 [Mehrere Liquidatoren]** (1) Sind mehrere Liquidatoren vorhanden, so können sie die zur Liquidation gehörenden Handlungen nur in Gemeinschaft vornehmen, sofern nicht bestimmt ist, daß sie einzeln handeln können. (2) [1]Durch die Vorschrift des Absatzes 1 wird nicht ausgeschlossen, daß die Liquidatoren einzelne von ihnen zur Vornahme bestimmter Geschäfte oder bestimmter Arten von Geschäften ermächtigen. [2]Ist der Gesellschaft gegenüber eine Willenserklärung abzugeben, so findet die Vorschrift des § 125 Abs. 2 Satz 3 entsprechende Anwendung.
§ 150 Anmeldung des Erlöschens der Firma **Nach der Beendigung der Liquidation ist das Erlöschen der Firma von sämtlichen Liquidatoren zur Eintragung in das Handelsregister anzumelden.**	*(bislang § 157 I HGB; unverändert)*
(als überflüssig gestrichen)	**§ 151 [Unbeschränkbarkeit der Befugnisse]** Eine Beschränkung des Umfanges der Befugnisse der Liquidatoren ist Dritten gegenüber unwirksam.
§ 151 Verjährung von Ansprüchen aus der Gesellschafterhaftung **(1) Ist die Gesellschaft durch Liquidation oder auf andere Weise erloschen, verjähren Ansprüche gegen einen Gesellschafter aus Verbindlichkeiten der Gesellschaft in fünf Jahren, sofern nicht der**	*(bislang § 159 HGB; inhaltlich unverändert)*

HGB ab 1.1.2024:

Anspruch gegen die Gesellschaft einer kürzeren Verjährung unterliegt.

(2) Die Verjährung beginnt abweichend von § 199 Absatz 1 des Bürgerlichen Gesetzbuchs, sobald der Gläubiger von dem Erlöschen der Firma Kenntnis erlangt hat oder das Erlöschen der Firma im Handelsregister eingetragen worden ist.

(3) Beginnt die Verjährung des Anspruchs gegen die Gesellschaft neu oder wird die Verjährung des Anspruchs gegenüber der Gesellschaft nach den §§ 203, 204, 205 oder 206 des Bürgerlichen Gesetzbuchs gehemmt, wirkt dies auch gegenüber den Gesellschaftern, die der Gesellschaft zur Zeit des Erlöschens angehört haben.

(jetzt § 148 I HGB nF; ohne wesentliche inhaltliche Änderung)

§ 152 Aufbewahrung der Geschäftsunterlagen; Einsicht in die Geschäftsunterlagen

(1) [1]Die Geschäftsunterlagen der aufgelösten Gesellschaft werden einem der Gesellschafter oder einem Dritten in Verwahrung gegeben. [2]In Ermangelung einer Verständigung wird der Gesellschafter oder der Dritte durch das Gericht bestimmt, in dessen Bezirk die Gesellschaft ihren Sitz hat.

(2) Die Gesellschafter und deren Erben behalten das Recht auf Einsicht und Benutzung der Geschäftsunterlagen.

(jetzt § 148 III HGB nF; ohne wesentliche inhaltliche Änderung)

§§ 153–160 [nicht mehr belegt]

HGB Stand 1.11.2021:

§ 152 [Bindung an Weisungen]

Gegenüber den nach § 146 Abs. 2 und 3 Beteiligten haben die Liquidatoren, auch wenn sie vom Gerichte bestellt sind, den Anordnungen Folge zu leisten, welche die Beteiligten in betreff der Geschäftsführung einstimmig beschließen.

(bislang § 157 II, III HGB; inhaltlich unverändert)

§ 153 [Unterschrift]

Die Liquidatoren haben ihre Unterschrift in der Weise abzugeben, daß sie der bisherigen, als Liquidationsfirma zu bezeichnenden Firma ihren Namen beifügen.

HGB ab 1.1.2024:	***HGB Stand 1.11.2021:***
(jetzt § 148 IV HGB nF; ohne wesentliche inhaltliche Änderung)	**§ 154 [Bilanzen]** Die Liquidatoren haben bei dem Beginne sowie bei der Beendigung der Liquidation eine Bilanz aufzustellen.
(jetzt § 148 VI und VIII HGB nF; inhaltlich verändert [Abs. 1] bzw. § 148 V 2, VII HGB nF; ohne wesentliche inhaltliche Änderung [Abs. 2 S. 1, 2] bzw. als überflüssig gestrichen [Abs. 2 S. 3] bzw. gestrichen [Abs. 3])	**§ 155 [Verteilung des Gesellschaftsvermögens]** (1) Das nach Berichtigung der Schulden verbleibende Vermögen der Gesellschaft ist von den Liquidatoren nach dem Verhältnisse der Kapitalanteile, wie sie sich auf Grund der Schlußbilanz ergeben, unter die Gesellschafter zu verteilen. (2) [1] Das während der Liquidation entbehrliche Geld wird vorläufig verteilt. [2] Zur Deckung noch nicht fälliger oder streitiger Verbindlichkeiten sowie zur Sicherung der den Gesellschaftern bei der Schlußverteilung zukommenden Beträge ist das Erforderliche zurückzubehalten. [3] Die Vorschriften des § 122 Abs. 1 finden während der Liquidation keine Anwendung. (3) Entsteht über die Verteilung des Gesellschaftsvermögens Streit unter den Gesellschaftern, so haben die Liquidatoren die Verteilung bis zur Entscheidung des Streites auszusetzen.
(als überflüssig gestrichen)	**§ 156 [Rechtsverhältnisse der Gesellschafter]** Bis zur Beendigung der Liquidation kommen in bezug auf das Rechtsverhältnis der bisherigen Gesellschafter untereinander sowie der Gesellschaft zu Dritten die Vorschriften des zweiten und dritten Titels zur Anwendung, soweit sich nicht aus dem gegenwärtigen Titel oder aus dem Zwecke der Liquidation ein anderes ergibt.
(jetzt § 150 HGB nF [Abs. 1] bzw. § 152 I HGB nF [Abs. 2] bzw. § 152 II HGB nF [Abs. 3]; jeweils inhaltlich unverändert)	**§ 157 [Anmeldung des Erlöschens; Geschäftsbücher]** (1) Nach der Beendigung der Liquidation ist das Erlöschen der Firma von den Liquidatoren zur Eintragung in das Handelsregister anzumelden. (2) [1] Die Bücher und Papiere der aufgelösten Gesellschaft werden einem der Gesellschafter oder einem Dritten in Verwahrung gegeben. [2] Der Gesellschafter oder der Dritte wird in Ermangelung einer Verständigung durch das Gericht bestimmt, in dessen Bezirke die Gesellschaft ihren Sitz hat.

HGB ab 1.1.2024:	HGB Stand 1.11.2021:
	(3) Die Gesellschafter und deren Erben behalten das Recht auf Einsicht und Benutzung der Bücher und Papiere.
(als überflüssig gestrichen)	**§ 158 [Andere Art der Auseinandersetzung]** Vereinbaren die Gesellschafter statt der Liquidation eine andere Art der Auseinandersetzung, so finden, solange noch ungeteiltes Gesellschaftsvermögen vorhanden ist, im Verhältnisse zu Dritten die für die Liquidation geltenden Vorschriften entsprechende Anwendung.
	Sechster Titel. Verjährung. Zeitliche Begrenzung der Haftung
(jetzt § 151 HGB nF; inhaltlich unverändert)	**§ 159 [Ansprüche gegen einen Gesellschafter]** (1) Die Ansprüche gegen einen Gesellschafter aus Verbindlichkeiten der Gesellschaft verjähren in fünf Jahren nach der Auflösung der Gesellschaft, sofern nicht der Anspruch gegen die Gesellschaft einer kürzeren Verjährung unterliegt. (2) Die Verjährung beginnt mit dem Ende des Tages, an welchem die Auflösung der Gesellschaft in das Handelsregister des für den Sitz der Gesellschaft zuständigen Gerichts eingetragen wird. (3) Wird der Anspruch des Gläubigers gegen die Gesellschaft erst nach der Eintragung fällig, so beginnt die Verjährung mit dem Zeitpunkte der Fälligkeit. (4) Der Neubeginn der Verjährung und ihre Hemmung nach § 204 des Bürgerlichen Gesetzbuchs gegenüber der aufgelösten Gesellschaft wirken auch gegenüber den Gesellschaftern, die der Gesellschaft zur Zeit der Auflösung angehört haben.
(jetzt § 137 HGB nF; inhaltlich verändert; s. dort)	**§ 160 [Haftung des ausscheidenden Gesellschafters; Fristen; Haftung als Kommanditist]** (1) [1] Scheidet ein Gesellschafter aus der Gesellschaft aus, so haftet er für ihre bis dahin begründeten Verbindlichkeiten, wenn sie vor Ablauf von fünf Jahren nach dem Ausscheiden fällig und daraus Ansprüche gegen ihn in einer in § 197 Abs. 1 Nr. 3 bis 5 des Bürgerlichen Gesetzbuchs bezeichneten Art festgestellt sind oder eine gerichtliche oder behördli-

HGB ab 1.1.2024:	***HGB Stand 1.11.2021:***

che Vollstreckungshandlung vorgenommen oder beantragt wird; bei öffentlich-rechtlichen Verbindlichkeiten genügt der Erlass eines Verwaltungsakts. [2]Die Frist beginnt mit dem Ende des Tages, an dem das Ausscheiden in das Handelsregister des für den Sitz der Gesellschaft zuständigen Gerichts eingetragen wird. [3]Die für die Verjährung geltenden §§ 204, 206, 210, 211 und 212 Abs. 2 und 3 des Bürgerlichen Gesetzbuches sind entsprechend anzuwenden.

(2) Einer Feststellung in einer in § 197 Abs. 1 Nr. 3 bis 5 des Bürgerlichen Gesetzbuchs bezeichneten Art bedarf es nicht, soweit der Gesellschafter den Anspruch schriftlich anerkannt hat.

(3) [1]Wird ein Gesellschafter Kommanditist, so sind für die Begrenzung seiner Haftung für die im Zeitpunkt der Eintragung der Änderung in das Handelsregister begründeten Verbindlichkeiten die Absätze 1 und 2 entsprechend anzuwenden. [2]Dies gilt auch, wenn er in der Gesellschaft oder einem ihr als Gesellschafter angehörenden Unternehmen geschäftsführend tätig wird. [3]Seine Haftung als Kommanditist bleibt unberührt.

HGB ab 1.1.2024:

Zweiter Abschnitt. Kommanditgesellschaft

§ 161 [Begriff der KG; Anwendbarkeit der OHG-Vorschriften]

(1) Eine Gesellschaft, deren Zweck auf den Betrieb eines Handelsgewerbes unter gemeinschaftlicher Firma gerichtet ist, ist eine Kommanditgesellschaft, wenn bei einem oder bei einigen von den Gesellschaftern die Haftung gegenüber den Gesellschaftsgläubigern **auf einen bestimmten Betrag (Haftsumme)** beschränkt ist (Kommanditisten), während bei dem anderen Teil der Gesellschafter eine Beschränkung der Haftung nicht stattfindet (persönlich haftende Gesellschafter).

(2) Soweit nicht in diesem Abschnitt ein anderes vorgeschrieben ist, finden auf die Kommanditgesellschaft die für die offene Handelsgesellschaft geltenden Vorschriften **entsprechende** Anwendung.

§ 162 [Anmeldung zum Handelsregister]

(1) Die Anmeldung der Gesellschaft hat außer den in § 106 Abs. 2 vorgesehenen Anga-

HGB Stand 1.11.2021:

Zweiter Abschnitt. Kommanditgesellschaft

§ 161 [Begriff der KG; Anwendbarkeit der OHG-Vorschriften]

(1) Eine Gesellschaft, deren Zweck auf den Betrieb eines Handelsgewerbes unter gemeinschaftlicher Firma gerichtet ist, ist eine Kommanditgesellschaft, wenn bei einem oder bei einigen von den Gesellschaftern die Haftung gegenüber den Gesellschaftsgläubigern auf den Betrag einer bestimmten Vermögenseinlage beschränkt ist (Kommanditisten), während bei dem anderen Teil der Gesellschafter eine Beschränkung der Haftung nicht stattfindet (persönlich haftende Gesellschafter).

(2) Soweit nicht in diesem Abschnitt ein anderes vorgeschrieben ist, finden auf die Kommanditgesellschaft die für die offene Handelsgesellschaft geltenden Vorschriften Anwendung.

§ 162 [Anmeldung zum Handelsregister]

(1) [1]Die Anmeldung der Gesellschaft hat außer den in § 106 Abs. 2 vorgesehenen Anga-

HGB ab 1.1.2024:	*HGB Stand 1.11.2021:*
ben die Bezeichnung der Kommanditisten und den Betrag der **Haftsumme** eines jeden von ihnen zu enthalten.	ben die Bezeichnung der Kommanditisten und den Betrag der Einlage eines jeden von ihnen zu enthalten. [2]Ist eine Gesellschaft bürgerlichen Rechts Kommanditist, so sind auch deren Gesellschafter entsprechend § 106 Abs. 2 und spätere Änderungen in der Zusammensetzung der Gesellschafter zur Eintragung anzumelden.
(2) Bei der Bekanntmachung der Eintragung der Gesellschaft sind keine Angaben zu den Kommanditisten zu machen; die Vorschriften des § 15 sind insoweit nicht anzuwenden.	(2) Bei der Bekanntmachung der Eintragung der Gesellschaft sind keine Angaben zu den Kommanditisten zu machen; die Vorschriften des § 15 sind insoweit nicht anzuwenden.
(3) Diese Vorschriften finden im Falle des Eintritts eines Kommanditisten in eine bestehende Handelsgesellschaft und im Falle des Ausscheidens eines Kommanditisten aus einer Kommanditgesellschaft entsprechende Anwendung.	(3) Diese Vorschriften finden im Falle des Eintritts eines Kommanditisten in eine bestehende Handelsgesellschaft und im Falle des Ausscheidens eines Kommanditisten aus einer Kommanditgesellschaft entsprechende Anwendung.
§ 163 [Rechtsverhältnis der Gesellschafter untereinander]	**§ 163 [Rechtsverhältnis der Gesellschafter untereinander]**
Für das Verhältnis der Gesellschafter untereinander gelten in Ermangelung abweichender Bestimmungen des Gesellschaftsvertrags die besonderen Vorschriften der §§ 164 bis 169.	Für das Verhältnis der Gesellschafter untereinander gelten in Ermangelung abweichender Bestimmungen des Gesellschaftsvertrags die besonderen Vorschriften der §§ 164 bis 169.
§ 164 Geschäftsführungsbefugnis	**§ 164 [Geschäftsführung]**
Die Kommanditisten sind von der **Geschäftsführungsbefugnis** ausgeschlossen; § 116 **Absatz 2 Satz 1** bleibt unberührt.	[1]Die Kommanditisten sind von der Führung der Geschäfte der Gesellschaft ausgeschlossen; sie können einer Handlung der persönlich haftenden Gesellschafter nicht widersprechen, es sei denn, daß die Handlung über den gewöhnlichen Betrieb des Handelsgewerbes der Gesellschaft hinausgeht. [2]Die Vorschriften des § 116 Abs. 3 bleiben unberührt.
§ 165 [Wettbewerbsverbot]	**§ 165 [Wettbewerbsverbot]**
Die §§ **117** und **118** finden auf die Kommanditisten keine Anwendung.	Die §§ 112 und 113 finden auf die Kommanditisten keine Anwendung.
§ 166 Informationsrecht der Kommanditisten	**§ 166 [Kontrollrecht]**
(1) [1]Der Kommanditist **kann von der Gesellschaft eine Abschrift** des Jahresabschlusses **(§ 242 Absatz 3)** verlangen und zu dessen **Überprüfung** Einsicht **in die zugehörigen Geschäftsunterlagen nehmen.** [2]**Daneben kann er von der Gesellschaft Auskunft über die Gesellschaftsangelegenheiten verlangen, soweit dies zur Wahrnehmung seiner Mitgliedschaftsrechte erforderlich**	(1) Der Kommanditist ist berechtigt, die abschriftliche Mitteilung des Jahresabschlusses zu verlangen und dessen Richtigkeit unter Einsicht der Bücher und Papiere zu prüfen.

HGB ab 1.1.2024:	***HGB Stand 1.11.2021:***
ist, insbesondere, wenn Grund zu der Annahme unredlicher Geschäftsführung besteht.	
(als überflüssig gestrichen)	(2) Die in § 118 dem von der Geschäftsführung ausgeschlossenen Gesellschafter eingeräumten weiteren Rechte stehen dem Kommanditisten nicht zu.
(2) Eine Vereinbarung im Gesellschaftsvertrag, welche diese Rechte ausschließt oder dieser Vorschrift zuwider beschränkt, ist unwirksam.	*(bislang ungeregelt)*
(jetzt Abs. 1 S. 2 nF; inhaltlich verändert)	(3) Auf Antrag eines Kommanditisten kann das Gericht, wenn wichtige Gründe vorliegen, die Mitteilung einer Bilanz und eines Jahresabschlusses oder sonstiger Aufklärungen sowie die Vorlegung der Bücher und Papiere jederzeit anordnen.
§ 167 Verlustbeteiligung	**§ 167 [Gewinn und Verlust]**
(jetzt § 161 II HGB iVm § 120 II HGB nF iVm § 709 III BGB nF; inhaltlich verändert [Abs. 1] bzw. als überflüssig gestrichen [Abs. 2])	(1) Die Vorschriften des § 120 über die Berechnung des Gewinns oder Verlustes gelten auch für den Kommanditisten. (2) Jedoch wird der einem Kommanditisten zukommende Gewinn seinem Kapitalanteil nur so lange zugeschrieben, als dieser den Betrag der bedungenen Einlage nicht erreicht.
Soweit der Kommanditist die vereinbarte Einlage geleistet hat, sind die §§ 136 und 149 auf ihn nicht anzuwenden.	(3) An dem Verluste nimmt der Kommanditist nur bis zum Betrage seines Kapitalanteils und seiner noch rückständigen Einlage teil.
§ 168 (aufgehoben)	**§ 168 [Verteilung von Gewinn und Verlust]**
(insgesamt gestrichen)	(1) Die Anteile der Gesellschafter am Gewinne bestimmen sich, soweit der Gewinn den Betrag von vier vom Hundert der Kapitalanteile nicht übersteigt, nach den Vorschriften des § 121 Abs. 1 und 2. (2) In Ansehung des Gewinns, welcher diesen Betrag übersteigt, sowie in Ansehung des Verlustes gilt, soweit nicht ein anderes vereinbart ist, ein den Umständen nach angemessenes Verhältnis der Anteile als bedungen.
§ 169 [Gewinnauszahlung]	**§ 169 [Gewinnauszahlung]**
(1) **Der Kommanditist** kann die Auszahlung des Gewinns nicht fordern, **soweit** sein Kapitalanteil durch **den ihm zugewiesenen** Verlust unter den auf die **vereinbarte** Einlage geleisteten Betrag herabgemindert ist oder durch die Auszahlung **des Gewinns** unter diesen Betrag herabgemindert werden würde.	(1) [1] § 122 findet auf den Kommanditisten keine Anwendung. [2] Dieser hat nur Anspruch auf Auszahlung des ihm zukommenden Gewinns; er kann auch die Auszahlung des Gewinns nicht fordern, solange sein Kapitalanteil durch Verlust unter den auf die bedungene Einlage geleisteten Betrag herabgemindert ist

HGB ab 1.1.2024:	*HGB Stand 1.11.2021:*
	oder durch die Auszahlung unter diesen Betrag herabgemindert werden würde.
(2) Der Kommanditist ist nicht verpflichtet, den bezogenen Gewinn wegen späterer Verluste zurückzuzahlen.	(2) Der Kommanditist ist nicht verpflichtet, den bezogenen Gewinn wegen späterer Verluste zurückzuzahlen.
§ 170 Vertretung der Kommanditgesellschaft	**§ 170 [Vertretung der KG]**
(1) Der Kommanditist ist **als solcher nicht befugt, die** Gesellschaft **zu vertreten.**	Der Kommanditist ist zur Vertretung der Gesellschaft nicht ermächtigt.
(2) Sofern der einzig persönlich haftende Gesellschafter der Gesellschaft eine Kapitalgesellschaft ist, an der die Gesellschaft sämtliche Anteile hält, werden vorbehaltlich einer abweichenden Vereinbarung die Rechte in der Gesellschafterversammlung der Kapitalgesellschaft von den Kommanditisten wahrgenommen.	*(neu, zur Einheits-GmbH & Co. KG)*
§ 171 [Haftung des Kommanditisten]	**§ 171 [Haftung des Kommanditisten]**
(1) Der Kommanditist haftet den Gläubigern der Gesellschaft bis zur Höhe seiner **Haftsumme** unmittelbar; die Haftung ist ausgeschlossen, soweit die **vereinbarte** Einlage geleistet ist.	(1) Der Kommanditist haftet den Gläubigern der Gesellschaft bis zur Höhe seiner Einlage unmittelbar; die Haftung ist ausgeschlossen, soweit die Einlage geleistet ist.
(2) Ist über das Vermögen der Gesellschaft das Insolvenzverfahren eröffnet, so wird während der Dauer des Verfahrens das den Gesellschaftsgläubigern nach Absatz 1 zustehende Recht durch den Insolvenzverwalter oder den Sachwalter ausgeübt.	(2) Ist über das Vermögen der Gesellschaft das Insolvenzverfahren eröffnet, so wird während der Dauer des Verfahrens das den Gesellschaftsgläubigern nach Absatz 1 zustehende Recht durch den Insolvenzverwalter oder den Sachwalter ausgeübt.
§ 172 [Umfang der Haftung]	**§ 172 [Umfang der Haftung]**
(1) Im Verhältnis zu den Gläubigern der Gesellschaft wird nach der Eintragung in das Handelsregister die **Haftsumme** eines Kommanditisten durch den in der Eintragung angegebenen Betrag bestimmt.	(1) Im Verhältnis zu den Gläubigern der Gesellschaft wird nach der Eintragung in das Handelsregister die Einlage eines Kommanditisten durch den in der Eintragung angegebenen Betrag bestimmt.
(2) Auf eine nicht eingetragene Erhöhung der aus dem Handelsregister ersichtlichen **Haftsumme** können sich die Gläubiger nur berufen, wenn die Erhöhung in handelsüblicher Weise kundgemacht oder ihnen in anderer Weise von der Gesellschaft mitgeteilt worden ist.	(2) Auf eine nicht eingetragene Erhöhung der aus dem Handelsregister ersichtlichen Einlage können sich die Gläubiger nur berufen, wenn die Erhöhung in handelsüblicher Weise kundgemacht oder ihnen in anderer Weise von der Gesellschaft mitgeteilt worden ist.
(3) Eine Vereinbarung der Gesellschafter, durch die einem Kommanditisten die Einlage erlassen oder gestundet wird, ist den Gläubigern gegenüber unwirksam.	(3) Eine Vereinbarung der Gesellschafter, durch die einem Kommanditisten die Einlage erlassen oder gestundet wird, ist den Gläubigern gegenüber unwirksam.
(4) [1] Soweit die Einlage eines Kommanditisten zurückbezahlt wird, gilt sie den Gläubigern gegenüber als nicht geleistet. [2] Das	(4) [1] Soweit die Einlage eines Kommanditisten zurückbezahlt wird, gilt sie den Gläubigern gegenüber als nicht geleistet. [2] Das

HGB ab 1.1.2024:	***HGB Stand 1.11.2021:***
gleiche gilt, soweit ein Kommanditist Gewinnanteile entnimmt, während sein Kapitalanteil durch Verlust unter den Betrag der **Haftsumme** herabgemindert ist, oder soweit durch die Entnahme der Kapitalanteil unter den bezeichneten Betrag herabgemindert wird. [3] Bei der Berechnung des Kapitalanteils nach Satz 2 sind Beträge im Sinn **der §§ 253 Absatz 6 Satz 2 und 268 Absatz** 8 nicht zu berücksichtigen.	gleiche gilt, soweit ein Kommanditist Gewinnanteile entnimmt, während sein Kapitalanteil durch Verlust unter den Betrag der geleisteten Einlage herabgemindert ist, oder soweit durch die Entnahme der Kapitalanteil unter den bezeichneten Betrag herabgemindert wird. [3] Bei der Berechnung des Kapitalanteils nach Satz 2 sind Beträge im Sinn des § 268 Abs. 8 nicht zu berücksichtigen.
(gestrichen)	(5) Was ein Kommanditist auf Grund einer in gutem Glauben errichteten Bilanz in gutem Glauben als Gewinn bezieht, ist er in keinem Falle zurückzuzahlen verpflichtet.
(5) [1] Gegenüber den Gläubigern einer Gesellschaft, bei der kein persönlich haftender Gesellschafter eine natürliche Person ist, gilt die Einlage eines Kommanditisten als nicht geleistet, soweit sie in Anteilen an den persönlich haftenden Gesellschaftern bewirkt ist. [2] Dies gilt nicht, wenn zu den persönlich haftenden Gesellschaftern eine offene Handelsgesellschaft oder Kommanditgesellschaft gehört, bei der ein persönlich haftender Gesellschafter eine natürliche Person ist.	(6) [1] Gegenüber den Gläubigern einer Gesellschaft, bei der kein persönlich haftender Gesellschafter eine natürliche Person ist, gilt die Einlage eines Kommanditisten als nicht geleistet, soweit sie in Anteilen an den persönlich haftenden Gesellschaftern bewirkt ist. [2] Dies gilt nicht, wenn zu den persönlich haftenden Gesellschaftern eine offene Handelsgesellschaft oder Kommanditgesellschaft gehört, bei der ein persönlich haftender Gesellschafter eine natürliche Person ist.
	§ 172a [aufgehoben]
§ 173 [Haftung bei Eintritt als Kommanditist]	**§ 173 [Haftung bei Eintritt als Kommanditist]**
(1) Wer in eine bestehende Handelsgesellschaft als Kommanditist eintritt, haftet nach Maßgabe der §§ 171 und 172 für die vor seinem Eintritte begründeten Verbindlichkeiten der Gesellschaft, ohne Unterschied, ob die Firma eine Änderung erleidet oder nicht.	(1) Wer in eine bestehende Handelsgesellschaft als Kommanditist eintritt, haftet nach Maßgabe der §§ 171 und 172 für die vor seinem Eintritte begründeten Verbindlichkeiten der Gesellschaft, ohne Unterschied, ob die Firma eine Änderung erleidet oder nicht.
(2) Eine entgegenstehende Vereinbarung ist Dritten gegenüber unwirksam.	(2) Eine entgegenstehende Vereinbarung ist Dritten gegenüber unwirksam.
§ 174 [Herabsetzung der Einlage]	**§ 174 [Herabsetzung der Einlage]**
Eine Herabsetzung der **Haftsumme** eines Kommanditisten ist, solange sie nicht in das Handelsregister des Gerichts, in dessen Bezirke die Gesellschaft ihren Sitz hat, eingetragen ist, den Gläubigern gegenüber unwirksam; Gläubiger, deren Forderungen zur Zeit der Eintragung begründet waren, brauchen die Herabsetzung nicht gegen sich gelten zu lassen.	Eine Herabsetzung der Einlage eines Kommanditisten ist, solange sie nicht in das Handelsregister des Gerichts, in dessen Bezirke die Gesellschaft ihren Sitz hat, eingetragen ist, den Gläubigern gegenüber unwirksam; Gläubiger, deren Forderungen zur Zeit der Eintragung begründet waren, brauchen die Herabsetzung nicht gegen sich gelten zu lassen.
§ 175 Anmeldung der Änderung der Haftsumme	**§ 175 [Anmeldung der Änderung einer Einlage]**
Die Erhöhung sowie die Herabsetzung einer **Haftsumme** ist durch **sämtliche** Gesell-	[1] Die Erhöhung sowie die Herabsetzung einer Einlage ist durch die sämtlichen Gesell-

HGB ab 1.1.2024:	***HGB Stand 1.11.2021:***
schafter zur Eintragung in das Handelsregister anzumelden.	schafter zur Eintragung in das Handelsregister anzumelden. [2] § 162 Abs. 2 gilt entsprechend. [3] Auf die Eintragung in das Handelsregister des Sitzes der Gesellschaft finden die Vorschriften des § 14 keine Anwendung.
§ 176 [Haftung vor Eintragung] (1) Hat die Gesellschaft, **deren Zweck auf den Betrieb eines Handelsgewerbes unter gemeinschaftlicher Firma gerichtet ist, am Rechtsverkehr teilgenommen,** bevor sie in das Handelsregister eingetragen ist, haftet jeder Kommanditist, **der der Teilnahme am Rechtsverkehr zugestimmt hat,** für die bis zur Eintragung begründeten Verbindlichkeiten der Gesellschaft gleich einem persönlich haftenden Gesellschafter, es sei denn, **dass** seine Beteiligung als Kommanditist dem Gläubiger bekannt war. (2) Tritt ein **weiterer Gesellschafter als** Kommanditist in eine bestehende Handelsgesellschaft ein, **ist Absatz** 1 für die in der Zeit zwischen seinem Eintritt und dessen Eintragung in das Handelsregister begründeten Verbindlichkeiten **entsprechend anzuwenden.**	**§ 176 [Haftung vor Eintragung]** (1) [1] Hat die Gesellschaft ihre Geschäfte begonnen, bevor sie in das Handelsregister des Gerichts, in dessen Bezirke sie ihren Sitz hat, eingetragen ist, so haftet jeder Kommanditist, der dem Geschäftsbeginn zugestimmt hat, für die bis zur Eintragung begründeten Verbindlichkeiten der Gesellschaft gleich einem persönlich haftenden Gesellschafter, es sei denn, daß seine Beteiligung als Kommanditist dem Gläubiger bekannt war. [2] Diese Vorschrift kommt nicht zur Anwendung, soweit sich aus § 2 oder § 105 Abs. 2 ein anderes ergibt. (2) Tritt ein Kommanditist in eine bestehende Handelsgesellschaft ein, so findet die Vorschrift des Absatzes 1 Satz 1 für die in der Zeit zwischen seinem Eintritt und dessen Eintragung in das Handelsregister begründeten Verbindlichkeiten der Gesellschaft entsprechende Anwendung.
§ 177 [Tod des Kommanditisten] Beim Tod eines Kommanditisten wird die Gesellschaft mangels abweichender vertraglicher Bestimmung mit den Erben fortgesetzt.	**§ 177 [Tod des Kommanditisten]** Beim Tod eines Kommanditisten wird die Gesellschaft mangels abweichender vertraglicher Bestimmung mit den Erben fortgesetzt.
§ 177a [Angaben auf Geschäftsbriefen] [1] **§ 125** gilt auch für die Gesellschaft, bei der ein Kommanditist eine natürliche Person ist. [2] Der in **§ 125** Absatz 1 Satz 2 für die Gesellschafter vorgeschriebenen Angaben bedarf es nur für die persönlich haftenden Gesellschafter der Gesellschaft.	**§ 177a [Angaben auf Geschäftsbriefen]** [1] § 125a gilt auch für die Gesellschaft, bei der ein Kommanditist eine natürliche Person ist. [2] Der in § 125a Absatz 1 Satz 2 für die Gesellschafter vorgeschriebenen Angaben bedarf es nur für die persönlich haftenden Gesellschafter der Gesellschaft. **§§ 178–229** [aufgehoben]
§ 178 Liquidation der Kommanditgesellschaft **§ 144 Absatz 1 findet auf die Kommanditisten keine Anwendung.**	*(neu)*
§ 179 Insolvenz der Kommanditgesellschaft [1] **§ 130 Absatz 1 Nummer 3 findet keine Anwendung, wenn der Gesellschafter, über dessen Vermögen das Insolvenzver-**	*(neu)*

HGB ab 1.1.2024:	HGB Stand 1.11.2021:

fahren eröffnet worden ist, der einzige persönlich haftende Gesellschafter der Kommanditgesellschaft ist und

1. über das Vermögen der Kommanditgesellschaft das Insolvenzverfahren eröffnet ist oder

2. die Voraussetzungen für die Eröffnung des Insolvenzverfahrens über das Vermögen der Kommanditgesellschaft erfüllt sind und ein Antrag auf die Eröffnung des Insolvenzverfahrens gestellt ist.

[2] Wird im Falle des Satzes 1 Nummer 2 der Antrag auf Eröffnung des Insolvenzverfahrens mangels Masse abgewiesen, treten die Wirkungen des § 130 Absatz 1 Nummer 3 mit dem Eintritt der Rechtskraft der Abweisungsentscheidung ein.

§§ 180–229 [aufgehoben]

Dritter Abschnitt. Stille Gesellschaft

§ 230 [Begriff und Wesen der stillen Gesellschaft]

(1) Wer sich als stiller Gesellschafter an dem Handelsgewerbe, das ein anderer betreibt, mit einer Vermögenseinlage beteiligt, hat die Einlage so zu leisten, daß sie in das Vermögen des Inhabers des Handelsgeschäfts übergeht.

(2) Der Inhaber wird aus den in dem Betrieb geschlossenen Geschäften allein berechtigt und verpflichtet.

§ 231 [Gewinn und Verlust]

(1) Ist der Anteil des stillen Gesellschafters am Gewinn und Verlust nicht bestimmt, so gilt ein den Umständen nach angemessener Anteil als bedungen.

(2) Im Gesellschaftsvertrag kann bestimmt werden, daß der stille Gesellschafter nicht am Verluste beteiligt sein soll; seine Beteiligung am Gewinn kann nicht ausgeschlossen werden.

§ 232 [Gewinn- und Verlustrechnung]

(1) Am Schlusse jedes Geschäftsjahrs wird der Gewinn und Verlust berechnet und der auf den stillen Gesellschafter fallende Gewinn ihm ausbezahlt.

Dritter Abschnitt. Stille Gesellschaft

§ 230 [Begriff und Wesen der stillen Gesellschaft]

(1) Wer sich als stiller Gesellschafter an dem Handelsgewerbe, das ein anderer betreibt, mit einer Vermögenseinlage beteiligt, hat die Einlage so zu leisten, daß sie in das Vermögen des Inhabers des Handelsgeschäfts übergeht.

(2) Der Inhaber wird aus den in dem Betrieb geschlossenen Geschäften allein berechtigt und verpflichtet.

§ 231 [Gewinn und Verlust]

(1) Ist der Anteil des stillen Gesellschafters am Gewinn und Verlust nicht bestimmt, so gilt ein den Umständen nach angemessener Anteil als bedungen.

(2) Im Gesellschaftsvertrag kann bestimmt werden, daß der stille Gesellschafter nicht am Verluste beteiligt sein soll; seine Beteiligung am Gewinn kann nicht ausgeschlossen werden.

§ 232 [Gewinn- und Verlustrechnung]

(1) Am Schlusse jedes Geschäftsjahrs wird der Gewinn und Verlust berechnet und der auf den stillen Gesellschafter fallende Gewinn ihm ausbezahlt.

HGB ab 1.1.2024:

(2) [1]Der stille Gesellschafter nimmt an dem Verlust nur bis zum Betrag seiner eingezahlten oder rückständigen Einlage teil. [2]Er ist nicht verpflichtet, den bezogenen Gewinn wegen späterer Verluste zurückzuzahlen; jedoch wird, solange seine Einlage durch Verlust vermindert ist, der jährliche Gewinn zur Deckung des Verlustes verwendet.

(3) Der Gewinn, welcher von dem stillen Gesellschafter nicht erhoben wird, vermehrt dessen Einlage nicht, sofern nicht ein anderes vereinbart ist.

§ 233 Informationsrecht des stillen Gesellschafters

Auf das Informationsrecht des stillen Gesellschafters ist § 166 entsprechend anzuwenden.

§ 234 [Kündigung der Gesellschaft; Tod des stillen Gesellschafters]

(1) [1]Auf die Kündigung der Gesellschaft durch einen der Gesellschafter oder durch einen Gläubiger des stillen Gesellschafters finden die Vorschriften der §§ 132, 134 und 135 entsprechende Anwendung. [2]Die Vorschriften des § 723 des Bürgerlichen Gesetzbuchs über das Recht, die Gesellschaft aus wichtigen Gründen ohne Einhaltung einer Frist zu kündigen, bleiben unberührt.

(2) Durch den Tod des stillen Gesellschafters wird die Gesellschaft nicht aufgelöst.

§ 235 [Auseinandersetzung]

(1) Nach der Auflösung der Gesellschaft hat sich der Inhaber des Handelsgeschäfts mit dem stillen Gesellschafter auseinanderzusetzen und dessen Guthaben in Geld zu berichtigen.

(2) [1]Die zur Zeit der Auflösung schwebenden Geschäfte werden von dem Inhaber des

HGB Stand 1.11.2021:

(2) [1]Der stille Gesellschafter nimmt an dem Verlust nur bis zum Betrag seiner eingezahlten oder rückständigen Einlage teil. [2]Er ist nicht verpflichtet, den bezogenen Gewinn wegen späterer Verluste zurückzuzahlen; jedoch wird, solange seine Einlage durch Verlust vermindert ist, der jährliche Gewinn zur Deckung des Verlustes verwendet.

(3) Der Gewinn, welcher von dem stillen Gesellschafter nicht erhoben wird, vermehrt dessen Einlage nicht, sofern nicht ein anderes vereinbart ist.

§ 233 [Kontrollrecht des stillen Gesellschafters]

(1) Der stille Gesellschafter ist berechtigt, die abschriftliche Mitteilung des Jahresabschlusses zu verlangen und dessen Richtigkeit unter Einsicht der Bücher und Papiere zu prüfen.

(2) Die in § 716 des Bürgerlichen Gesetzbuchs dem von der Geschäftsführung ausgeschlossenen Gesellschafter eingeräumten weiteren Rechte stehen dem stillen Gesellschafter nicht zu.

(3) Auf Antrag des stillen Gesellschafters kann das Gericht, wenn wichtige Gründe vorliegen, die Mitteilung einer Bilanz und eines Jahresabschlusses oder sonstiger Aufklärungen sowie die Vorlegung der Bücher und Papiere jederzeit anordnen.

§ 234 [Kündigung der Gesellschaft; Tod des stillen Gesellschafters]

(1) [1]Auf die Kündigung der Gesellschaft durch einen der Gesellschafter oder durch einen Gläubiger des stillen Gesellschafters finden die Vorschriften der §§ 132, 134 und 135 entsprechende Anwendung. [2]Die Vorschriften des § 723 des Bürgerlichen Gesetzbuchs über das Recht, die Gesellschaft aus wichtigen Gründen ohne Einhaltung einer Frist zu kündigen, bleiben unberührt.

(2) Durch den Tod des stillen Gesellschafters wird die Gesellschaft nicht aufgelöst.

§ 235 [Auseinandersetzung]

(1) Nach der Auflösung der Gesellschaft hat sich der Inhaber des Handelsgeschäfts mit dem stillen Gesellschafter auseinanderzusetzen und dessen Guthaben in Geld zu berichtigen.

(2) [1]Die zur Zeit der Auflösung schwebenden Geschäfte werden von dem Inhaber des

HGB ab 1.1.2024:	***HGB Stand 1.11.2021:***
Handelsgeschäfts abgewickelt. [2]Der stille Gesellschafter nimmt teil an dem Gewinn und Verlust, der sich aus diesen Geschäften ergibt.	Handelsgeschäfts abgewickelt. [2]Der stille Gesellschafter nimmt teil an dem Gewinn und Verlust, der sich aus diesen Geschäften ergibt.
(3) Er kann am Schlusse jedes Geschäftsjahrs Rechenschaft über die inzwischen beendigten Geschäfte, Auszahlung des ihm gebührenden Betrags und Auskunft über den Stand der noch schwebenden Geschäfte verlangen.	(3) Er kann am Schlusse jedes Geschäftsjahrs Rechenschaft über die inzwischen beendigten Geschäfte, Auszahlung des ihm gebührenden Betrags und Auskunft über den Stand der noch schwebenden Geschäfte verlangen.
§ 236 [Insolvenz des Inhabers]	**§ 236 [Insolvenz des Inhabers]**
(1) Wird über das Vermögen des Inhabers des Handelsgeschäfts das Insolvenzverfahren eröffnet, so kann der stille Gesellschafter wegen der Einlage, soweit sie den Betrag des auf ihn fallenden Anteils am Verlust übersteigt, seine Forderung als Insolvenzgläubiger geltend machen.	(1) Wird über das Vermögen des Inhabers des Handelsgeschäfts das Insolvenzverfahren eröffnet, so kann der stille Gesellschafter wegen der Einlage, soweit sie den Betrag des auf ihn fallenden Anteils am Verlust übersteigt, seine Forderung als Insolvenzgläubiger geltend machen.
(2) Ist die Einlage rückständig, so hat sie der stille Gesellschafter bis zu dem Betrage, welcher zur Deckung seines Anteils am Verlust erforderlich ist, zur Insolvenzmasse einzuzahlen.	(2) Ist die Einlage rückständig, so hat sie der stille Gesellschafter bis zu dem Betrage, welcher zur Deckung seines Anteils am Verlust erforderlich ist, zur Insolvenzmasse einzuzahlen.
§ 237 [aufgehoben]	**§ 237** [aufgehoben]